I0031354

La GPEC

Une question de vie ou de mort

Groupe Eyrolles
Éditions d'Organisation
61, bd Saint-Germain
75240 Paris cedex 05

www.editions-eyrolles.com
www.editions-organisation.com

Illustrations pages 100-101 : © Cécile Michelet-Périnelle

DANGER

LE PHOTOCOPILLAGE TUE LE LIVRE

Le Code de la propriété intellectuelle du 1er juillet 1992 interdit en effet expressément la photocopie à usage collectif sans autorisation des ayants droit. Or, cette pratique s'est généralisée notamment dans l'enseignement, provoquant une baisse brutale des achats de livres, au point que la possibilité même pour les auteurs de créer des œuvres nouvelles et de les faire éditer correctement est aujourd'hui menacée. En application de la loi du 11 mars 1957, il est interdit de reproduire intégralement ou partiellement le présent ouvrage, sur quelque support que ce soit, sans autorisation de l'éditeur ou du Centre français d'exploitation du droit de copie, 20, rue des Grands-Augustins, 75006 Paris.

© Groupe Eyrolles, 2010
ISBN : 978-2-212-54450-3

Isabelle Michelet

La GPEC

Une question de vie ou de mort

EYROLLES

Éditions d'Organisation

À Thibault

Remerciements

Si la solitude est la meilleure amie de l'écrivain au travail, son livre est rarement le fruit de ses seules cogitations. C'est avec grand plaisir que je rends à César ce qui lui appartient :

- aux maîtres qui, par leur exemple édifiant et leur constant encouragement, ont provoqué, nourri et mûri ma pensée : Christian Cloché, pragmatique visionnaire de la gestion de ressources et grand consultant, et B. K. Passi, talentueux chercheur, expert en créativité, à la douceur d'âme légendaire ;
- aux partenaires qui, par leur confiance absolue et leur soutien sans faille, ont pavé le chemin de Prasena et, ce faisant, m'ont offert la possibilité de me réaliser dans mon travail : Philippe Kopcsan, grand spécialiste « business » de notre entreprise et compagnon au quotidien de mes fortunes et infortunes professionnelles ; Lukas Ritzel, gourou des technologies et formateur de génie, humaniste et clown extraordinaire ; toute l'équipe de Prasena ; et, bien sûr, nos clients qui, sceptiques, râleurs, exigeants, provocateurs, m'obligent à progresser ;
- aux amis, Roland Poupon, homme fin et cultivé dont la lecture critique transforma cet ouvrage, et homme d'affaires accompli dont l'entreprise me sert bien souvent de laboratoire, l'équipe de l'hôtel Felix River Kwaï qui m'offrit pendant un mois le paradis dont rêve tout écrivain, et Nathalie Sannier, l'éditrice qui m'a fait confiance ;
- et aussi à ceux qui font partie de moi, mes parents Jacques et Cécile, ma sœur Catherine, ma complice Nang, mon merveilleux amour et mari Éric, et nos enfants Puy, Boom, Ton, Thibault et Nong Nam, grâce à qui je vis intensément chaque instant.

À tous je dédie ce livre, avec ma plus profonde gratitude.

© Groupe Eyrolles

Sommaire

© Groupe Eyrolles

Partie 2
L'entreprise doit se réformer

© Groupe Eyrolles

© Groupe Eyrolles

Partie 5
L'entreprise doit s'outiller

© Groupe Eyrolles

© Groupe Eyrolles

Prologue

Aurez-vous encore un travail dans cinq ans ? Votre employeur aura-t-il surmonté les pressions de la crise et du changement ? Votre carrière elle-même aura-t-elle survécu à l'évolution de votre entreprise ? Ces interrogations ne sont pas rhétoriques. Vous pouvez y apporter une réponse, et même vous assurer qu'elle sera positive. *La GPEC – une question de vie ou de mort* vous offre une vision réaliste de cette problématique et un éclairage original sur les questions suivantes :

- Pourquoi le maelström socioéconomique qui nous entoure change-t-il la donne ?
- Qu'est-ce qu'une « entreprise-cerveau » et que doit faire une organisation pour le devenir ?
- Comment l'entreprise peut-elle développer son capital humain ?
- En quoi faut-il transformer la DRH pour qu'elle contribue au développement durable ?
- Quels outils peut-on utiliser pour gérer le développement des personnes et de l'organisation ?

> La « Gestion prévisionnelle des emplois et des compétences » est comprise par l'appareil législatif français comme la conception, la mise en œuvre et le suivi de politiques et de plans d'action cohérents visant à réduire de façon anticipée les écarts entre les besoins et les ressources humaines de l'organisation en fonction de son plan stratégique et en impliquant l'employé dans le cadre d'un projet d'évolution professionnelle.

Cette fameuse GPEC est ici placée dans la perspective économique des affaires, et vous constaterez, au fil de cet ouvrage, qu'au-delà des obligations juridiques et sociales, une démarche GPEC bien comprise peut assurer la compétitivité durable de l'entreprise. Mais, pour ce faire, cette dernière doit offrir à ses employés des opportunités de développement alignées aussi bien avec ses besoins qu'avec leurs aspirations personnelles. En d'autres termes, le succès d'une entreprise passe par

© Groupe Eyrolles

celui de chacun de ses employés. C'est nouveau ? Pas tant que cela, mais cela n'a jamais été aussi clair !

Le prisme socioéconomique actuel fait apparaître les notions d'**employabilité** de la personne et de **pérennité** de l'organisation comme jumelles, indissociables et complémentaires, garantes d'un équilibre qui rappelle celui du yin et du yang. Mais c'est sur le dynamisme, l'apprentissage, le changement que repose cet équilibre, dont la nature même appelle à la remise en question de ce que l'on croyait acquis.

Cadres et surtout membres du comité exécutif d'entreprise petite ou grande, privée ou publique, commerciale ou caritative, indépendante ou filiale de groupe, ce livre s'adresse à vous. À vous qui êtes dans les opérations ou à la direction générale, il offrira une approche humaine de la gestion organisationnelle de votre entreprise. À vous qui êtes spécialistes en ressources humaines, il placera votre domaine dans une perspective globale.

Cet ouvrage est structuré de la même façon que l'intervention d'un consultant : présentation générale de l'environnement et des pratiques de marché, dialogue permettant l'établissement d'un diagnostic de votre situation, apport de méthodes à appliquer et d'outils à mettre en place, notes sur le suivi de la mise en place pour s'assurer des résultats désirés. Les méthodologies mentionnées n'apparaissent peut-être pas encore dans les manuels d'université ; elles sont à la pointe des développements menés par les entreprises – et les gouvernements ! – les plus progressistes du monde. Les difficultés de leur mise en place, les atermoiements des entreprises plus conservatrices sont également relatés ici.

Comme dans le cadre d'un projet conseil, ces pages sont parsemées de questionnaires et de tests divers qui vous permettront tantôt de conduire un audit rapide de votre organisation afin d'établir un diagnostic, tantôt de vérifier où en est votre fonction RH afin de guider sa progression. Certains de ces tests s'appliquent même à vous et à vos collaborateurs, et vous aideront à mieux situer votre compétitivité.

Que vous préfériez voir en cet ouvrage une réflexion sur les thèmes jumeaux d'employabilité de l'individu et de pérennité de l'organisation, ou bien un instrument qui vous permettra d'analyser la situation de votre entreprise, ou encore le manuel qui guidera pas à pas votre démarche GPEC, tournez cette page comme vous ouvririez votre porte à un consultant et préparez-vous au dialogue !

© Groupe Eyrolles

Partie 1

LE MAELSTRÖM
SOCIOÉCONOMIQUE

Introduction

Comme promis, nous commencerons avec ce que vous pouvez imaginer être une présentation faite à votre comité exécutif pour mettre en perspective vos séances de travail sur l'orientation de votre stratégie d'affaires. Le fait est que les consultants passent un temps fou en ce moment dans les salles de réunion pour faire ce genre de présentation. Pourquoi ? Parce qu'avec tous les changements qui nous submergent depuis vingt ans, nous ne savons souvent plus où nous en sommes.

L'environnement des affaires est tellement incertain, les choses vont tellement vite que les dirigeants se plaignent de voir leur horizon se rapprocher terriblement. Fini le temps où nos (grands-) parents pouvaient prévoir à vingt ans ! Dans les cours de gestion des années 1970, on définissait les termes de court, moyen et long terme comme respectivement « moins de 3 ans », « de 3 à 7 ans », et « au-delà de 7 ans ». Aujourd'hui, ces mêmes cours mentionnent « moins d'un an », « de 1 à 3 ans », et « au-delà de 3 ans ». Et dans certains secteurs, on a du mal à planifier à six mois ! Comme dit l'écrivain canadien William Gibson, inventeur du terme « cyberspace », « Nous n'avons pas de futur car notre présent est trop volatil ; nous n'avons que la gestion des risques, le tissage des scénarios du moment, la reconnaissance des schémas. »

Pourtant, il faut bien trouver un moyen. Avez-vous déjà essayé de vous diriger en terrain inconnu avec un bandeau sur les yeux, ou, du mot du grand maître du management Peter Drucker, en ne regardant que dans le rétroviseur ? La seule façon de procéder est de deviner, d'établir des scénarios qui puissent servir de base à une stratégie ; et pour cela, il faut comprendre les tendances de notre environnement pour tenter de les extrapoler et d'identifier leurs impacts probables sur notre entreprise... d'où ces fameuses présentations, où l'on attend du consultant qu'il coiffe le chapeau de Nostradamus — en s'exprimant plus clairement si possible ! Dont acte...

© Groupe Eyrolles

De l'ère industrielle à l'ère cybernétique

L'Humanité est bel et bien en train de vivre une prodigieuse mutation, de ce qui était communément appelé « l'ère industrielle » vers ce
que nous choisissons de baptiser « l'ère cybernétique », puisque sa
principale caractéristique est l'acquisition par l'homme de la capacité –
aussi illusoire soit-elle – de contrôler toutes les dimensions de son environnement interne et externe (biotechnologies, génétique, astronau-
tique, physique nucléaire, télécommunications, etc.). Nous estimons
que la transition débuta lorsque les technologies de l'information et de
la communication, qui ont permis la conceptualisation des systèmes de
contrôle, commencèrent à être utilisées à grande échelle au début des
années 1980 (vulgarisation des micro-ordinateurs, télétextes et téléphones portables, développement d'Internet et des technologies de
réseau, etc.).

La « cybernétisation » de notre société a déjà un impact gigantesque
sur tous les aspects de notre vie – la façon dont nous communiquons,
dont nous travaillons, dont nous vivons, dont nous pensons. Cet
impact est visible au travers des « conflits de générations ». Jadis
utilisée pour qualifier les différences de vues entre adolescents et
adultes, cette expression revêt aujourd'hui une autre signification : les
gens nés à des périodes différentes sont et restent effectivement différents. À tel point que des noms ont même été inventés pour chaque
génération : la génération X (née entre 1960 et 1975) qui grandit avec
l'ordinateur ; la génération Y (1975-1990) qui grandit avec les technologies de réseau ; et la génération « e » (1990-2005) pour qui toutes
ces technologies sont une partie intégrante de la vie. Ces générations
pourraient être nées à un siècle l'une de l'autre, tant leurs attentes,
leurs rêves, la façon dont elles voient la vie sont différents.

Le changement peut être influencé
mais pas arrêté

Nous nous trouvons donc au milieu de cette période difficile
pendant laquelle l'homme se rend compte de ce qu'il a fait, comprend
qu'il ne peut plus retourner en arrière, mais n'est pas bien sûr de savoir
comment surfer sur la vague et atteindre la rive de la nouvelle ère. D'où
les comportements erratiques « bizarres » de la Bourse, les chutes
« inexplicables » d'énormes multinationales, les scandales « incroyables »
qui font trembler les mondes politiques et économiques, les résultats
« aberrants » aux élections nationales de certains pays…

© Groupe Eyrolles

Au milieu de cette confusion, les dirigeants d'entreprise ne peuvent se permettre l'attentisme. Aujourd'hui, plus que jamais, l'expression selon laquelle « celui qui n'avance pas recule » reflète la loi des affaires. En l'absence de modèles ou de directions vers un succès garanti, la seule approche réaliste est de s'assurer que, quoi que l'on fasse, l'individu et l'entreprise avancent dans la même direction que les tendances de l'environnement. Or, pour le meilleur et pour le pire, la société humaine dans son entier se dirige vers l'ère cybernétique. Il s'agit donc d'essayer d'en comprendre les grandes caractéristiques afin de s'aligner sur elles.

Des travaux de recherche approfondis, ainsi que l'analyse de l'opinion des penseurs de notre temps et des grandes tendances du marché, nous ont amenés à identifier neuf phénomènes majeurs qui, ensemble, caractérisent l'ère cybernétique en formation : digitalisation, virtualisation, interconnexion, globalisation, réintermédiation, molécularisation, fluidification, innovation, érudition.

Une brève présentation de ces phénomènes permettra d'en envisager l'impact sur chacun d'entre nous ainsi que sur le monde des affaires, et de comprendre, en particulier, la façon dont les différents domaines de gestion de l'entreprise (stratégie, finance, informatique, RH, opérations) sont affectés par chacun des facteurs de changement socioéconomique.

© Groupe Eyrolles

Chapitre 1

Digitalisation

La digitalisation se qualifie par la tendance de toute entité/activité/technologie à convertir toute information dans un format utilisable par les technologies digitales, de façon à en accélérer la communication, à mieux la partager et donc à faciliter les transactions avec un minimum d'intervention humaine.

Les technologies digitales déclenchèrent la révolution cybernétique

L'invention du transistor permit la création d'un nouveau langage, qui allait devenir universel. Grâce à l'encodage numérique, une donnée, une information, un savoir peuvent être partagés, transmis, communiqués avec une vitesse et une exactitude extraordinaires, par le biais non seulement de l'ordinateur, mais aussi de presque tous les médias aujourd'hui. À partir du moment où les technologies digitales se popularisèrent au début des années 1980, leur développement devint exponentiel et fut le véritable déclencheur de la révolution cybernétique. Du mot de Carly Fiorina, ancienne P-DG de Hewlett-Packard, le crash des dot-com fut « la fin du début », annonçant une période pendant laquelle les technologies allaient véritablement transformer chaque aspect des affaires, du gouvernement, de la société, de la vie tout entière.

Selon une étude du cabinet IDC, la quantité d'informations digitales créées ou copiées dans le monde en 2006 atteignait 161 exaoctets, soit l'équivalent de 3 millions de fois les informations contenues dans tous les livres jamais écrits. Entre 2006 et 2010, la quantité d'informations ajoutée chaque année dans l'univers digital aura augmenté d'un facteur 6, de 161 à 988 exaoctets.

Dans le même temps, les objets communicants continuent de se multiplier autour de la planète. Plus d'un milliard de PC sont installés

© Groupe Eyrolles

et pour la plupart connectés aux réseaux, le téléphone portable devient aussi nécessaire à l'individu que sa montre, les appareils électroniques comme les 1,5 milliard de téléviseurs en service dans le monde deviennent communicants. Bref, l'homme n'écrit plus mais enregistre ses informations, les classe dans ses fichiers digitaux, eux-mêmes rangés dans des bibliothèques digitales, et utilise des outils informatiques pour les éditer, les dupliquer, les partager, les transmettre et les détruire. Dans la vie quotidienne, le papier devient un choix, voire un luxe.

CLIN D'ŒIL

Êtes-vous un « homo digitalis » ?

Quelle est l'option qui s'applique le mieux à vous ?

a) Je peux rester des jours sans toucher une feuille de papier.

b) Je préfère lire les longs documents sur papier, mais toutes les informations que je produis dans mon travail sont digitalisées pour être facilement accessibles.

c) Quand je sauvegarde un document digital, je l'imprime aussi sur papier, au cas où.

Voir la grille d'interprétation p. 51.

L'entreprise vit sans papiers

Si le savoir du monde peut se répandre plus facilement sous forme digitale, il en va évidemment de même pour le savoir d'une entreprise. Toute l'information qui circule à travers une organisation (discussions, instructions, explications, transactions, rapports, etc.) est vitale pour lui permettre de fonctionner, et pourtant sa fiabilité, sa vitesse de communication et sa disponibilité sont restreintes si elle est conservée sous forme verbale ou papier.

> Un « bureau sans papier » est une entité au sein de laquelle les données, informations et connaissances, stockées sous forme digitale, sont potentiellement accessibles à tous, d'une façon qui élimine les malentendus et redondances tout en élargissant l'audience possible au-delà de toute limite.

La digitalisation et ses conséquences pour l'entreprise, c'est-à-dire la nécessité de convertir informations et transactions en format digital, ont un impact immédiat sur tous les domaines de gestion.

© Groupe Eyrolles

Domaines de gestion	Impact de la digitalisation
Stratégie	Le comité exécutif donne sa préférence au retour sur les investissements de digitalisation à long terme plutôt qu'aux résultats immédiats et assure que l'organisation de l'entreprise optimise l'usage des technologies digitales.
Finance	Les transactions financières et les rapports de gestion sont digitalisés, et la digitalisation dans son ensemble contribue à une augmentation de la valeur économique tout en facilitant la génération de valeur sociale.
Informatique	L'infostructure permet la digitalisation de toute information utile, sa consolidation, son stockage et son traitement de façon à ce qu'elle puisse être facilement et rapidement téléchargée et utilisée par toute personne interne ou externe qui a le droit d'y accéder.
RH	Les employés travaillent confortablement dans des bureaux sans papier, où les activités et transactions sont en majorité digitales, et où la mémoire commune de l'entreprise est accessible à tous dans des formats facilement utilisables.
Opérations	La façon dont les produits et services sont conçus, promus et distribués est digitalisée ; certains produits/services peuvent être digitaux en eux-mêmes, ce qui permet leur acquisition directe sans procédure manuelle.

TEST D'AGILITÉ DE L'ENTREPRISE

Votre entreprise est-elle digitalisée ?

Vérifiez que les énoncés ci-dessous s'appliquent bien à votre entreprise :

☐ Votre entreprise et ses employés sont très conscients du phénomène de digitalisation.

☐ La plupart des informations sont enregistrées dans des banques de données ou des applications professionnelles, les transactions sont digitalisées, le papier a quasiment disparu des bureaux.

☐ La capacité de travailler en format digital (et donc d'utiliser les technologies informatiques) est une compétence qui est évaluée et développée dans votre entreprise.

☐ Vos lettres à en-tête, fax, et autres modèles de documents et formulaires sont tous disponibles en format digital et facilement accessibles par vos employés.

.../...

© Groupe Eyrolles

┌─ ...*/*... ─

☐ Lorsque vos employés reçoivent des documents papier importants (correspondance officielle, contrats, etc.), ils ont pour instruction de les scanner pour qu'ils soient immédiatement disponibles dans votre bibliothèque virtuelle.

☐ Les documents de communication interne sont distribués par courrier électronique ou, s'ils sont de grosse taille, postés dans une bibliothèque virtuelle tandis que leurs destinataires sont notifiés par e-mail de leur emplacement.

☐ Toutes les invitations à des réunions internes sont envoyées par e-mail ou par notification automatique dans le calendrier digital de chacun.

☐ Lorsqu'un employé a une réunion de travail interne ou externe qui peut concerner d'autres personnes, on attend de lui qu'il télécharge ou distribue par e-mail ses notes de réunion dans les 24 heures.

☐ La plupart des statistiques dont votre comité exécutif a besoin pour contrôler les activités de l'entreprise sont produites automatiquement par votre infostructure et sont disponibles en temps réel.

☐ La (quasi-) totalité des connaissances dont votre entreprise a besoin pour fonctionner est aujourd'hui disponible en format digital.

☐ Lorsque vous préparez une présentation professionnelle, il vous est possible et facile d'y insérer des rapports automatiquement générés par les différentes applications qui gèrent vos activités.

☐ Votre infostructure supporte des fonctions multimédias complexes telles que la vidéo, l'animation ou la simulation par ordinateur.

☐ Vous utilisez régulièrement au moins un système d'impression électronique standard au format pdf.

Suggestion

✓ Profitez d'une réunion de votre comité exécutif pour demander à chaque membre individuellement de souligner les énoncés qui, selon eux, s'appliquent à votre entreprise aujourd'hui.

✓ Demandez ensuite à chacun de mettre une croix devant les énoncés qui, à leur avis, devraient s'appliquer à votre entreprise (qu'ils soient soulignés ou non).

✓ Comparez ensuite les réponses et analysez les différences, s'il y en a. Pourquoi les énoncés soulignés ne sont-ils pas les mêmes partout ? Pourquoi n'y a-t-il pas de croix devant certains énoncés soulignés ? Quelles mesures adopter pour concrétiser les énoncés non soulignés mais désirables aux yeux de tous ?

Bonne discussion !

© Groupe Eyrolles

Note

Cette suggestion s'applique aux neuf questionnaires de cette partie. Vous pouvez utilement faire ces exercices successivement au cours d'une même séance de travail, consolider les résultats et en tirer un profil de votre entreprise, avec une analyse de son agilité, c'est-à-dire de sa capacité à s'adapter aux évolutions socioéconomiques de notre temps.

© Groupe Eyrolles

Chapitre 2

Virtualisation

La virtualisation se qualifie par la tendance de toute entité/activité/techno-
logie à pouvoir fonctionner virtuellement, c'est-à-dire de telle façon que sa
performance ne requière aucune présence physique.

Le monde s'enrichit du cyberespace

« Gestion de l'information – une proposition » : ainsi s'intitulait un
document écrit en mars 1989 par Tim Berners-Lee, scientifique
travaillant au CERN, le laboratoire européen de physique des parti-
cules près de Genève. Sa proposition ? Le *World Wide Web*. À peine
dix ans plus tard, le centre de recherche américain IDC notait, assez
impressionné, qu'Internet était en train de devenir la plus grande
construction jamais conçue. Une construction qui ouvrait une
dimension supplémentaire au cadre de la vie humaine : désormais, il
nous est possible d'agir non plus seulement sur Terre mais aussi dans
le cyberespace. Ainsi, nous pouvons choisir de discuter, travailler, nous
amuser, acheter, vendre, créer, « face-à-face » et/ou « virtuellement ».
La présence physique perd de son importance. En conséquence, par
exemple, un employé n'a pas besoin de se trouver physiquement dans
un bureau précis et peut, du reste, n'en avoir aucune envie. La fatigue
occasionnée par les embouteillages et/ou les métros bondés pour aller
au bureau et en revenir est une plainte de plus en plus courante dans
les grandes villes. Intervient la solution du **télétravail**, terme inventé
par Jack Nilles en 1973.

© Groupe Eyrolles

Le télétravail qualifie un arrangement professionnel en vertu duquel l'employé bénéficie d'une grande flexibilité quant à l'emplacement et aux horaires
de son travail.

En d'autres termes, les trajets quotidiens, mais aussi les déplacements professionnels, sont remplacés en tout ou partie par des liens de télécommunications. Il existe de nombreuses variantes au télétravail, comme le travail flexible (les horaires de travail au bureau sont ajustables), le travail à domicile (en permanence ou à temps partiel), ou même la coopération virtuelle (les technologies sont utilisées pour éviter les voyages). Mais la plus extrême est le travail à distance ou le télétravail mobile (le travail s'effectue dans un hôtel, un café, un espace bureau plus proche du domicile, chez un client, ou dans tout autre endroit différent du bureau officiel). Cette solution offre de nombreux avantages, à la fois pour l'entreprise (moins de tension au travail, plus de dévouement, une meilleure performance, moins d'immobilisations) et pour l'employé (moins d'épuisantes migrations quotidiennes, plus de flexibilité, plus de disponibilité pour les enfants, un cadre de travail entièrement personnalisé). Elle requiert toutefois un management par objectifs (basé sur les résultats obtenus) et non plus un management par observation (basé sur la présence et la discipline), ce qui met en relief l'une des nombreuses transformations que la virtualisation stimule dans les mentalités, les façons de vivre et de travailler.

CLIN D'ŒIL

Vous sentez-vous à l'aise dans le cyberespace ?

Quelle est l'option qui s'applique le mieux à vous ?

a) Ma vie dans « *Second Life* » est un véritable succès, et dans ma « première vie », j'adore(rais) être télétravailleur.

b) Je trouve bien pratiques ces systèmes qui permettent de travailler à distance ; ils m'évitent des déplacements inutiles et/ou m'apportent des ressources qui me seraient autrement restées inaccessibles.

c) D'accord pour les e-mails et même Skype pour s'amuser, mais quand il s'agit de travailler, rien ne vaut le face-à-face.

Voir la grille d'interprétation p. 51.

Internet change la notion d'avantage comparatif

La possibilité de créer une entreprise virtuelle et d'utiliser Internet pour assembler une chaîne de distribution et vendre des produits est un facteur d'égalité fantastique. Il ne s'agit plus de ce que l'on sait ou fait soi-même (capacités de production, réseau de distribution, etc.), mais de ce que l'on peut faire faire. Et le marché est accessible à tous.

© Groupe Eyrolles

Comme l'explique A. Mowshowitz, professeur et écrivain américain connu pour le modèle sociétal qu'il propose sur la base de l'organisation virtuelle, les processus de fabrication d'un produit ou de la prestation d'un service peuvent aujourd'hui être différenciés et leurs composants distribués entre plusieurs endroits et exécutés à des moments différents, avec l'assurance la plus complète que le processus entier peut être efficacement intégré et contrôlé.

Ainsi, l'externalisation suit la même tendance que le télétravail. Selon une enquête effectuée par l'Institut de l'externalisation américain, les dépenses induites par l'appel à des services externalisés dans le monde sont passées de 140 milliards de dollars en 1996 à plus de 400 milliards de dollars en 2000, et continuent de grossir de 15 % par an. Il est intéressant de noter que si l'activité informatique fut longtemps la plus touchée par l'externalisation, toutes les fonctions de l'organisation ont aujourd'hui tendance à faire appel à ces services.

La virtualisation et ses conséquences pour l'entreprise, c'est-à-dire le besoin de dissocier les activités de l'obligation de présence physique, ont déjà un impact évident sur tous les domaines de gestion :

Domaines de gestion	Impact de la virtualisation
Stratégie	Le comité exécutif raisonne par-delà les limites physiques dans tous les domaines, et s'assure que la structure organisationnelle intègre la notion de travail virtuel.
Finance	La virtualisation des activités et des structures de l'entreprise contribue à une augmentation de la valeur économique tout en facilitant sa contribution à la communauté au sens large.
Informatique	Les technologies utilisées supportent les techniques multimédias et la réalité virtuelle, qui sont perçues comme des moyens d'améliorer le travail et les échanges.
RH	Les employés intègrent le concept de réalité virtuelle et l'utilisent, sous la forme de travail en équipe virtuelle, de télétravail, etc., pour optimiser leur expertise et les synergies.
Opérations	La virtualisation du design, de la promotion, de la distribution des produits et services est encouragée ; on explore la possibilité que certains produits/services soient virtuels en eux-mêmes (des magasins virtuels peuvent vendre des produits virtuels en échange d'argent virtuel).

© Groupe Eyrolles

TEST D'AGILITÉ DE L'ENTREPRISE

Votre entreprise intègre-t-elle la réalité virtuelle ?

Vérifiez que les énoncés ci-dessous s'appliquent bien à votre entreprise :

☐ Votre entreprise et ses employés sont très conscients du phénomène de virtualisation.

☐ La capacité de travailler virtuellement (et donc d'utiliser les technologies de réseau) est une compétence qui est évaluée et développée dans votre entreprise.

☐ Quels que soient le nombre et la nature de ses établissements physiques, ce qui constitue la colonne vertébrale de votre entreprise est bien son infostructure ;

☐ Votre entreprise emploie un certain nombre de télétravailleurs et/ou de ressources externalisées.

☐ Votre entreprise encourage le travail en équipe virtuelle, qu'elle reconnaît comme une façon efficace d'optimiser ses ressources.

☐ Vos employés utilisent des outils de communication virtuelle synchrone et asynchrone dans leur travail quotidien.

☐ Vos employés travaillent beaucoup plus par courrier électronique, messagerie et VOIP que par téléphone.

☐ Votre entreprise considère son site Web comme une façon d'augmenter ses revenus, directement ou indirectement.

☐ Votre infostructure offre tout le soutien nécessaire à un travail quotidien en équipe virtuelle ainsi qu'au travail à distance.

☐ Vos employés peuvent accéder à leurs e-mails et à leurs documents de travail où qu'ils soient dans le monde.

☐ Lorsque vous organisez un événement interne ou externe, il y a toujours possibilité d'y participer à distance.

☐ Vous offrez à vos employés des facilités d'apprentissage à distance (« e-learning »).

☐ La réalité virtuelle est une dimension bien intégrée de la vie quotidienne dans votre entreprise.

Voir la suggestion d'utilisation p. 12.

© Groupe Eyrolles

Chapitre 3

Interconnexion

L'interconnexion se qualifie par la tendance de toute entité/activité/techno-logie à fonctionner en constant contact avec des partenaires variés au sein de réseaux qui deviennent de plus en plus multidirectionnels, larges et interactifs.

Le « réseau », nouveau mot clé de la vie moderne

En utilisant des objets communicants connectés aux réseaux de télé-communications, et en accédant ainsi au cyberespace pour communi-quer, effectuer des transactions, jouer ou travailler, nous nous trouvons facilement et logiquement intégrés dans des réseaux humains et sociaux virtuels qui deviennent chaque jour plus larges et plus interactifs. En cela, l'interconnexion est le phénomène qui permet vraiment à la révo-lution cybernétique d'atteindre sa pleine puissance : fondamentale-ment, Internet permet à tous les cerveaux de la Terre de communiquer et de partager leurs vues directement et continuellement à travers le monde. On en arrive à parler de « cerveau global ».

L'interconnexion est aujourd'hui vécue au quotidien : nous parti-cipons à des enchères sur eBay, achetons et vendons sur Alibaba, utili-sons MSN ou Skype pour échanger des opinions et trouver de nouveaux amis, contribuons à des groupes d'études en ligne, partici-pons à des combats épiques dans des mondes virtuels en 3D…

1,4 milliard de personnes sont aujourd'hui connectées. Plus de 200 milliards de dollars aux États-Unis, 100 milliards d'euros en Europe et plusieurs dizai-nes de milliards de dollars en Asie ont été dépensés en ligne en 2006. Toute une infrastructure de blogs et profils personnels est en place (150 millions de profils sur MySpace en 2007, 200 millions d'utilisateurs de Facebook en 2009, sans compter les Plaxo, LinkedIn, Twitter et autres Viaduc), donnant à chacun la possibilité de s'associer avec qui il veut dans quelque but que ce soit.

© Groupe Eyrolles

La facilité déconcertante avec laquelle les individus peuvent se connecter, se regrouper et exercer une influence démultiplie le pouvoir de la foule à l'échelle de la planète.

CLIN D'ŒIL

Êtes-vous interconnecté ?

Quelle est l'option qui s'applique le mieux à vous ?

a) Je suis connecté à au moins 500 personnes via Facebook, LinkedIn et autres plates-formes, et je fais partie de plusieurs communautés de pratique et réseaux professionnels.

b) Je ne m'affiche pas partout sur Internet, mais j'entretiens plusieurs réseaux d'amis et de relations professionnelles qui m'aident dans mon travail.

c) J'efface systématiquement tous les e-mails que je reçois de personnes que je ne connais pas.

Voir la grille d'interprétation p. 51.

On n'ajoute plus de valeur, on en génère ensemble

Dans cet environnement interconnecté, le besoin de partenariat est une caractéristique essentielle des affaires. Aucune entreprise n'a les capacités de se positionner toute seule dans un marché de concurrence. Et le mot « partenariat » doit être pris dans son sens ultime : le concept traditionnel de chaîne de valeur ajoutée est remplacé par celui de réseau de valeur, au sein duquel les fournisseurs, concurrents, clients et même la communauté au sens large contribuent tous proactivement à chaque étape des activités de l'entreprise.

La notion de **réseau de valeur** (ou communauté d'affaires virtuelle) devient donc aussi importante que celle d'acteur de marché. James F. Moore, expert en stratégie des affaires et analyste des écosystèmes microéconomiques, en suggère une définition :

> « Ces communautés synergétiques orientées vers la croissance sont composées de consommateurs, fournisseurs, producteurs et autres parties prenantes – y compris la concurrence – interagissant les uns avec les autres pour fournir des produits et services complémentaires dans l'espace d'un segment de marché particulier. »

L'interconnexion et ses conséquences pour l'entreprise, c'est-à-dire la nécessité de devenir membre de communautés d'affaires virtuelles,

© Groupe Eyrolles

au sein desquelles employés, clients, fournisseurs, concurrents et partenaires participent tous activement à la génération de valeur, ont un impact important sur tous les domaines de gestion.

Domaines de gestion	Impact de l'interconnexion
Stratégie	Le comité exécutif donne priorité à l'intégration, interne et externe, à tous niveaux, et construit la structure organisationnelle de l'entreprise sur le principe d'interconnectivité.
Finance	Les activités financières et de planification intègrent tous les aspects de management ainsi que les partenaires sociaux et commerciaux de l'entreprise ; des solutions techniques adaptées sont mises en place pour l'évaluation du retour sur investissement holistique et non plus purement comptable.
Informatique	Chaque système est interactif, lié à tous les autres systèmes dans l'entreprise ainsi qu'aux systèmes extérieurs pertinents, de façon à permettre une coopération optimale tout en évitant les interventions humaines stériles, redondantes ou répétitives, mais en renforçant les contrôles ou actions utiles.
RH	Chaque employé est partie intégrante d'un réseau contenant tous ses partenaires professionnels, internes et externes, si bien qu'il peut même devenir difficile d'identifier dans les opérations quotidiennes qui est employé où.
Opérations	Les partenaires internes et externes concernés par les activités de design, production, promotion, distribution (fournisseurs, clients, sous-traitants, concurrents même) sont liés par un réseau qui élimine les transactions et opérations redondantes et stimule la synergie à tous les niveaux.

© Groupe Eyrolles

TEST D'AGILITÉ DE L'ENTREPRISE

Votre entreprise est-elle interconnectée ?

Vérifiez que les énoncés ci-dessous s'appliquent bien à votre entreprise :

☐ Votre entreprise et ses employés sont très conscients du phénomène d'interconnexion.

☐ La capacité d'intégrer son travail en réseau avec ceux de ses partenaires internes et externes est une compétence qui est évaluée et développée dans votre entreprise.

☐ La capacité de développer des réseaux et de les utiliser pour optimiser sa performance est une compétence qui est évaluée et développée dans votre entreprise.

☐ Vos employés sont reliés à un réseau informatique à l'échelle de l'entreprise, qui contient des outils de communication, de collaboration et de partage d'informations virtuelles.

☐ Vos systèmes sont pertinemment interfacés avec ceux de vos fournisseurs, si bien que la plupart des procédures d'approvisionnement sont automatiques et intégrées.

☐ Vous partagez certaines plates-formes avec vos concurrents, si bien que vous pouvez communiquer, voire coopérer efficacement avec eux sur des sujets d'intérêt commun.

☐ Vos clients peuvent commander et/ou acheter vos produits et services en ligne ; ils ont un accès interactif à vos services prévente et après-vente, de façon à permettre une collaboration active au-delà du simple achat.

☐ Vous attendez d'une bonne proportion de vos employés qu'ils fassent partie de réseaux globaux.

☐ La communauté au sens large bénéficie d'un accès interactif à certains de vos systèmes, de façon à permettre une communication, voire une collaboration active et constructive.

☐ Vous offrez l'accès d'une partie de vos connaissances à des étudiants et/ou des chercheurs extérieurs à l'entreprise.

☐ Vos activités de planification, vos systèmes de gestion financière, gestion des ressources humaines et gestion de la *supply chain,* votre système de communication interactive avec vos employés, sont tous intégrés dans votre infostructure ;

☐ Vu le niveau d'intégration de votre infostructure, il est très rare qu'une information, qu'elle émane de l'intérieur ou de l'extérieur de l'entreprise, ait besoin d'être enregistrée plus d'une fois ; vous n'avez donc pas de problème de double ou triple entrée manuelle de données.

Voir la suggestion d'utilisation p. 12.

© Groupe Eyrolles

Chapitre 4

Globalisation

La globalisation se qualifie par la tendance de toute entité/activité/techno-logie à acquérir une dimension dépassant toute « frontière » établie par des critères tels que géographie, culture, religion, genre, âge, etc. N'importe quoi, n'importe qui peut avoir un impact sur le monde entier.

L'intermédiaire géographique disparaît

L'idée n'est pas foncièrement nouvelle. Toutefois, c'est assez récemment que les conséquences d'une globalisation soutenue par les technologies de réseau sont apparues dans toute leur formidable ampleur. Il ne s'agit de rien moins que la disparition de l'intermédiaire géographique, la remise en question de la notion de territoire et, partant, l'obsolescence de bien des lois et réglementations nationales. Citoyens du monde, les êtres humains ne voient pas pour autant leurs cultures s'uniformiser. Au contraire, la globalisation semble même faire ressortir et apprécier la diversité des cultures, non plus seulement au niveau national, mais aussi au niveau des provinces, voire des villages.

Les êtres humains, dans leur grande flexibilité ont déjà commencé à s'adapter à ce monde multiculturel. Ils jouent avec des jouets conçus à l'origine pour illustrer des mythes lointains, ils écoutent de la musique composée sur la base de croyances et perceptions culturelles différentes, ils voyagent partout, ils ont des amis de tous horizons géographiques, culturels et religieux. Même la façon dont ils choisissent leur employeur a changé : ils n'effectuent plus leur sélection en fonction de critères tels que la nationalité, l'emplacement, la taille de l'entreprise, mais plutôt sur la base de sa vision, ses objectifs, ses valeurs et sa capacité à les aider à réaliser leurs propres rêves. Plutôt que de travailler pour des entreprises bornées, il en est même qui préfèrent se joindre à la « **Jet-set de la pauvreté** », une minorité

© Groupe Eyrolles

croissante de gens pourtant qualifiés qui, en attendant qu'une organisation globale les trouve, s'adonnent au voyage de façon chronique, quitte à n'avoir ni emploi stable ni résidence permanente.

CLIN D'ŒIL

Vous considérez-vous comme un citoyen du monde ?

Quelle est l'option qui s'applique le mieux à vous ?

a) Mon partenaire est d'une autre nationalité que la mienne, mon meilleur ami n'a pas la même religion, ma patronne est plus jeune que moi.

b) Je suis relativement casanier mais je bavarde avec le monde entier via Internet.

c) Je me sens plus à l'aise parmi les miens.

Voir la grille d'interprétation p. 51.

Être global est une question de mentalité

Dans le monde des affaires, les entreprises n'ont d'autre choix que de reconnaître la globalisation du marché ; elles doivent s'assurer qu'elles ont la capacité de survivre dans un tel environnement. Elles doivent devenir des organisations globales, parce qu'elles pourraient découvrir que leurs produits et services ont des débouchés à l'autre bout du monde ou parce que, si elles ne bougent pas, leurs concurrents viendront les trouver sur ce qu'elles considéraient comme leur fief ; ou simplement parce que, si elles n'acquièrent pas un état d'esprit global, elles seront désertées par leurs employés qualifiés, et se retrouveront bientôt incapables de fonctionner dans une économie gouvernée par l'argent électronique, la banque électronique, le commerce électronique.

De fait, être une entreprise globale est une question de mentalité ; c'est une nouvelle culture, une nouvelle façon de travailler. Par exemple, dans une entreprise globale, la notion de diversité n'apparaît plus comme un obstacle mais comme une richesse. Les outils sont conçus et organisés de façon à permettre des interactions globales. L'infostructure, même simple ou d'échelle réduite, est intégrée, compatible et accessible de n'importe où. Mais ce n'est pas tout : pour que ces outils soient utiles et contribuent, eux aussi, à la performance de l'entreprise, ils doivent être utilisés de façon optimale par les employés. Ceux-ci doivent donc non seulement savoir utiliser les outils d'information et de communication, mais surtout être capables

© Groupe Eyrolles

de comprendre et de s'adapter à un ensemble de réalités conceptuelles et opérationnelles différentes.

Le phénomène de globalisation et ses conséquences pour l'entreprise, c'est-à-dire la nécessité pour celle-ci de devenir globale en termes de mentalité, si ce n'est en termes d'activités, ont un impact important sur tous les domaines de gestion.

Domaines de gestion	Impact de la globalisation
Stratégie	Le comité exécutif comprend la différence entre « multidomestique » et « global », et décompartimente la structure organisationnelle de l'entreprise.
Finance	Les opérations sont structurées de façon à générer globalement la plus haute valeur ajoutée, qui sera ensuite redistribuée localement.
Informatique	L'infostructure intègre tous les processus et communications de l'entreprise sans tenir compte des frontières départementales, fonctionnelles et géographiques, de façon à ce que tous puissent en bénéficier, n'importe où et n'importe quand.
RH	Les employés sont capables de comprendre et de s'adapter à des réalités différentes, sur plusieurs niveaux et dans plusieurs cultures.
Opérations	L'entreprise est prête à considérer le monde comme son territoire, que ce soit pour y trouver des sources d'approvisionnement, des idées pour de nouveaux produits, des endroits favorables à l'implantation d'unités de travail et/ou des débouchés pour les ventes et la distribution. Les clients peuvent s'attendre à être servis n'importe où dans le monde, quels que soient leurs besoins spécifiques.

© Groupe Eyrolles

TEST D'AGILITÉ DE L'ENTREPRISE

Votre entreprise a-t-elle une mentalité globale ?

Vérifiez si les énoncés ci-dessous s'appliquent bien à votre entreprise :

☐ Votre entreprise et ses employés sont très conscients du phénomène de globalisation.

☐ La plupart de vos politiques et systèmes de gestion sont conçus et intégrés globalement, leur application est adaptée aux conditions locales.

☐ Votre ligne de produits/services est cohérente pour tous vos clients, où qu'ils soient dans le monde.

☐ Il est difficile, voire impossible, de relier votre culture d'entreprise à une culture nationale spécifique.

☐ Vos employés interagissent régulièrement avec des gens du monde entier.

☐ La mentalité globale est une compétence (ou un ensemble de compétences) qui est évaluée et développée dans votre entreprise.

☐ La langue de travail au sein de votre entreprise a été délibérément choisie comme étant celle qui permet à la majorité de vos employés et de vos partenaires extérieurs de se comprendre aisément.

☐ Tous les postes dans l'entreprise sont ouverts à tous les candidats compétents, sans restriction de nationalité, d'ethnie, de religion, de genre ou d'âge.

☐ Vous utilisez des méthodes de recrutement global telles que les sites d'emploi sur Internet, les chasseurs de tête internationaux, les candidatures spontanées sur votre site Web, les campus d'université dans plusieurs pays, etc.

☐ Tous les membres de votre comité exécutif parlent au moins deux langues.

☐ Plusieurs nationalités sont présentes parmi vos employés, y compris au niveau de la direction.

☐ La mixité est une réalité à tous les niveaux de votre entreprise.

☐ Le plan de carrière aboutissant à un poste de direction générale dans votre entreprise comprend toujours au moins une affectation à l'étranger.

☐ Vous offrez des programmes de formation à vos employés pour leur apprendre à travailler dans un environnement multiculturel.

☐ La capacité de votre infostructure à faciliter le travail et le partage d'informations à un niveau global est évaluée et développée dans votre entreprise.

☐ Votre infostructure supporte l'utilisation de plusieurs langues, voire de plusieurs systèmes d'écriture.

☐ Toutes vos applications professionnelles sont globales, c'est-à-dire partagées et utilisées par vos différents départements, fonctions, unités.

☐ Vous avez un (et un seul) intranet, accessible par tous avec plusieurs niveaux d'accès.

.../...

© Groupe Eyrolles

...*/*...

☐ Vous avez un (et un seul) site Web, contenant des pages distinctes pour chacune de vos unités géographiques, fonctionnelles, produits.

☐ Vous attendez de tous vos employés qu'ils utilisent les connaissances disponibles sur votre infostructure et qu'ils y contribuent.

☐ Tous les espaces de travail virtuel, banques de données et bibliothèques digitales sont globaux, c'est-à-dire accessibles à tous et utilisés par tous en fonction de leurs droits d'accès.

Voir la suggestion d'utilisation p. 12.

© Groupe Eyrolles

Chapitre 5

Réintermédiation

La réintermédiation se qualifie par la tendance de toute entité/activité/technologie à fonctionner en relation directe avec ses partenaires, avec ou sans l'aide d'intermédiaires permettant cette relation directe.

Le triomphe – ou la tyrannie – de la transparence

Dans un monde bidimensionnel (physique et virtuel) et sans frontières, l'accès à l'information est tellement plus facile que les gens peuvent se libérer des canaux de communication traditionnels et des restrictions, partis pris, propagandes et luttes d'influence qui les accompagnaient. Alors même que les intermédiaires (et les filtres) traditionnels disparaissent, le phénomène bien documenté du « trop-plein d'information » génère des besoins auxquels répondent les outils de filtrage, de recherche et de clarification sur lesquels nous nous appuyons pour naviguer à travers le cyberespace… Ainsi, ce qui semblait au premier abord être une tendance à la « désintermédiation » s'avère un phénomène de « réintermédiation », causant la disparition des intermédiaires traditionnels et leur remplacement par de nouveaux types de services. La nature paradoxale de ces nouveaux intermédiaires est que tout en permettant des relations qui n'auraient pu exister sans eux, ils assurent que ces relations sont et restent directes.

Le fait que les êtres humains ont un accès libre, direct et facile à toute l'information pertinente qu'ils peuvent souhaiter, génère une remise en question de l'autorité dont les répercussions affectent déjà la société mondiale tout entière. Du mot de l'économiste suédois Kjell Nordström : « Le client, employé, patient ou citoyen stupide, humble et loyal est mort. » Les observateurs de tendances notent, en effet, que jamais les consommateurs ne se sont autant adonnés à l'analyse comparative qu'aujourd'hui, se montrant d'ailleurs beaucoup plus

© Groupe Eyrolles

consciencieux que les entreprises dans ce domaine. Résultat ? Une fois que le niveau d'attente a été fixé, il y a fort à parier qu'il ne soit pas atteint, et les consommateurs bien informés se trouvent donc dans un état d'indifférence et/ou d'irritation perpétuelle. De plus en plus souvent, ils se font entendre, et leurs échanges font prendre à leurs réclamations une dimension massive, forçant les entreprises à réagir. D'innombrables sites Web, de Epinions à Amazon, invitent les consommateurs à partager leurs expériences sur tout. Et le succès des téléphones portables à caméra intégrée va significativement amplifier cette tendance.

De même, la réintermédiation lance un formidable défi psychologique aux employeurs, car la possibilité qu'ont aujourd'hui leurs employés d'établir des relations directes avec n'importe qui (leur P-DG, un collègue d'une autre division, un client) et de considérer ces interlocuteurs comme des partenaires plutôt que comme des concurrents ou des supérieurs, est souvent perçue comme une menace par des cadres et directeurs craignant de perdre leur pouvoir.

CLIN D'ŒIL

Vivez-vous la transparence ?

Quelle est l'option qui s'applique le mieux à vous ?

a) Je travaille toujours en direct et ce que j'ai à dire est entendu haut et clair.

b) Je travaille dans une structure qui a ses règles, mais je vérifie toujours ce que l'on me dit.

c) On ne peut pas agir partout et sur tout, à chacun sa place ! Je travaille dans un certain cercle, et, au-delà, cela ne me concerne plus vraiment.

Voir la grille d'interprétation p. 51.

Les structures organisationnelles deviennent plus plates

Au niveau des affaires, le phénomène se traduit par l'élimination des maillons qui n'offrent pas de valeur ajoutée. Parmi lesdits maillons figurent, bien sûr, des entités extérieures à l'entreprise telles qu'agents, grossistes et autres services intermédiaires, mais aussi de nombreux postes intermédiaires au sein même de l'entreprise. Il s'agit, par exemple, de rationaliser la saisie et l'enregistrement de données, en réduisant les intermédiaires humains et les lenteurs et risques d'erreur

© Groupe Eyrolles

qui les caractérisent. Il s'agit aussi de rationaliser l'organigramme en supprimant certains postes de cadres moyens ou directions régionales, dont on découvre qu'ils existaient principalement pour transmettre les instructions vers le bas et les rapports vers le haut. Des rôles différents apparaissent à la place, mais ils sont liés à des prestations de services internes ou externes et ne se positionnent pas dans la structure hiérarchique linéaire traditionnelle qui devient donc plus plate.

La réintermédiation et ses conséquences sur l'entreprise, c'est-à-dire la nécessité d'éliminer les intermédiaires non générateurs de valeur et, si approprié, de les remplacer par un nouveau type d'intermédiaire permettant des relations directes et/ou des transactions plus efficaces, ont un impact important sur tous les domaines de gestion.

Domaines de gestion	Impact de la réintermédiation
Stratégie	Le comité exécutif conçoit une structure organisationnelle plate et questionne la valeur des professions et services intermédiaires, internes ou externes, quitte à fermer ou déplacer certaines des unités de l'entreprise.
Finance	Priorité est donnée à la valeur ajoutée, loin devant les économies d'échelle et autres réductions de coûts.
Informatique	Tous les processus et communications sont aussi directs que possible, tandis que sont introduits de nouveaux systèmes intermédiaires permettant la recherche, le tri et le filtrage d'informations à travers toute l'infostructure.
RH	Les postes intermédiaires sans valeur ajoutée disparaissent, les employés communiquent librement avec leurs partenaires professionnels internes et externes.
Opérations	Les relations directes avec les partenaires professionnels internes et externes sont favorisées et les intermédiaires restants sont sélectionnés sur la base de la valeur distinctive qu'ils apportent ; les clients et les consommateurs s'attendent à pouvoir être en contact direct avec l'entreprise lorsqu'ils en ressentent le besoin.

© Groupe Eyrolles

TEST D'AGILITÉ DE L'ENTREPRISE

Votre entreprise est-elle « réintermédiée » ?

Vérifiez que les énoncés ci-dessous s'appliquent bien à votre entreprise :

☐ Votre entreprise et ses employés sont très conscients du phénomène de réintermédiation.

☐ Votre entreprise a revu et restructuré ses opérations et son organisation de façon à éliminer tous les intermédiaires non générateurs de valeur.

☐ Votre organisation est structurée en satellite ou en réseau : les divisions traditionnelles (fonctions, lignes de produits) sont des entités indépendantes ; il est possible que les fonctions de soutien soient des centres de profit et/ou que les chefs de division étant délocalisés dans leurs divisions, il n'y ait même plus de siège en tant que tel.

☐ La capacité de conduire ses communications et ses transactions directement avec ses partenaires internes et externes est une compétence qui est évaluée et développée dans votre entreprise.

☐ Vos employés ont l'autorisation de contacter directement et librement qui ils veulent dans l'entreprise, à n'importe quel niveau, sans forcément passer par leur supérieur hiérarchique.

☐ Vos employés ont pour instruction d'initialiser et de développer des relations professionnelles avec quiconque peut contribuer à leur faire remplir leurs objectifs, sans avoir besoin d'en référer à leur supérieur hiérarchique.

☐ Vos employés ont libre et direct accès à toutes les informations non « top-secret » disponibles dans l'entreprise ; cet accès leur est possible de l'intérieur, mais aussi de l'extérieur du bureau.

☐ Tous vos employés ont accès libre et direct à Internet et aux informations qui y sont disponibles, sans restrictions.

☐ Tous les composants de votre infostructure sont connectables à Internet.

☐ Des systèmes de recherche d'information à travers votre infostructure permettent à vos employés de trouver facilement et rapidement tout ce dont ils ont besoin, sans aide.

☐ Grâce à votre infostructure, il est techniquement possible à vos employés de chercher, filtrer, sélectionner et analyser toute information utile disponible dans le monde entier (disque dur, LAN, intranet, Internet).

☐ Vos employés peuvent librement et directement télécharger des informations sur le LAN et l'intranet.

☐ Techniquement, votre infostructure permet à tout utilisateur de travailler raisonnablement vite, y compris sur Internet, à n'importe quel moment.

☐ Votre infostructure contient des systèmes permettant la communication écrite synchrone, comme la messagerie instantanée, ainsi que d'autres permettant la communication verbale et écrite synchrone, comme les plates-formes de conférence virtuelle, les VOIP, etc.

.../...

© Groupe Eyrolles

...*/*...

☐ Les conférences en ligne supportées par votre infostructure peuvent être enregistrées, conservées et revues à volonté.

☐ Vous fournissez à vos employés des téléphones cellulaires supportant une connexion rapide et une synchronisation facile avec leur ordinateur.

☐ Certains de vos processus de travail, qui nécessitaient jadis un certain nombre d'étapes intermédiaires, sont aujourd'hui beaucoup plus directs grâce à votre infostructure, même lorsque ce processus implique plusieurs départements.

Voir la suggestion d'utilisation p. 12.

© Groupe Eyrolles

Chapitre 6

Molécularisation

La molécularisation se qualifie par la tendance de toute entité/activité/technologie à adopter une structure moléculaire. De petites unités expertes, flexibles et adaptables peuvent fonctionner indépendamment ou se rassembler temporairement en fonction des avantages attendus.

Place à l'individu responsable

Capable de recevoir l'information qu'il désire directement de sa source et d'exprimer ses attentes et besoins spécifiques, l'individu peut dès lors exiger qu'on le considère en tant que tel et non plus comme un composant anonyme des groupes artificiellement créés pour répondre aux besoins de la société industrielle (classe sociale, segment de marché, main-d'œuvre, etc.). Du mot du fondateur du Centre d'intelligence collective au MIT, Thomas Malone : « L'unité fondamentale de la nouvelle économie n'est plus l'entreprise mais l'individu. » Cette reconnaissance induit un remarquable effet secondaire : la personne qui fait entendre sa voix, son opinion, ne peut plus se cacher dans la foule. La dilution des responsabilités au sein du groupe n'est plus de mise. Ainsi apparaît la notion de responsabilité individuelle, professionnelle, sociale, environnementale, *in fine* holistique.

Au travail, l'employeur se doit donc de reconnaître chaque employé en tant qu'entité unique avec des forces et des faiblesses qui doivent être comprises et utilisées pour le plus grand avantage des deux parties. Cela représente un changement radical dans la façon dont l'entreprise travaille et fait travailler ses employés : les relations entre employeurs et employés responsabilisés se transforment en relations d'affaires.

© Groupe Eyrolles

CLIN D'ŒIL

Êtes-vous le conteur de votre propre vie ?

Quelle est l'option qui s'applique le mieux à vous ?

a) Je prends mes propres décisions, car c'est mon travail, ma responsabilité.

b) Je suis pour le travail en équipe et les décisions consensuelles.

c) Mon patron vous dira mieux que moi ce dont je suis capable.

Voir la grille d'interprétation p. 51.

Les produits et services intègrent le principe de personnalisation en masse

Dans le même temps, on parle en termes marketing de **personnalisation en masse** : il est effectivement devenu possible, avec la logistique intégrée, de trouver des produits directement à la source, de les adapter et/ou assembler de façon à satisfaire les besoins des clients individuels et de les leur faire parvenir directement. En fait, du point de vue du consommateur, l'économie cybernétique présentera bien des points communs avec les temps préindustriels où l'on commandait quelque chose en sachant qu'il serait unique, fait sur mesure. À ceci près qu'aujourd'hui, la production de cet objet unique (personnalisation) bénéficie des progrès de l'ère industrielle ; elle est donc rapide et relativement peu chère (production en masse des composants). De plus, l'objet est accompagné de tout un éventail d'informations et de services. Nous ne parlons d'ailleurs plus de produits, ni de services, mais de **solutions,** c'est-à-dire d'une indissociable combinaison d'information prévente, de produit personnalisé et de services après-vente. Récemment, la notion de « solution » tend même à faire place à celle d'« expérience » : il s'agit d'offrir au client une expérience grâce à laquelle il réalisera un rêve. Chaque consommateur est indubitablement reconnu comme un segment de marché à lui tout seul.

La molécularisation et ses conséquences pour l'entreprise, c'est-à-dire la nécessité de transformer ses produits en « solutions personnalisées en masse », de concevoir son infostructure comme une combinaison intégrée d'applications moléculaires et de considérer chacun de ses employés comme un acteur économique responsabilisé, ont un impact important sur tous les domaines de gestion.

© Groupe Eyrolles

Domaines de gestion	Impact de la molécularisation
Stratégie	Le comité exécutif respecte ses employés, ses partenaires, ses clients, et leur délègue les décisions non stratégiques ; il s'assure aussi que la structure organisationnelle de l'entreprise reflète la distribution des rôles plutôt qu'une hiérarchisation de l'autorité.
Finance	Tous les employés concernés (et pas seulement l'équipe de management) sont impliqués dans les activités de planification et de contrôle financier, qui doivent être transparentes aux agents de valeur ajoutée.
Informatique	Les technologies sont structurées en un réseau d'applications légères, autonomes mais intégrées, flexibles et ouvertes.
RH	Chaque poste est considéré comme un acteur économique en tant que tel, et chaque titulaire comme un employé responsabilisé capable de fonctionner de façon autonome ; plus que la hiérarchie, c'est la culture d'entreprise qui cimente les liens au sein de la communauté constituée par l'organisation.
Opérations	Les solutions (produits + services) intègrent à la fois les avantages de la production de masse et ceux de la personnalisation.

TEST D'AGILITÉ DE L'ENTREPRISE

Votre entreprise est-elle moléculaire ?

Vérifiez que les énoncés ci-dessous s'appliquent bien à votre entreprise :

☐ Votre entreprise et ses employés sont très conscients du phénomène de molécularisation.

☐ Dans votre entreprise, les décisions de routine, tactiques et même opérationnelles sont déléguées à des employés responsabilisés ; la direction générale se concentre sur les décisions stratégiques.

☐ La responsabilisation et la délégation sont des compétences qui sont évaluées et développées dans votre entreprise.

☐ Les processus de planification à long terme et de budgétisation annuelle impliquent non seulement le management, mais aussi les employés (au moins professionnels et spécialistes).

☐ Il arrive assez souvent que vous confiiez temporairement la direction d'une équipe et/ou d'un projet à un collaborateur non-cadre.

.../...

© Groupe Eyrolles

... /...

☐ La plupart de vos employés sont suffisamment qualifiés dans leur poste et responsabilisés pour pouvoir fonctionner en quasi-autonomie.

☐ Dans votre entreprise, ce n'est pas le temps de présence au bureau qui est important, ce sont les résultats ; vos employés sont donc assez libres de décider quand et où ils travaillent.

☐ Vous évaluez et assurez la compatibilité de tous les composants de votre infostructure entre eux et avec les systèmes extérieurs.

☐ Vous évaluez et développez la personnalisation de tous les composants de votre infostructure en fonction des besoins des utilisateurs.

☐ Tous les composants de votre infostructure sont configurés pour être utilisés de façon autonome aussi bien qu'en réseau.

☐ Tout ce que vous développez (ou faites développer) en informatique est conçu de façon à pouvoir être réutilisable pour d'autres applications.

☐ Tous vos employés ont leur propre adresse électronique professionnelle.

☐ Les courriers électroniques professionnels de chaque employé sont classés en dossiers par type de sujet et les vieux courriers électroniques sont archivés.

☐ Les informations contenues dans votre infostructure ne sont pas classées par département, fonction ou ligne de produit, mais par domaine de connaissance pour être facilement accessibles par toute personne intéressée.

☐ Toutes les informations contenues dans votre infostructure sont réutilisables, donc formatées de façon générique et régulièrement mises à jour.

Voir la suggestion d'utilisation p. 12.

© Groupe Eyrolles

Chapitre 7

Fluidification

La fluidification se qualifie par la tendance de toute entité/activité/techno-
logie à fonctionner de manière fluide, sans occasionner de retards ou d'étapes
inutiles. Elle se traduit par une réponse immédiate aux demandes, mais aussi
par une réaction rapide au changement.

La communication instantanée exige une réaction immédiate

Les technologies de réseau nous ont offert la communication instantanée, et nous en faisons grand usage : qui n'a pas son téléphone portable aujourd'hui ?

Nous en venons à parler d'« hyperconnectivité », terme qui qualifie la tendance
à utiliser régulièrement plusieurs appareils de communication et à accorder
une nette préférence à ceux qui permettent la plus grande réactivité, la
communication la plus directe, comme le texto ou la messagerie instantanée.

Une étude réalisée en 2008 par le cabinet IDC, avec 2 400 professionnels
répartis dans 17 pays de par le monde, montre que 52 % des professionnels
sont (déjà ou en passe d'être) des « hyperconnectés ».

Pendant de l'hyperconnectivité, on attend de nous que nous répon-
dions immédiatement aux appels, qu'ils consistent à s'enquérir de
nos nouvelles, demander une information, réclamer de l'aide ou
commander un produit ou un service. Si nous ne réagissons pas dans
les heures qui suivent, notre interlocuteur s'impatiente, se demande
quel est notre problème… De fait, les technologies aujourd'hui largement disponibles, et les effets combinés des phénomènes de réintermédiation, interconnexion et molécularisation nous offrent les moyens de

© Groupe Eyrolles

répondre à ces attentes. Au bureau, un professionnel ainsi contacté peut, en quelques minutes, obtenir l'information demandée sur son intranet et la vérifier directement avec le collègue le plus approprié. Mieux, il peut tirer leçon du problème soulevé par l'interlocuteur, préparer un rapport avec ses recommandations et le télécharger pour communication interne. Au moment où l'interlocuteur a sa réponse, il est aussi devenu une étude de cas accessible instantanément par tous les employés de l'entreprise. Cette fluidité dans l'action et la réaction, surtout lorsque les entraves telles que procédures de contrôle manuelles, autorisations à multiples signatures, restrictions des droits d'accès, etc., sont minimales, engendre une vitesse d'exécution jamais atteinte dans le passé.

CLIN D'ŒIL

Qu'est-ce que « vitesse » veut dire pour vous ?

Quelle est l'option qui s'applique le mieux à vous ?

a) Je fais en une journée ce qui me prenait trois jours autrefois.

b) Je m'efforce d'être efficace, mais une heure ne comprend toujours que 60 minutes.

c) Je n'aime pas faire vite les choses ; un bon travail demande du temps.

Voir la grille d'interprétation p. 51.

Réagir vite, c'est aussi anticiper l'avenir

En conséquence de cette évolution, c'est l'économie entière qui est pressée. « Mieux vaut jamais que tard » semble être le nouveau proverbe à la mode. Les technologies sont certes d'un grand secours dans cette course éperdue, mais elles ne peuvent éliminer les risques qu'elle comporte.

Olivier Guilluy, directeur du groupe Lafarge en Corée du Sud, expliquait récemment à l'auteur : « Le problème est maintenant de répondre le plus vite possible tout en essayant d'être le plus juste possible… et l'erreur doit être acceptée. La capacité à analyser vite devient critique, de même que notre capacité à faire confiance à nos intuitions. Encore faut-il que nous préparions ces intuitions. Compte tenu du peu de temps à notre disposition, il est d'autant plus critique de développer notre compréhension de l'environnement et des acteurs clés du *business* de façon à gagner du temps dans la phase d'analyse. Il devient aussi impératif de s'organiser afin d'avoir accès à l'expertise nécessaire. Je garde de mes années de pratique du kayak une idée forte : on peut diriger son bateau si l'on va plus vite que le courant, mais pour garder sa vitesse il faut anticiper les obstacles et prépositionner le bateau en conséquence. C'est pareil dans les affaires. »

© Groupe Eyrolles

La fluidification et ses conséquences pour l'entreprise, c'est-à-dire la nécessité de travailler vite et d'être constamment prêt au changement, ont donc un impact immédiat sur tous les domaines de gestion.

Domaines de gestion	Impact de la fluidification
Stratégie	Le comité exécutif s'assure que l'entreprise est gérée et fonctionne avec fluidité, et élimine les procédures inutiles.
Finance	La façon dont l'entreprise génère et distribue sa valeur ajoutée peut être contrôlée à tout moment, ce qui permet à l'entreprise de répondre immédiatement lorsqu'un besoin financier se fait sentir.
Informatique	Les technologies sont structurées et utilisées de façon à permettre un travail et des communications fluides ; cela inclut la flexibilité d'intégrer les dernières technologies sans occasionner de gêne pour les opérations.
RH	Les employés s'efforcent d'éliminer les retards à tous les niveaux, que ce soit dans leurs réponses aux demandes, dans leurs livrables, ou dans leur préparation à l'avenir.
Opérations	Les retards et délais inutiles dans le design, la production, la promotion, la distribution des produits et services de l'entreprise sont réduits, voire éliminés ; la nature des produits et services, elle-même, peut être indexée sur les changements de l'environnement, auquel cas leur cycle de vie est extrêmement court.

TEST D'AGILITÉ DE L'ENTREPRISE

Votre entreprise travaille-t-elle de façon fluide ?

Vérifiez que les énoncés ci-dessous s'appliquent bien à votre entreprise :

☐ Votre entreprise et ses employés sont très conscients du phénomène de fluidification.

☐ La capacité de travailler vite et de réagir vite aux demandes est une compétence qui est évaluée et développée dans votre entreprise.

☐ La capacité de s'adapter vite au changement est une compétence qui est évaluée et développée dans votre entreprise.

☐ Votre entreprise évalue et développe sa capacité à acquérir et adapter ses connaissances de façon à accompagner efficacement tous les ajustements de sa stratégie commerciale.

.../...

© Groupe Eyrolles

.../...

- ☐ Vos employés ont pour instruction de lire et de répondre à tous leurs courriers électroniques professionnels chaque jour.

- ☐ Vos employés savent que toute demande reçue doit être traitée immédiatement ; vous organisez formations et campagnes de communication pour le leur rappeler et vous assurer qu'ils sont en mesure de le faire.

- ☐ Vous vous assurez de la disponibilité de tout un éventail de systèmes d'information permettant à vos employés de trouver l'information dont ils ont besoin pour réagir vite.

- ☐ Vos processus et flux de travail sont optimisés, aucune procédure n'est inutile.

- ☐ Lorsqu'un employé qualifié quitte votre entreprise, vous vous assurez que ses connaissances sont enregistrées et que ses dossiers sont efficacement transférés ; la transition est généralement rapide et sans douleur.

- ☐ Si votre entreprise est impliquée dans une fusion/acquisition, vous la faites toujours précéder d'un exercice de *due diligence*, en particulier dans les domaines des ressources humaines et informatiques, pour évaluer la faisabilité et anticiper les problèmes.

- ☐ Vous planifiez vos restructurations un an à l'avance au minimum et vous impliquez la direction des ressources humaines et la direction informatique dès le début.

- ☐ Vos connexions Internet sont stables et très rapides à travers toute l'entreprise à tout moment.

- ☐ Vos employés reçoivent leurs e-mails instantanément ou presque, le serveur télécharge automatiquement les e-mails dans leur boîte aux lettres, voire les retransmet immédiatement sur leur *BlackBerry* ou équivalent.

- ☐ La plupart des composants de votre infostructure sont équipés de systèmes de mise à jour automatique immédiate.

- ☐ Vos banques de données sont équipées de systèmes de réactualisation automatique des données lorsque c'est possible, ou de systèmes d'alerte poussant les utilisateurs à la réactualisation.

- ☐ Le téléchargement de données vers – et à partir de – vos plates-formes et applications est généralement très rapide.

- ☐ La recherche d'information et la conclusion de transactions sur votre infostructure sont généralement très rapides.

- ☐ Il vous arrive de migrer d'une technologie à une autre plus nouvelle, et lorsque cela arrive, vous planifiez la migration (aspects techniques et utilisateurs) de façon à ce que la transition soit rapide et sans douleur.

- ☐ Lorsqu'un employé trouve/acquiert/produit un nouveau document (ou une nouvelle information) d'intérêt général, il a pour instruction de le formater de façon qu'il soit réutilisable et de le poster immédiatement sur une plate-forme de partage des connaissances.

Voir la suggestion d'utilisation p. 12.

© Groupe Eyrolles

Chapitre 8

Innovation

L'innovation se qualifie par la tendance de toute entité/activité/technologie, libérée des tâches subalternes en conséquence des autres caractéristiques cybernétiques, à produire toujours plus d'idées nouvelles qui peuvent être converties en applications concrètes.

Le besoin de créativité s'impose devant le confort de la discipline

« Si nous ne changeons pas notre façon de penser, nous ne serons pas capables de résoudre les problèmes que nous avons créés avec notre façon de penser actuelle », disait Albert Einstein. En d'autres termes, maintenant que nous avons ouvert la boîte de Pandore avec nos technologies digitales en réseau, nous avons plus que jamais besoin d'une solide dose de **créativité** pour nous attaquer à ce qu'elle recèle. Dans le nouvel environnement socioéconomique, il ne s'agit plus de laisser s'exprimer quelques individus clairement catégorisés (inventeurs, designers, artistes) tout en attendant de la majorité des citoyens, employés, consommateurs, qu'ils fassent montre d'une discipline de bon aloi. Il s'agit au contraire, pour chacun de nous, de développer et utiliser cet « attribut multidimensionnel et à multiples facettes, inégalement distribué entre les êtres humains, qui inclut les capacités de voir les problèmes, de générer des idées, d'être flexible, d'être original, de concrétiser ses idées, ainsi que la passion de la curiosité et la persistance », selon la définition que donne le chercheur B. K. Passi de la créativité. Autrement dit, il ne faut plus nous contenter de suivre la foule, il nous faut oser marcher seul pour découvrir l'inexploré.

Le défi que représente ce besoin s'avère formidable pour bien des individus et communautés humaines, car ils redoutent fort les fluctuations, perturbations, déséquilibres qui sont en fait les sources primaires de la créativité. Mais les plus flexibles se lancent et, en particulier,

© Groupe Eyrolles

les jeunes, qui expriment leurs idées et demandent qu'elles soient reconnues. Au point que les entreprises commencent à se trouver confrontées à « **l'apathie ou la gloire** », expression qualifiant la tendance parmi les individus à considérer que les seules choses qui valent la peine d'être faites sont celles qui pourraient les rendre célèbres, ou au moins leur assurer une reconnaissance publique.

CLIN D'ŒIL

Êtes-vous créatif ?

Quelle est l'option qui s'applique le mieux à vous ?

a) Je n'arrête pas d'avoir de nouvelles idées ; elles sont quelquefois assez farfelues, mais certaines se concrétisent avec succès.

b) Je ne suis pas du genre « inventeur fou », mais j'ai des idées assez originales pour résoudre les problèmes, et j'essaie constamment d'améliorer les choses.

c) Quand j'aime bien quelque chose, je m'y attache ; pourquoi changer quand ça marche ?

Voir la grille d'interprétation p. 51.

L'innovation est l'affaire de tous

L'innovation est aujourd'hui reconnue comme une condition de survie dans le monde économique, au sein duquel ceux qui sont adaptables réussissent infiniment mieux que ceux qui comptent sur leur taille et leur force. L'économie bouge si vite, globalement, que de maintenir un flux de nouvelles idées pour les produits et services, mais aussi pour les façons de travailler et les outils de travail, est une dynamique essentielle à n'importe quelle entreprise. L'époque où les producteurs de l'ère industrielle disaient « si ce n'est pas cassé, n'y touche pas », parce que la plus grande partie des coûts se trouvait dans la conception et le lancement de nouveaux produits, est donc bien révolue. Même le principe de « si ce n'est pas cassé, garde un œil dessus », adopté par les producteurs sous la pression d'une concurrence rendue féroce par l'internationalisation des affaires, ne suffit plus. La première règle de l'innovation aujourd'hui est « si ce n'est pas cassé, casse-le avant que d'autres ne le fassent ». Un exemple frappant en est fourni par Microsoft qui, avec l'introduction de Windows 95, réussit à détrôner le logiciel le plus vendu de tous les temps – son propre DOS.

De fait, étant donné l'accessibilité immédiate par tous les êtres humains à l'éventail le plus large d'informations actualisées, une

© Groupe Eyrolles

entreprise qui ne remplace pas ses produits avec ses propres innova-tions risque fort de voir quelqu'un d'autre le faire à sa place. Les obser-vateurs de tendances parlent d'avalanche d'innovations : de nouvelles marques, de nouvelles niches, de nouveaux concepts, de nouveaux produits, de nouveaux services et de nouvelles expériences inondent des marchés dont le nombre augmente tout aussi rapidement. Du coup, non seulement l'entreprise encourage la créativité de tous ses employés, mais elle met le monde à ses côtés pour innover.

C'est le phénomène de la « cocréation », c'est-à-dire la création de produits, de services et d'expériences par des entreprises en coopération étroite avec des consommateurs expérimentés et créatifs, exploitant leur capital intellec-tuel et leur donnant en échange un droit de regard (voire une rémunération) sur ce qui est produit, manufacturé, développé, conçu ou servi.

L'innovation et ses conséquences pour l'entreprise, c'est-à-dire la nécessité de stimuler la créativité et d'entretenir l'innovation à tous les niveaux, ont déjà un impact évident sur tous les domaines de gestion.

Domaines de gestion	Impact de l'innovation
Stratégie	Le comité exécutif est visionnaire, résolu à assurer que les produits et services, systèmes, outils, concepts et façons de travailler de l'entreprise accompagnent l'évolution socioéconomique et vérifie que la structure organisationnelle facilite l'innovation, sa diffusion et son acceptation.
Finance	L'entreprise porte ses vues sur une valeur ajoutée à long terme plutôt que sur le profit immédiat et l'innovation contribue à la génération de valeur économique tout en bénéficiant également à la communauté au sens large.
Informatique	Les technologies utilisées sont suffisamment flexibles pour soutenir des activités innovantes et elles constituent en elles-mêmes un facteur d'innovation.
RH	Les employés participent aux améliorations, développements, créations ou innovations et sont encouragés, reconnus et récompensés dans ce sens.
Opérations	Les produits et services eux-mêmes constituent une innovation et remplacent les produits et services précédents avant même que ceux-ci aient perdu leur valeur et/ou la façon dont ces produits et services sont conçus, produits, promus et distribués est novatrice. L'innovation elle-même, et les risques d'erreur qu'elle comporte, est soigneusement pilotée.

© Groupe Eyrolles

TEST D'AGILITÉ DE L'ENTREPRISE

Votre entreprise est-elle innovatrice ?

Vérifiez que les énoncés ci-dessous s'appliquent bien à votre entreprise :

☐ Votre entreprise et ses employés sont très conscients du phénomène d'innovation.

☐ La curiosité, l'esprit critique, la créativité et l'esprit novateur sont des compétences qui sont évaluées et développées dans votre entreprise.

☐ Votre entreprise applique des principes de gestion novateurs qui encouragent la créativité.

☐ Vos managers ont pour rôle de toujours rechercher et accueillir les nouvelles idées, les nouvelles façons de travailler.

☐ Votre entreprise applique le principe « si ce n'est pas cassé, casse-le avant que d'autres ne le fassent ».

☐ Dans votre entreprise, les nouvelles idées se répandent vite et on les prend en considération, quelle que soit leur origine.

☐ Les gens qui sont à l'origine des bonnes idées dans votre entreprise sont connus, car vous vous faites fort de le faire clairement savoir à tous.

☐ Vous avez au moins un système de reconnaissance au sein de votre entreprise qui assure que toutes les bonnes idées, quelle qu'en soit la nature, sont récompensées ; une bonne proportion de vos employés à tous niveaux a reçu ce genre de gratification au cours de ces dernières années.

☐ Votre infostructure est novatrice ; vous essayez de nouvelles technologies et vous conduisez même vos propres développements pour rester à la pointe.

☐ Votre infostructure est conçue pour supporter, communiquer, partager et faciliter la mise en œuvre des nouvelles idées dans tous les domaines.

☐ Votre infostructure contient une plate-forme où les employés peuvent présenter, échanger et tester de nouvelles idées.

☐ Votre infostructure contient des outils de stimulation de la créativité tels que jeux, tests, concours, etc.

☐ L'expérimentation de nouvelles idées est organisée de façon à ce que des erreurs puissent être faites sans pour autant porter préjudice aux opérations.

☐ Vous suivez et encouragez l'apport de nouvelles connaissances à la mémoire commune de l'entreprise.

☐ Des documents originaux, entièrement nouveaux, viennent très régulièrement enrichir votre bibliothèque virtuelle.

☐ Les documents et informations disponibles sur votre infostructure sont vus comme des matières premières pour la recherche et des références pour la réflexion et l'innovation.

Voir la suggestion d'utilisation p. 12.

© Groupe Eyrolles

Chapitre 9

Érudition

L'érudition se qualifie par la tendance de toute entité/activité/technologie à acquérir et développer de plus en plus de connaissances, et à y accorder plus de valeur qu'aux biens matériels.

Le savoir devient une valeur fondamentale

Le phénomène d'érudition est le résultat de la combinaison de toutes les autres caractéristiques de la révolution cybernétique. Bien évidemment, l'importance du savoir n'a rien de nouveau : on en parle et on le respecte depuis l'aube des temps (« Tous les hommes par nature ont faim de savoir », disait Aristote). Mais si nous sommes d'accord avec Samuel Johnson lorsqu'il mentionnait dans son fameux dictionnaire de 1770 que « le **savoir** est de deux sortes – celui que nous possédons nous-mêmes, et celui auquel nous pouvons avoir accès », alors il ne fait aucun doute que les technologies digitales augmentent prodigieusement notre capacité de savoir. Celui-ci devient aujourd'hui la valeur fondamentale, le symbole d'une ère tout entière. L'ère industrielle a mis les biens matériels à la portée de tous et les actifs corporels étaient la référence. À son tour, l'ère cybernétique met l'information à la portée de tous, et les actifs intangibles basés sur le savoir deviennent donc la référence.

Le défi psychologique est immense pour beaucoup lorsqu'ils réalisent que leur pouvoir ne se fonde plus sur une extension physique de leur bras (qui peut être abandonnée, perdue, volée, oubliée), mais qu'il est aujourd'hui internalisé dans leur cerveau. D'un côté, ce pouvoir est bien mieux protégé qu'avant, mais, d'un autre côté, il n'est plus possible de nier la responsabilité de ce pouvoir, de la diffuser commodément au sein du groupe, ou même de la rejeter sur

© Groupe Eyrolles

quelqu'un d'autre. Notre cerveau, et ce que nous en faisons, est nôtre et exclusivement nôtre. On peut se demander quel impact aura l'obligation d'assumer la responsabilité de soi-même sur notre société, dont tant de membres se sont accoutumés à se reposer sur les systèmes sociaux et/ou à maltraiter leurs cerveaux à coups de substances chimiques débilitantes. Mais le tournant est déjà pris par beaucoup. Témoin l'appétit grandissant des employés pour la formation en tous genres. Témoin aussi le phénomène du « **virage de carrière** », par lequel ces employés acceptent ce qui aurait été jadis considéré comme une rétrogradation, du moment que le nouveau poste offre plus d'opportunités d'apprendre et de développer leurs connaissances.

CLIN D'ŒIL

Apprenez-vous ?

Quelle est l'option qui s'applique le mieux à vous ?

a) Je suis probablement capable d'écrire un bouquin, mais je continue à apprendre tous les jours.

b) Je suis loin de tout savoir, mais je sais comment trouver les connaissances dont j'ai besoin.

c) Je n'ai plus grand-chose à apprendre dans mon boulot, c'est plutôt moi qui enseigne maintenant.

Voir la grille d'interprétation p. 51.

L'heure est à la gestion des connaissances

Aussi importante soit-elle, la reconnaissance de la valeur du savoir n'est que la première étape pour l'entreprise. Bien des employés perdent encore leur temps à chercher l'information plutôt qu'à agir, et à créer de l'information qui existe déjà simplement parce qu'ils ne savent pas où la trouver. Le vrai défi pour l'entreprise n'est pas tant d'acquérir ou de créer de nouvelles informations, qui sont largement disponibles sous forme de savoir tacite en son sein ou dehors. Il réside plutôt dans la création de systèmes et d'architectures qui offrent un contexte à l'information existante, et qui permettent donc de transformer les immenses quantités de données disponibles en information utilisable, ainsi que le savoir tacite en savoir explicite et utile. Le tout est d'assurer que ces informations et ce savoir puissent être partagés de façon pertinente et flexible afin que tous les partenaires internes et externes de l'entreprise augmentent leur érudition et trouvent de

© Groupe Eyrolles

nouvelles idées. Ces connaissances, transférées par leurs sources à l'entreprise pour stockage, partage et utilisation, restent disponibles même si les sources disparaissent ; elles deviennent donc un actif que l'on peut valoriser : c'est ce que l'on appelle le « **capital humain** », ou « **capital intellectuel** ». La mise en place des systèmes de gestion des connaissances, qui permettront à l'entreprise de développer son capital humain, représente un effort considérable. En fait, pour que ces systèmes soient utilisables de façon optimale, il est nécessaire *a priori* d'assurer que toutes les autres caractéristiques cybernétiques ont bien été digérées et intégrées par l'organisation.

L'érudition et ses conséquences pour l'entreprise, c'est-à-dire la nécessité de construire et de développer son capital humain, ont donc un impact drastique sur tous les domaines de gestion.

Domaines de gestion	Impact de l'érudition
Stratégie	Le comité exécutif traduit ses objectifs à long terme en besoins de compétences, s'efforce de développer une entreprise riche en connaissances, et assure que la structure organisationnelle facilite et stimule le savoir à tous niveaux.
Finance	L'entreprise considère et gère ses connaissances comme des actifs importants, générateurs de valeur économique et contributeurs clés de valeur sociale.
Informatique	Les technologies sont configurées et utilisées de manière à stimuler la remise en question des façons de travailler traditionnelles, soutenir des procédés et réseaux de communication plus efficaces et permettre aux hommes de se concentrer sur des activités stratégiques de réflexion, création, conception, analyse et prise de décision en automatisant les tâches routinières et administratives.
RH	Chaque employé devient un érudit, expert à son niveau (et donc possesseur d'une valeur reconnue) et contributeur au capital humain de l'entreprise.
Opérations	Le savoir est intégré dans la conception, la production, la promotion, la distribution, voire la nature même des produits et services, et les clients ont accès à toute l'information qu'ils désirent sur ces produits et services.

© Groupe Eyrolles

TEST D'AGILITÉ DE L'ENTREPRISE

Votre entreprise est-elle riche en connaissances ?

Vérifiez que les énoncés ci-dessous s'appliquent bien à votre entreprise :

☐ Votre entreprise et ses employés sont très conscients du phénomène d'érudition.

☐ Vous considérez les connaissances et les idées non seulement comme des attributs essentiels de chaque employé individuellement mais aussi comme des actifs importants de votre entreprise.

☐ Lorsque vous mesurez la valeur de marché de votre entreprise, vous prenez en compte la valeur de vos actifs intangibles.

☐ Les connaissances individuelles et communes sont évaluées et développées dans votre entreprise.

☐ La plupart de vos employés sont experts à leur niveau.

☐ Certains de vos employés sont membres de commissions nationales ou sectorielles et/ou intervenants dans des écoles ou universités ; certains sont les auteurs de livres ou d'articles professionnels.

☐ Votre entreprise finance régulièrement la formation de ses employés ; les programmes sont choisis et offerts en fonction des besoins identifiés grâce à l'évaluation des compétences des employés.

☐ Tous vos employés ont reçu au moins une formation dans le courant des six derniers mois.

☐ Dans le cadre de la formation offerte à vos employés, les programmes visant à rattraper un retard dans le poste actuel sont une minorité par rapport à ceux visant à l'actualisation des expertises et ceux visant au développement de la personne en préparation de fonctions futures.

☐ La formation offerte à vos employés inclut des programmes d'apprentissage en ligne.

☐ Votre entreprise encourage activement le transfert de savoir et de savoir-faire dans toutes les directions, et cette nécessité de transfert figure d'ailleurs sur les descriptions de poste et/ou objectifs individuels de tous vos spécialistes et managers.

☐ Vos employés qualifiés sont encouragés à intervenir dans des séminaires ou formations internes et externes.

☐ En général, votre entreprise a la réputation – méritée – de contribuer activement à améliorer les connaissances de la communauté au sens large.

☐ Vous attendez de votre infostructure qu'elle soutienne efficacement le développement de votre capital humain.

☐ Les plates-formes sur lesquelles vous entreposez vos informations et connaissances, bibliothèques virtuelles et banques de données, sont équipées de systèmes sophistiqués de recherche, filtrage d'information, production de statistiques et analyse de tendances.

.../...

© Groupe Eyrolles

.../...

☐ Votre infostructure permet l'accès à une ou des encyclopédies virtuelles et à des messageries/forums/blogs professionnels internes et externes.

☐ Votre infostructure comprend l'accès à une ou des universités virtuelles (dont l'une est conçue et développée par votre entreprise).

Voir la suggestion d'utilisation p. 12.

Grille d'interprétation de nos clins d'œil

✓ Si vous avez sélectionné une majorité de réponses « a », vous avez l'esprit ouvert et flexible ; vous saisissez le changement à bras-le-corps et mettez tous les atouts de votre côté pour réussir ; vous êtes un innovateur, un enthousiaste.

✓ Si vous avez sélectionné une majorité de réponses « b », vous êtes d'un tempérament sérieux et réfléchi ; vous observez ce qui vous entoure et vous vous adaptez après mûre réflexion ; vous êtes un professionnel fiable et efficace.

✓ Si vous avez sélectionné une majorité de réponses « c », vous avez tendance à aimer la stabilité, les traditions, les références éprouvées ; vous ne changez que lorsqu'il le faut vraiment ; vous êtes un travailleur sceptique et appliqué.

Vous voulez savoir à quel type appartiennent vos collaborateurs ? Faites-les répondre aux tests !

© Groupe Eyrolles

De la prédicatrice
à la magicienne

Aussi difficile qu'il soit de rapporter en quelques lignes des phénomènes dont l'ampleur est telle qu'ils touchent tous les aspects de notre vie, nous pouvons tenter de résumer ainsi les principaux effets de la révolution cybernétique.

Grâce à l'utilisation du codage numérique universel et des technologies de réseau qui permettent des communications et des transactions directes sans barrières spatiales ou temporelles, les frontières traditionnelles basées sur la géographie, la culture, la religion, l'âge, le genre, le statut, la richesse et autres critères du même genre se métamorphosent. Nous nous trouvons tous dans un monde interconnecté global, au sein duquel pourtant chaque entité individuelle (personne, communauté, entreprise, nation, etc.) peut se faire entendre, choisir les réseaux et communautés auxquelles elle veut adhérer, et avoir un impact en temps réel sur le monde entier. Dans un tel environnement, bien des vieux atouts perdent de leur force, rapidement dépassés par ce qui fait vraiment la différence aujourd'hui : connaissances, idées, réseaux, et vitesse.

Voilà donc les conditions qui régissent aujourd'hui votre environnement de travail…

Il y a encore cinq ans, ce genre de présentation était accueilli à peu près de la façon suivante : lorsque la voix de la consultante s'éteignait, un silence pesant s'installait dans la salle du conseil. Les regards se croisaient (« Qu'est-ce que tu en penses, toi ? » « Ben… »). Puis des chuchotements (« Mais qui l'a invitée ? » « Qu'est-ce qu'elle fiche là ? » « C'est qui cette illuminée ? »). Quelquefois, des participants sympathiques tentaient de trouver un lien (« Ça me rappelle mon fils qui me

© Groupe Eyrolles

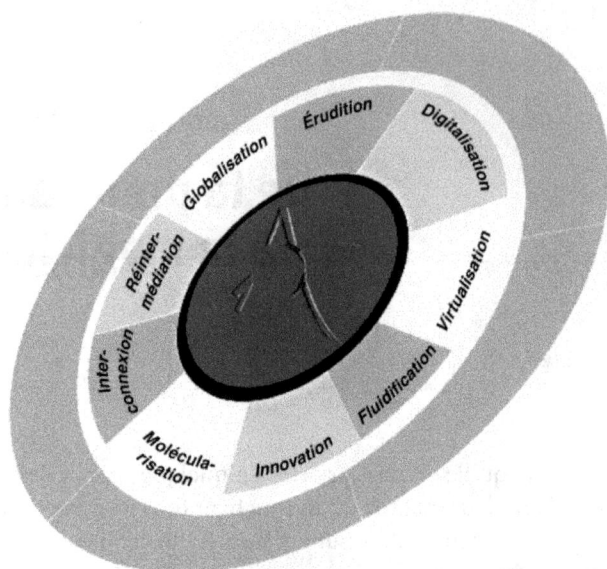

Les principaux facteurs de changement socioéconomique

montrait les sites sur lesquels il passe son temps »), vite coupé par les autres (« En quoi ton fils a-t-il quelque chose à voir avec nos pompes industrielles ? »)… Et tous se tournaient vers le patron qui avait patiemment attendu de voir leurs réactions.

Et alors, miracle ! Le patron avait tout compris, la présentation ne faisait que confirmer et renforcer ses propres analyses, et il prenait le taureau par les cornes.

> Frederick Tsao, par exemple, propriétaire et P-DG (voire « chef spirituel », comme il se définit lui-même) du groupe de services logistiques IMC basé à Singapour, ordonnait en 2005 la mise en place d'une équipe de réflexion chargée de développer un modèle de gestion des ressources humaines adapté aux temps nouveaux ; l'équipe comprenait chercheurs et spécialistes de gestion, chinois et européens, et le modèle devait pouvoir être non seulement mis en application dans le groupe IMC mais aussi vendu à d'autres entreprises ; on n'est pas chinois pour rien ! Leader jusqu'au bout des ongles, Frederick Tsao ouvrait chaque réunion de son comité exécutif à l'époque par une formule qui allait devenir légendaire dans son groupe : « You change… or you change ! » (« Soit vous changez, soit… vous changez ! »).

Malheureusement, si le miracle était commun, il n'en serait pas un. Dans la grande majorité des cas, le patron, résumant l'état d'esprit général, remerciait courtoisement la consultante pour une intervention

© Groupe Eyrolles

qui donnait à réfléchir, notait que ces réflexions n'étaient toutefois pas une priorité par rapport à tous les « vrais » problèmes auxquels l'entreprise devait faire face, et concluait en lui disant qu'« on la rappellerait »… Quelquefois, dans le cadre plus privé du corridor par lequel le patron raccompagnait la consultante, il confiait : «Vous savez, Mademoiselle, je suis à quelques années de la retraite. Je comprends ce que vous dites, mais je laisse tous ces maux de tête à mon successeur. Je devrais bien pouvoir tenir jusque-là (sic !) »…

Aujourd'hui, la situation a changé. Le patron mentionné ci-dessus est parti à la retraite, remplacé par un leader de génération X dont la carrière est loin d'être finie. Les tendances qui paraissaient tout juste pionnières sont devenues des phénomènes de masse. Ce ne sont plus seulement les enfants qui passent leur temps sur Internet, les parents s'y sont mis aussi. Même les irréductibles ne peuvent plus vivre sans leurs courriers électroniques, voire leur iPhone ou BlackBerry – bien obligés, ce sont leurs patrons (ou leurs employés d'ailleurs) qui le leur imposent ! Le monde n'est plus aux portes de l'entreprise : il a déferlé à l'intérieur et le tsunami de changement n'épargne personne.

Bref, les réactions à ce genre de présentation sont différentes, même si elles commencent de la même façon : lorsque la voix de la consultante s'éteint, un silence pesant s'installe dans la salle du conseil. Mais il dure… les têtes sont baissées, celles d'enfants pris en faute (« On sait bien qu'on est en retard, on s'attendait à se faire enguirlander »). Le patron, mal à l'aise, tente quelquefois d'intervenir en sortant l'un des discours qui pavent leur site Web de toutes leurs bonnes intentions… Mais, dans le secret de la salle de conseil, on se doit de regarder les faits plus que les discours : l'entreprise fait-elle vraiment ce qu'elle prêche (« *walk the talk* » comme disent les Américains) ?

Le plus souvent, les participants ne tardent pas à se tourner vers la consultante. Ce n'est plus Nostradamus qu'ils veulent voir, mais Merlin : « Réglez donc ce problème qui nous nargue depuis longtemps, en un jour et pour pas cher »… À défaut de baguette magique, ils réclament des recommandations.

Dont acte.

© Groupe Eyrolles

Partie 2

L'ENTREPRISE DOIT SE RÉFORMER

Introduction

Pour rester viable sur la durée dans son environnement en mutation rapide, l'entreprise – de la PME à la multinationale – doit effectuer une transformation profonde de tout ce qui la compose, de ses principes de gestion à la façon dont ses employés travaillent au quotidien. Comme dit Tom Peters, auteur américain spécialisé en management, « la tâche – et la responsabilité – la plus importante de notre génération est de ré-imaginer nos entreprises ». Notons d'ailleurs que l'idée s'applique très largement à tous les types d'organisation.

Une **organisation** est une entité qui possède une stratégie (des objectifs et une idée sur la façon de les atteindre), des activités (des opérations avec entrées et sorties) guidées par la stratégie, et des ressources (financières, techniques, humaines et intellectuelles) pour conduire ces activités.

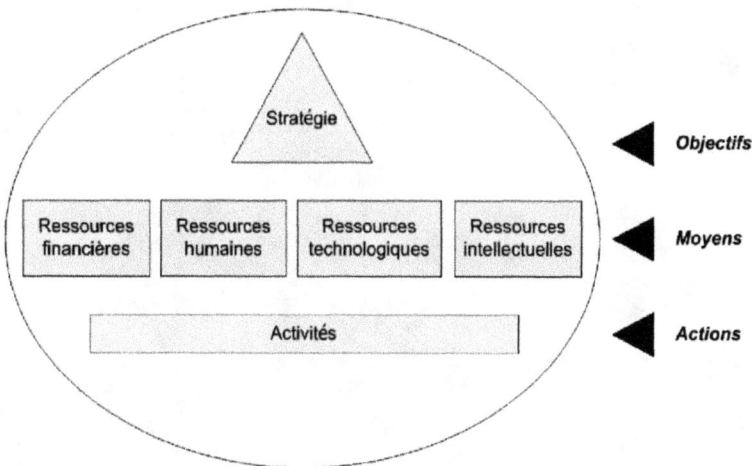

Composantes d'une organisation

© Groupe Eyrolles

Il est intéressant de constater que cette définition s'applique aussi bien à une entreprise qu'à un individu, une association, une université, une église, une agence gouvernementale ou même une nation. Dans la réalité d'aujourd'hui, toutes les organisations, qu'elles soient publiques ou privées, petites ou grandes, commerciales ou caritatives, quels que soient leur emplacement et leurs activités, font face aux mêmes défis ; toutes doivent remplir des conditions similaires pour s'épanouir.

L'analyse des facteurs qui conditionnent la réussite, voire la survie, de l'organisation permettra de confirmer le besoin pour les entreprises de changer leurs principes de gestion, mais aussi leur façon de voir leur personnel. Nous constaterons la valeur de la diversité et insisterons sur la diversité particulière apportée par les différentes générations au travail. Ces réflexions apporteront quelque clarté à la notion de « talent », très à la mode et pourtant fort confuse aujourd'hui dans le monde de l'entreprise.

© Groupe Eyrolles

Chapitre 10

Changer ses principes de gestion

Dans le cadre d'un environnement global et mouvementé, la performance financière d'aujourd'hui ne garantit plus la viabilité de demain ; les actifs tangibles et le cours des actions n'offrent qu'une idée bien partiale et aléatoire de la véritable valeur d'une entreprise, tandis que les intangibles comme le savoir et les innovations émergent comme des indicateurs de sa capacité à rester compétitive sur la durée. L'entreprise doit donc passer de l'état de grosse machine plus ou moins bien huilée à celui d'un cerveau pensant et innovant.

	Ère industrielle	Ère cybernétique
Actifs économiques de référence	Actifs tangibles	Actifs intangibles
Type d'entreprise	Grosse machine bien huilée	Cerveau pensant et innovant
Avantage concurrentiel	Économies d'échelle	Capital humain
Cadre de la valeur	Chaîne de valeur ajoutée	Réseau générateur de valeur
Indicateur de succès	Profitabilité à court terme	Développement durable
Rôle des employés	Composants quasi mécaniques d'une main-d'œuvre qui agit sur la chaîne de valeur ajoutée	Neurones individuellement compétents qui génèrent de la valeur au sein de réseaux fluides

Évolution des principes de gestion d'entreprise

© Groupe Eyrolles

La reconnaissance du nouveau modèle d'organisation n'est pas chose aisée pour les dirigeants et cadres qui, en cette période de transition, sont encore pour la plupart des enfants de l'ère industrielle. Pour qu'ils en viennent à non seulement accepter, mais promouvoir ces changements – ce que l'on attend d'eux en tant que dirigeants et cadres –, ils doivent modifier profondément leur état d'esprit, en particulier vis-à-vis de la notion de **valeur**, directement liée à celle de succès.

Or, toutes les analyses tendent à démontrer que la valeur est de plus en plus étroitement associée au savoir. Un produit ne peut plus être vendu à un bon prix s'il n'est pas personnalisable et accompagné de services avant et après-vente. Les produits intelligents conçus avec l'aide des clients et autres parties concernées, et évoluant au gré de l'environnement et des besoins des utilisateurs, sont ceux qui réussissent le mieux.

Le savoir est donc la clé. Mais il constitue un actif étrange : sa valeur augmente avec sa cession. Plus vous partagez votre savoir, plus riche vous devenez. Cette règle est si contraire à ce dont nous avions l'habitude avec les actifs tangibles qu'elle est devenue l'objet de débats sans fin, surtout lorsque la protection de la propriété intellectuelle est un pilier des affaires. Malheureusement cette protection, telle qu'elle est comprise actuellement, pousse aussi entreprises et particuliers à l'égoïsme, la réticence à travailler avec autrui et la peur d'échanges qui, pensent-ils, pourraient les spolier du savoir qu'ils possèdent.

Pourtant, dans un monde en mutation où il devient impossible d'exploiter longtemps le même produit et où l'ouverture à de nouvelles idées devient donc vitale pour pouvoir innover, personne, même ceux dont l'expertise est très pointue, n'a la capacité de fonctionner seul – car le savoir doit être large aussi bien que profond, et il doit être évolutif. Il ne peut se développer qu'en accédant à celui des autres et en bâtissant ensemble sur ce que l'on partage. C'est pourquoi l'on dit que la valeur est aujourd'hui générée par un réseau de valeur entier plutôt que par une seule entreprise ou, à plus forte raison, un seul individu.

De :	Vers :
➤ Valeur via propriété intellectuelle	➤ Valeur via échanges intellectuels
✓ Confidentialité	✓ Partage des connaissances
✓ Centrage sur l'organisation	✓ Centrage sur l'environnement

© Groupe Eyrolles

➤ **Valeur via positionnement local**	➤ **Valeur via positionnement global**
✓ Échanges avec qui l'on connaît	✓ Échanges avec tout le monde
➤ **Valeur via expertise**	➤ **Valeur via expertise**
✓ De quelques personnes/procédés	✓ De sources internes et externes
➤ **Valeur via spécialisation**	➤ **Valeur via flexibilité**
✓ Éventail étroit de connaissances	✓ Éventail large de connaissances
➤ **Valeur via exploitation**	➤ **Valeur via innovation**
✓ Conservatisme	✓ Changement constant
➤ **Valeur via discipline**	➤ **Valeur via créativité**
✓ Contrôle de la créativité	✓ Encouragement des idées

Évolution de la notion de valeur

Pour qu'une entreprise survive au changement et, mieux encore, en tire profit pour réussir dans le nouveau monde qui prend forme, elle doit donc remplir les cinq conditions suivantes :

- avoir une **direction générale solide et éclairée**, capable de guider l'organisation au-delà de la performance à court terme, vers le développement durable ;
- **reconnaître la valeur de chacune de ses ressources** (financières, humaines, technologiques et intellectuelles) et les gérer à un niveau stratégique de façon intégrée pour créer et développer le capital humain qui devient le plus précieux de ses actifs ;
- développer un **partenariat étroit et solide entre ses employés et leurs technologies,** de façon à assurer les niveaux de performance requis non seulement pour survivre aujourd'hui, mais aussi pour générer la valeur qui permettra sa pérennité ;
- **se tourner vers son environnement extérieur**, car les contributions à l'environnement, à la société, sont au cœur du développement durable. Elle doit donc reconnaître ses clients, mais aussi ses fournisseurs, ses concurrents, ses partenaires et les médias, universités, communautés qui constituent son réseau de valeur, et les intégrer à tous les niveaux de ses activités ;
- mettre en place une **configuration ergonomique de ses structures physiques et virtuelles,** pour optimiser la motivation et la performance de ses ressources.

© Groupe Eyrolles

Nous accorderons une attention toute particulière aux deux premières conditions, mais, auparavant, il convient de réfléchir aux trois dernières.

Condition 1 – Assurer un partenariat technologies-utilisateurs

Les technologies digitales d'information et de communication en réseaux doivent être reconnues comme l'outil quotidien de base qu'elles sont déjà devenues, à l'instar du stylo et du téléphone. Les employés doivent devenir des utilisateurs compétents et transformer leurs façons de travailler pour profiter des immenses avantages offerts par ces technologies, se libérer des paperasseries de routine, et s'adonner aux connaissances, aux idées, aux réseaux et à la vitesse. Les niveaux de performance attendue doivent s'élever en conséquence.

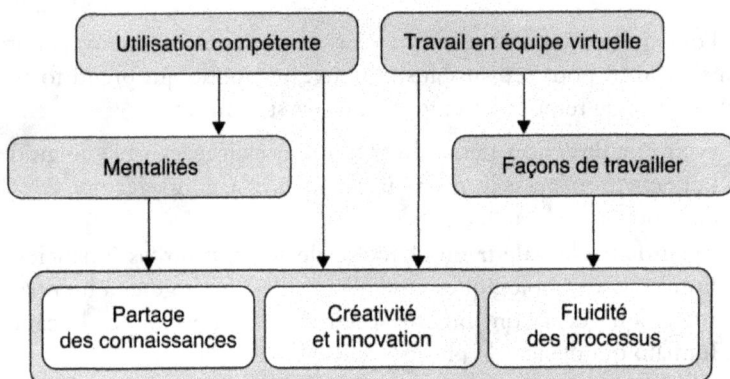

Principes du partenariat technologies/utilisateurs

Pour assurer que leur entreprise peut atteindre ces niveaux de performance réévalués, dirigeants et gestionnaires de ressources doivent :

- remettre en question les activités de la fonction informatique et lui donner un rôle stratégique, changer les **mentalités** dans l'organisation pour que l'ordinateur devienne un outil quotidien de base, faire de la formation des utilisateurs non plus un cours technique générique mais un développement personnalisé d'**utilisateurs compétents**, et responsabiliser les employés vis-à-vis de l'utilisation efficace et sécurisée de leurs outils ;

© Groupe Eyrolles

- remettre en question les **façons de travailler** et les flux de travail, automatiser les processus de routine, intégrer le **travail en équipe virtuelle** et les communications directes synchrones et asynchrones dans le quotidien dans l'entreprise ;
- contrôler le niveau de partenariat entre les employés et leurs technologies ; évaluer les progrès en termes de **partage des connaissances, créativité et innovation,** et **fluidité des processus,** et ce qu'ils veulent dire en termes de capacité à réduire les coûts, augmenter l'efficacité, accroître les revenus et améliorer le positionnement de marché ; élever les niveaux de performance attendue en conséquence.

TEST DE SANTÉ DE L'ENTREPRISE

Personnes et technologies sont-elles vraiment partenaires dans votre entreprise ?

Vérifiez que les énoncés ci-dessous s'appliquent bien à votre entreprise :

☐ Votre entreprise applique un modèle d'informatique ubiquitaire, c'est-à-dire que le traitement de l'information a été complètement intégré dans tous les objets des activités journalières.

☐ Les outils informatiques et autres instruments connectés font partie de la vie quotidienne de tous vos employés, patrons compris.

☐ Le directeur informatique fait partie du comité exécutif, c'est un stratège qui parle le langage des affaires.

☐ Aucune application informatique n'est acquise ou développée sans la participation active des utilisateurs.

☐ Les utilisateurs reçoivent une formation personnalisée et adaptée à leurs besoins professionnels spécifiques.

☐ Un éventail de services est disponible pour que les utilisateurs puissent résoudre leurs propres problèmes et réduire leur dépendance vis-à-vis du département informatique.

☐ La plupart des processus de routine sont automatisés.

☐ Les employés travaillent en réseau, en temps réel ; ils utilisent des outils de communication virtuelle synchrone et asynchrone, et partagent documents et informations sur le LAN ou l'intranet.

☐ Les procédures de travail sont standardisées et intégrées.

☐ Les coûts induits des transactions sont réduits autant qu'il est possible.

☐ Votre comité exécutif contrôle le niveau et la qualité du partenariat entre les employés et leurs technologies, évalue les progrès et élève le niveau de performance attendue en fonction.

© Groupe Eyrolles

Suggestion

    ✓ Profitez d'une réunion de votre comité exécutif pour demander à chaque membre individuellement de cocher les énoncés qui, dans l'encadré de la page précédente, s'appliquent selon eux à votre entreprise aujourd'hui.

    ✓ Comparez ensuite les réponses, et analysez les différences s'il y en a : pourquoi les énoncés cochés ne sont-ils pas les mêmes partout ?

    ✓ Identifiez les énoncés qui ne sont pas cochés, analysez ensemble leur impact possible sur la compétitivité de votre entreprise, et adoptez les mesures qui s'imposent.

    Bonne discussion !

Note

Cette suggestion s'applique aux cinq questionnaires de ce chapitre. Vous pouvez du reste utilement faire ces exercices successivement au cours d'une même séance de travail, consolider leurs résultats avec ceux des trois autres questionnaires de cette partie, et en tirer un diagnostic-santé de votre entreprise, c'est-à-dire une analyse de sa capacité à survivre au changement et à assurer son développement durable.

Condition 2 – Intégrer son réseau de valeur

L'entreprise doit reconnaître qu'elle ne peut fonctionner seule, et prendre en considération toutes les entités (clients, fournisseurs, concurrents, partenaires, communautés, médias, universités, autorités, centres de recherche, etc.) qui, ayant sur elle une influence effective ou potentielle, constituent son réseau de valeur.

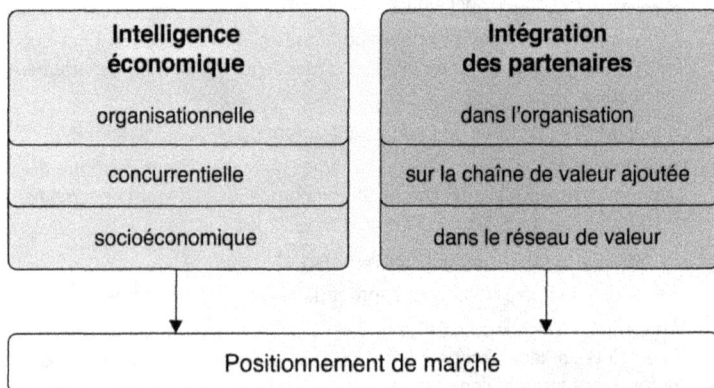

Intelligence économique	Intégration des partenaires
organisationnelle	dans l'organisation
concurrentielle	sur la chaîne de valeur ajoutée
socioéconomique	dans le réseau de valeur

Positionnement de marché

Principes du réseau de valeur

© Groupe Eyrolles

Elle doit développer proactivement des échanges coopératifs avec ces entités dans le but de mieux les connaître et d'agir sur la base de ces connaissances pour optimiser sa compétitivité actuelle et future.

Pour assurer la compétitivité actuelle et future de l'entreprise, ses dirigeants doivent :

- acquérir et développer une **intelligence économique** à tous niveaux, de l'organisation elle-même à son marché et même à son environnement socioéconomique général, et saisir cette intelligence de façon qu'elle puisse être utilisée, traitée et traduite en indicateurs supportant les décisions tactiques, opérationnelles et stratégiques ;
- adopter une approche coopérative vis-à-vis de toutes les entités membres du réseau de valeur de l'entreprise, et développer des **partenariats** à travers lesquels les entités concernées sont invitées à contribuer aux plans, politiques et activités de l'organisation dans le cadre d'une *supply chain* intégrée, de façon à ce que, toutes ensemble, elles identifient les besoins en évolution, développent des solutions adaptées et créent le marché de demain ;
- contrôler le **positionnement de marché** de l'entreprise, évaluer les potentiels offerts par ses partenariats et ce qu'ils veulent dire en termes de compétitivité à court, moyen et long terme – et prendre les décisions stratégiques qui s'imposent.

TEST DE SANTÉ DE L'ENTREPRISE

Votre entreprise intègre-t-elle son réseau de valeur ?

Vérifiez que les énoncés ci-dessous s'appliquent bien à votre entreprise :

☐ Votre entreprise est très active dans le domaine de l'intelligence économique (« *business intelligence* »).

☐ Votre intelligence économique couvre non seulement le suivi de vos concurrents, de vos clients, de votre industrie, mais aussi des autres secteurs d'activité, et du marché au sens large.

☐ Vous considérez l'étude de votre propre entreprise comme une activité d'intelligence économique.

☐ Des liens de « *coopétition* » existent entre votre entreprise et ses principaux concurrents, vous coopérez dans des domaines d'intérêt commun.

☐ Votre entreprise est partie intégrante des communautés qui l'entourent, vous avez des activités jointes régulières au-delà de simples programmes de responsabilité sociale.

.../...

© Groupe Eyrolles

...*/*...

☐ Vos fournisseurs et vos clients contribuent activement à votre développement via retours d'opinions, suggestions et parfois participation directe dans vos projets innovants.

☐ Vous travaillez régulièrement avec les centres de recherche, les universités et les médias.

☐ Votre comité exécutif contrôle le positionnement de marché de votre entreprise, évalue les potentiels de compétitivité offerts par différents types de partenariat, et développe des coopérations étroites avec des personnes et/ou entités variées.

Voir la suggestion d'utilisation p. 66.

Condition 3 – Adopter une structure organisationnelle ergonomique

Les dirigeants doivent comprendre que, grâce aux phénomènes de digitalisation, virtualisation et globalisation, la structuration et l'emplacement de leur entreprise ne leur sont plus imposés, et qu'ils doivent donc être réfléchis. Les activités qui ne nécessitent pas (ou plus) de présence physique – donc de bureaux – doivent être identifiées, les autres doivent être implantées là où le dictent les stratégies financières et commerciales dans une logique d'optimisation des coûts.

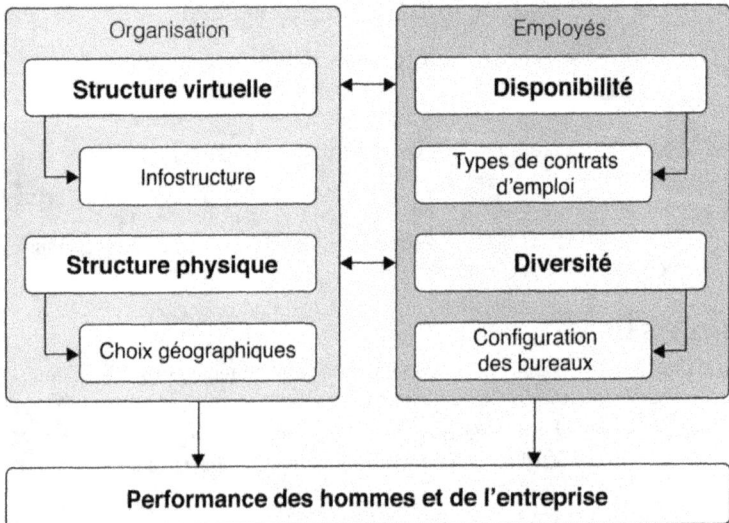

Principes d'organisation ergonomique

© Groupe Eyrolles

Mais la main-d'œuvre aussi doit être prise en compte, car son cadre de travail doit favoriser une performance optimale. En un mot, il s'agit de concevoir une organisation ergonomique pour assurer performance et retour sur investissements.

Pour assurer l'environnement de travail le plus ergonomique possible, les dirigeants doivent :

- analyser les activités de l'entreprise, et les rôles, responsabilités et processus qui en découlent, afin d'identifier ceux qui ne nécessitent pas une présence sur site (le travail étant soit automatisé, soit effectué à distance). Il s'agit de concevoir la structure de l'entreprise, avec ses composantes virtuelles et physiques, en fonction de la nature de ses activités et de son réseau de valeur, de sa stratégie et de ses priorités, mais aussi de la **disponibilité** des compétences : par exemple, si l'on ne peut trouver une expertise à un endroit donné, il faudra externaliser les processus qui la requièrent ;
- concrétiser la **structure virtuelle** sous forme d'une **infostructure** (architecture des technologies digitales et des réseaux auxquelles elles se connectent) capable de soutenir efficacement les processus conduits à distance ou automatiquement, et développer un éventail de **types de contrats d'emploi** (employé permanent sur site, intérimaire sur site, télétravailleur, free-lance, ressource externalisée…) cohérent avec les composants virtuels et physiques de la structure organisationnelle ;
- concrétiser la **structure physique** sous forme d'unités (bureaux, usines, magasins, entrepôts…) dont l'emplacement est soigneusement sélectionné selon des **choix géographiques** qui dépendent de la culture, la gouvernance, la stratégie et les ressources de l'entreprise ;
- tenir compte de la **diversité** de la main-d'œuvre, et analyser le profil des gens qui sont amenés à travailler dans chacune des unités pour déterminer la **configuration des bureaux** qui leur offrirait le plus grand confort et stimulerait au mieux leur motivation ;
- contrôler l'efficacité de la structure organisationnelle, vérifier qu'elle permet, d'une part, l'optimisation des coûts et, d'autre part, la satisfaction des partenaires extérieurs et la motivation des employés, et donc qu'elle soutient au mieux la **performance des hommes et de l'entreprise** dans son entier.

© Groupe Eyrolles

TEST DE SANTÉ DE L'ENTREPRISE

Votre entreprise vérifie-t-elle l'ergonomie de sa structure ?

Vérifiez que les énoncés ci-dessous s'appliquent bien à votre entreprise :

☐ Vous avez établi, et réactualisez régulièrement, le profil des gens qui travaillent pour et avec votre entreprise ; vous connaissez donc leurs facteurs de motivation et leurs préférences en termes d'environnement de travail.

☐ Vous avez questionné, et questionnez régulièrement, le bien-fondé de l'emplacement de vos structures physiques (bureaux, usines, etc.) et même la nécessité de leur existence.

☐ La réalité de votre entreprise s'articule autour de ses réseaux virtuels (intranet surtout) plus encore qu'autour de ses établissements physiques.

☐ Vous avez une politique claire et actualisée touchant l'externalisation et le télétravail, et elle est cohérente avec la structure virtuelle de votre entreprise.

☐ Il est facile de travailler à distance avec votre entreprise, car tout est mis en place (au niveau technologique mais aussi en termes de façons de travailler) pour faciliter cette pratique.

☐ Une étude de localisation mondiale est conduite systématiquement à chaque fois que vous songez à ouvrir un nouvel établissement.

☐ Vos bureaux et espaces de travail sont configurés de façon à offrir le plus grand confort et la plus grande stimulation à ceux qui y travaillent au quotidien.

☐ Votre comité exécutif contrôle la motivation et la performance de tous les employés sur site et à distance ainsi que la satisfaction de vos partenaires au sein de votre réseau de valeur, et prend régulièrement des mesures d'amélioration idoines.

Voir la suggestion d'utilisation p. 66.

Condition 4 – Concentrer la direction générale sur le développement durable

Dans ce nouveau modèle d'entreprise, les dirigeants voient leur rôle complètement transformé – et pas vers la facilité.

Il n'est pas bien difficile d'imposer à une main-d'œuvre disciplinée et mononationale une culture d'entreprise dérivée des rêves et valeurs du petit groupe homogène qui, traditionnellement, tient l'organisation d'une main ferme. La tâche est autrement plus délicate lorsqu'il s'agit d'identifier, puis d'assurer l'adhésion à une vision et des valeurs communes d'une équipe fluide, hétérogène, décentralisée et multinationale de talents responsabilisés.

© Groupe Eyrolles

Dans un monde des affaires stable et compartimenté dont les acteurs sont égocentriques et tournés vers la performance à court terme, le nombre des entités qui ont de l'influence sur une entreprise et le niveau de coopération entre elles est réduit au minimum. La situation change drastiquement dans un environnement global, mouvementé et créatif où, par exemple, les concurrents traditionnels deviennent des « coopétiteurs » tandis qu'une concurrence agressive peut apparaître de nulle part ; l'identification du réseau de valeur, la détermination de ce que devrait être le positionnement de l'entreprise dans son environnement et le développement des règles de gouvernance ne sont pas une mince affaire – d'autant qu'ils doivent être repensés régulièrement.

La stratégie a toujours été le travail le plus difficile des dirigeants, celui qui justifie leur existence et leur forte rémunération. La tâche est d'autant plus complexe que, pour être significatifs, les objectifs ne peuvent plus être limités à une simple croissance financière ou à des indicateurs de positionnement de marché, ils doivent aussi intégrer la notion d'innovation et celle de valeur utile, générée par le réseau de valeur au profit de l'environnement extérieur.

De même, la notion de contrôle devient si omniprésente et sophistiquée, avec des indicateurs clés de performance touchant tous les aspects de l'organisation, qu'il ne s'agit plus de prétendre que les subordonnés peuvent aussi bien faire ce travail.

L'approche des ressources devient, elle aussi, plus sophistiquée. En particulier, les ressources humaines et les technologies, jusqu'à présent considérées comme des coûts fixes à contrôler, acquièrent une nouvelle dimension, puisqu'elles sont respectivement la source et le réceptacle du capital humain ; dans ce cadre, outre l'argent, les hommes et les technologies, une quatrième ressource émerge : le savoir.

Finalement, la performance continue à être un facteur clé de survie pour toute organisation, mais les dirigeants doivent maintenant se projeter au-delà et tendre vers le **développement durable** – un but bien plus complexe et élusif obligeant à non plus seulement regarder comment l'entreprise peut profiter de son environnement, mais aussi comment elle peut lui être utile.

Considérant ces évolutions drastiques, il n'est plus question pour les dirigeants de faire de la gestion stratégique en dilettante, dans le temps laissé libre par des activités de niveau opérationnel comme la résolution des problèmes de leurs subordonnés ou le micromanagement. Si

© Groupe Eyrolles

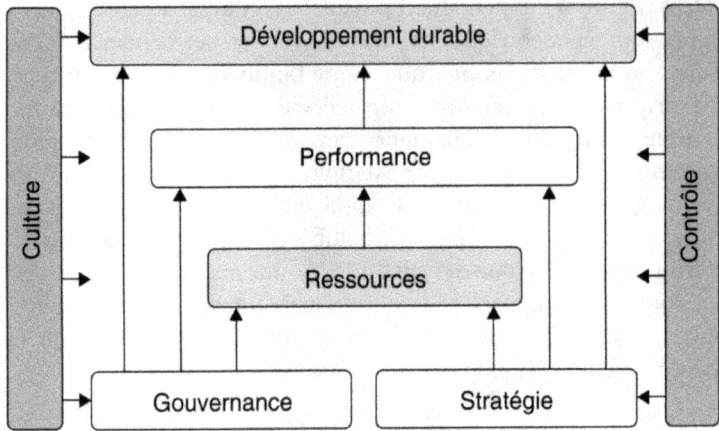

Modèle de gestion stratégique de l'entreprise

l'entreprise veut rester viable dans son environnement en mutation rapide, sa direction générale doit être solide et éclairée ; le centre de son attention doit se déplacer de l'« ici et maintenant » vers l'avenir, et de la performance annuelle (mesurée en termes comptables) vers le développement durable (mesuré en termes de valeur économique, sociale et environnementale).

L'entreprise doit :

- développer, et convaincre les employés d'adhérer à une **culture** (vision, mission, valeurs, compétences, engagements) qui cimente l'organisation et la rend unique sur le marché ;
- identifier le réseau de valeur de l'entreprise et le positionnement de cette dernière au sein de l'environnement extérieur, concevoir la structure générale de l'organisation, et établir les règles de **gouvernance** qui stipulent clairement quel genre de citoyen l'entreprise devrait être, la réputation qu'elle veut avoir, et les niveaux de sécurité et d'éthique qu'elle veut atteindre ;
- poser des objectifs à long terme en ligne avec la vision et la mission de l'organisation, dessiner une **stratégie** visant à atteindre ces objectifs, et traduire cette stratégie en plans opérationnels et en budgets ;
- reconnaître la valeur de chacune des **ressources** de l'entreprise, clarifier les attentes, et concevoir le portefeuille (argent), l'organigramme (personnes), l'infostructure (technologies) et le centre de connaissances (savoir) qui supporteront au mieux la stratégie ;

© Groupe Eyrolles

- assurer qu'à travers l'utilisation synergétique des ressources en ligne avec la stratégie, les règles de gouvernance et la culture, l'organisation atteint une **performance** optimale, c'est-à-dire la capacité de satisfaire les bénéficiaires de sa valeur ajoutée tout en accumulant suffisamment de réserves financières (ou en convaincant les bailleurs de fonds de confirmer leur soutien) pour continuer d'opérer et de tendre vers ses objectifs à long terme ;
- assurer qu'au-delà de la performance à court terme, l'organisation développe un capital humain utile et génère suffisamment de valeur économique, sociale et environnementale pour garantir son **développement durable** ;
- déterminer les indicateurs clés de performance appropriés, faire mettre en place des systèmes de **contrôle** à tous les niveaux de l'organisation capables de produire en temps réel des statistiques permettant de vérifier la validité des décisions et politiques, évaluer les retours sur investissements, mesurer la valeur générée, identifier les erreurs et décalages, et rectifier le cap en conséquence pour optimiser les chances de réussite.

TEST DE SANTÉ DE L'ENTREPRISE

Votre direction générale est-elle « éclairée » ?

Vérifiez que les énoncés ci-dessous s'appliquent bien à votre entreprise :

☐ Votre entreprise a une culture clairement définie, sur laquelle travaille régulièrement votre direction générale pour assurer son adéquation avec la stratégie commerciale.

☐ Votre culture d'entreprise reflète non seulement la vision des leaders, mais aussi les caractéristiques des employés ; elle est très profondément partagée et ancrée dans tous les employés ; elle est unique et constitue un avantage comparatif pour votre entreprise.

☐ Votre direction générale travaille régulièrement sur le positionnement que votre entreprise devrait avoir en tant qu'acteur du marché, en tant que citoyenne, en tant que partenaire sociale, en tant qu'employeur.

☐ Votre entreprise a des règles de gouvernance claires, actualisées, et intégrées dans les politiques de gestion (éthique, sécurité, responsabilité, etc.).

☐ Votre réputation et votre image, à l'intérieur comme à l'extérieur, sont régulièrement analysées et des mesures sont prises lorsqu'elles dévient du positionnement souhaité.

☐ Votre direction générale détermine des objectifs à long terme et une stratégie pour les atteindre ; les deux sont régulièrement actualisés et communiqués de façon transparente à travers toute l'entreprise.

.../...

© Groupe Eyrolles

...../.....

☐ Les objectifs stratégiques de votre entreprise incluent des objectifs d'innovation et de génération de valeur utile faisant référence au réseau de valeur en son entier.

☐ Les plans, budgets, objectifs de chaque département et de chaque individu dans l'entreprise sont tous clairement intégrés et alignés avec la stratégie générale.

☐ La direction générale passe régulièrement en revue les rôles et responsabilités qui doivent être tenus pour que l'entreprise fonctionne efficacement et, sur la base de leur analyse, détermine l'organigramme, l'infostructure, la structure du centre de connaissances, et la structure financière qui soutiennent au mieux la stratégie.

☐ Votre direction générale ne se contente pas de fixer des objectifs, elle s'assure aussi que les conditions sont optimales pour que la performance des employés atteigne les plus hauts niveaux possibles.

☐ Votre direction générale travaille très régulièrement sur la détermination des indicateurs clés de performance et sur la meilleure façon de contrôler les progrès en temps réel par le biais de systèmes automatisés et intégrés.

☐ Votre direction générale passe le plus clair de son temps à se projeter dans l'avenir, à construire des scénarios et à trouver le meilleur moyen d'assurer le développement durable de l'entreprise.

☐ Votre entreprise génère une valeur économique, mais aussi sociale et environnementale, et vous mesurez régulièrement cette valeur.

Voir la suggestion d'utilisation p. 66.

Condition 5 – Valoriser les gestionnaires de toutes les ressources

En soutien de la gestion stratégique, la gestion des ressources est très affectée par les nouveaux principes de gestion de l'entreprise, et prend une toute nouvelle dimension. Dans une « entreprise-machine », toutes les ressources – hommes y compris – sont considérées comme des composants semi-mécaniques qui, positionnés et activés correctement, doivent produire en ligne avec les standards imposés. Les dirigeants exigent uniformité, conformité et discipline, et s'efforcent de réduire les coûts, d'augmenter le rendement. Dans une « entreprise-cerveau », en revanche, chaque ressource (personne, technologie, euro) a une valeur unique. Les dirigeants doivent investir pour identifier cette valeur, la mettre en exergue, la développer, et créer une synergie entre ces ressources diverses et créatives pour propulser l'entreprise vers de nouveaux sommets de performance. De plus, au-delà de la performance, cette synergie permet la création d'une quatrième ressource : le

© Groupe Eyrolles

savoir. Cette ressource, une fois la propriété de l'organisation, devient un actif (capital humain) qui est la clé de la compétitivité durable.

Il est clair que le rôle des gestionnaires de ressources doit subir une profonde transformation pour répondre à ces nouvelles attentes. Si une simple administration suffit lorsque personne ne se préoccupe des particularités individuelles, elle devient dans une « entreprise-cerveau » la responsabilité la plus insignifiante des gestionnaires, qui doivent tourner leurs efforts vers la satisfaction des besoins individuels, organisationnels et stratégiques.

Traditionnellement considérées comme des centres de coûts, des fonctions de soutien – en bref un poids pour l'organisation –, les fonctions de gestion des ressources (et particulièrement humaines et informatiques) doivent devenir des partenaires stratégiques représentés au comité exécutif et leur énorme impact, respectif et commun, sur le destin de l'entreprise, doit être reconnu.

Il est tout aussi important que la traditionnelle compartimentation dans l'entreprise disparaisse, puisque seule l'utilisation synergétique de toutes les ressources peut vraiment faire la différence, au niveau de la performance comme à celui du développement durable. Les directeurs des ressources financières, humaines, informatiques et intellectuelles doivent apprendre à coopérer, à utiliser le langage commun des affaires pour communiquer entre eux et avec leurs autres partenaires dans l'entreprise, et à travailler ensemble de façon régulière.

Modèle de gestion intégrée des ressources

© Groupe Eyrolles

NB. L'exemple de la gestion des ressources humaines est présenté au chapitre 18.

Si l'entreprise veut rester viable dans son environnement en mutation rapide, le rôle stratégique des gestionnaires de ressources doit donc être reconnu par l'organisation. Ces gestionnaires doivent travailler ensemble en tant que partenaires stratégiques et gérer leurs ressources de façon intégrée afin d'assurer non seulement une performance optimale, mais aussi le développement du capital humain qui mènera à la compétitivité durable. Ils doivent :

- faire l'**inventaire** de leurs ressources pour tout savoir d'elles – ce qu'elles sont, ce dont elles sont capables, comment elles sont liées, et comment elles peuvent servir au mieux les intérêts de l'organisation – et aider les dirigeants à dessiner le cadre (portefeuille, organigramme, infostructure, centre de connaissances) qui supportera au mieux la stratégie ;
- **utiliser** ces ressources en ligne avec la stratégie et en synergie avec les autres ressources pour assurer une performance optimale ;
- **développer** ces ressources à travers acquisitions, améliorations, actualisations, restructurations, scissions, pour assurer qu'elles continuent de servir au mieux les intérêts d'une organisation en évolution rapide ;
- **contrôler** continuellement le coût de ces ressources par rapport à la valeur qu'elles génèrent, mesurer le retour sur investissement et prendre les mesures correctives nécessaires.

TEST DE SANTÉ DE L'ENTREPRISE

Vos gestionnaires de ressources sont-ils valorisés ?

Vérifiez que les énoncés ci-dessous s'appliquent bien à votre entreprise :

☐ Vos directeurs finance, RH et informatique siègent au comité exécutif.

☐ Une équipe spécifique s'occupe de la gestion des connaissances dans votre entreprise et son chef siège aussi au comité exécutif.

☐ Vos gestionnaires de ressources établissent leurs plans d'action annuels sur la base des directives intégrées fournies par la direction générale et travaillent en étroite collaboration pour les mettre en œuvre de façon synergétique.

☐ Vous identifiez les budgets d'opérations sur la base de l'analyse des coûts induits par chaque processus dans l'entreprise (c'est-à-dire la production des livrables attendus de chacun de ces processus), y compris le coût des hommes qui le conduisent, des équipements dont ils ont besoin, des connaissances qu'ils doivent utiliser et des frais généraux qui y sont associés.

.../...

© Groupe Eyrolles

...../...

☐ Vos gestionnaires de ressources gèrent les ressources internes et les ressources externes en intégration.

☐ Vos gestionnaires de ressources sont capables à tout moment de fournir l'inventaire complet et actualisé des ressources dont ils sont responsables, ainsi qu'une description utilisable de ce dont ces ressources sont capables.

☐ Vos gestionnaires de ressources sont responsables de systèmes qui permettent la stimulation et l'évaluation de la performance des ressources dont ils s'occupent.

☐ Vous attendez de vos gestionnaires de ressources qu'ils traduisent les objectifs stratégiques et les directives générales en scénarios futurs et qu'ils utilisent ces derniers comme des références pour guider des plans de développement flexibles mais précis.

☐ Des plans d'investissement/acquisitions, désinvestissement/scissions, restructuration et migration sur plusieurs années sont disponibles pour chaque type de ressources et ils sont cohérents entre eux.

☐ Vos gestionnaires de ressources contrôlent en temps réel le coût des ressources dont ils ont la responsabilité, et s'efforcent d'évaluer le retour sur investissement.

Voir la suggestion d'utilisation p. 66.

Choisir de façon cohérente

En termes généraux, ce qui précède ne veut pas dire que les entreprises traditionnelles, fondées sur une main-d'œuvre peu chère et disciplinée, n'ont pas d'avenir. L'environnement de travail qu'elles offrent correspond aux besoins d'une partie de la population et la demande d'une production en masse de bonne qualité à faibles coûts est loin de disparaître. Cela ne change en rien la nécessité pour ces entreprises de remplir comme les autres les cinq conditions de survie dont nous discutons ici.

Comme toutes les entreprises, elles doivent, en effet, choisir leur positionnement en toute connaissance des conséquences de leur choix dans leur environnement en mutation rapide. Les décisions des dirigeants doivent être prises sur la base d'une information complète et soutenues par des politiques et pratiques cohérentes. Une entreprise traditionnelle devrait être fière de l'être et ne pas essayer de suivre les modes qui ne la concernent pas. De même, ses employés devraient être fiers de leur travail et de leur employeur.

Le choix et la cohérence sont au cœur du succès en une période où tout est possible, et les cinq conditions de survie sont les fondations de ce choix et de cette cohérence.

© Groupe Eyrolles

Si, soutenue par un état d'esprit favorable, l'entreprise commence à prendre des mesures concrètes dans la direction indiquée par ces conditions, il est probable qu'elle découvre rapidement une nette évolution en profondeur. Il semble peut-être utopique aujourd'hui de remplacer « discipline » par « libre arbitre », « concurrence » par « responsabilité », « profit » par « valeur utile », « ouvriers » par « talents », « rendement » par « innovation » – mais cela ne vaut-il pas la peine d'essayer ?

La société de conseil stratégique McKinsey mena une enquête en juillet 2008 auprès de 3 199 dirigeants dans des industries et pays divers pour mieux comprendre le processus de transformation de l'organisation. D'après cette enquête, 95 % des entreprises sont passées par une transformation ou une autre au cours des cinq dernières années. Il s'agissait d'intégrer une fusion/acquisition (12 %), de résoudre une crise (12 %), de réduire les coûts (15 %), ou surtout d'améliorer significativement la performance (35 %). Mais elles ont beau passer six mois en moyenne à planifier leurs transformations, elles ont encore fort à faire pour optimiser leurs efforts : en fait, seul un tiers des répondants a parlé de franche réussite.

Pourquoi ? D'abord, 50 % admettent que les objectifs de la transformation auraient dû être plus clairs. Ensuite, les entreprises qui ont adopté une approche positive en bâtissant sur le succès ont en général beaucoup mieux réussi que celles qui se sont attelées uniquement à la résolution de problèmes. Enfin se pose la question d'engagement : dans tous les cas de réussite, le P-DG était beaucoup plus impliqué et visible que dans les autres. Mais ce n'est pas suffisant : dans 93 % des cas d'échec, on avait omis de s'assurer la collaboration de tous les employés. En fait, moins d'un tiers des répondants déclaraient avoir réussi à faire que les employés concernés par le changement se sentent vraiment impliqués.

Eh oui, lorsqu'il s'agit de « principes de gestion », de « transformation », nous avons encore largement tendance à considérer que tout cela relève des « VIP » de l'entreprise, à nous dire que si la direction générale est éclairée et si les gestionnaires de ressources collaborent, s'ils adoptent de nouveaux principes de gestion et redéfinissent la structure organisationnelle, s'ils s'assurent d'une configuration technologique optimale et de nouvelles règles de fonctionnement dans le cadre du réseau de valeur, les autres n'auront qu'à appliquer et tout ira bien… Reste toutefois un petit détail : les nouveaux principes de gestion font état d'un employé résolument différent, dont le rôle, voire la nature, n'ont rien à voir avec ceux de l'employé d'une « entreprise-machine ». Il est clair qu'au-delà de ses équipes dirigeantes, l'entreprise doit encore réformer en profondeur la façon dont elle considère ses employés et ce qu'elle en attend.

© Groupe Eyrolles

Chapitre 11

Changer sa façon de voir le personnel

Dans l'entreprise actuelle, l'organigramme est en constant chantier. Les lignes qui relient les postes se multiplient, ajoutant par exemple dans les structures matricielles les fameuses « lignes pointillées » des rapports opérationnels ou fonctionnels aux lignes pleines des rapports devenus d'ailleurs plus administratifs que hiérarchiques. Elles se multiplient, puis se fondent, se brisent, s'effacent à un endroit, se reforment à un autre... Finalement, en une application évidente du phénomène de molécularisation, l'entité la plus stable, la plus fiable de l'organisation se retrouve être le poste.

Il convient du reste ici de considérer et définir ce terme, souvent brouillé par des confusions entre le poste lui-même et la ou les personnes qui l'occupent. Typiquement, un **poste** est l'émanation d'une stratégie d'entreprise, qui se traduit, d'une part, en la clarification des rôles et des responsabilités qui doivent être remplis pour que les objectifs se réalisent et, d'autre part, en un choix du modèle d'organisation structurelle le mieux à même de refléter la culture de l'entreprise et ses priorités du moment.

> Point de rencontre des deux approches, le poste est une unité structurelle à laquelle est assigné un ensemble de responsabilités clairement définies.

En fait, le besoin de flexibilité et de fluidité de la structure organisationnelle aujourd'hui est tel que l'approche structurelle (partie droite du schéma ci-après) peut s'effacer ; le poste devient donc une unité physique ou virtuelle définie essentiellement par l'ensemble des responsabilités qui lui sont assignées.

© Groupe Eyrolles

Stratégie

Rôle — Modèle structurel

Responsabilités — Unité organisationnelle

Processus — Niveau hiérarchique

Ressources

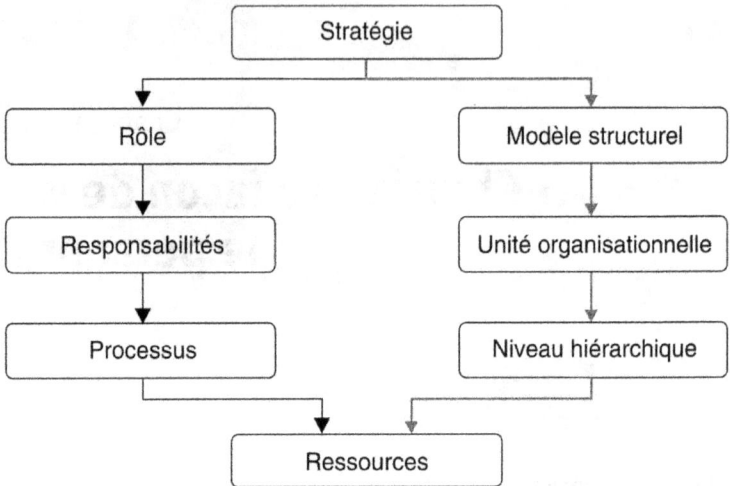

Processus de création d'un poste

Clarifier les postes pour apprécier le besoin de diversité

Le poste reste ainsi un point de référence relativement stable dans l'entreprise, mais la façon dont il est attribué – et à qui – varie de plus en plus. À l'extrême en effet, on peut considérer avec Thomas Malone, directeur du centre d'intelligence collective au MIT, que « les tâches ne sont plus assignées et contrôlées par une chaîne de commande stable, mais bien conduites de façon autonome par des sous-traitants indépendants. Ces free-lances connectés par voie de télécommunications (« e-lances ») se rejoignent en réseaux fluides et temporaires pour produire et vendre biens et services. Lorsque c'est fait, le réseau se dissout et ses membres redeviennent des agents indépendants, circulant librement dans l'économie à la recherche d'une nouvelle mission ». Notons d'ailleurs la cohérence entre cette description et la notion de « buisson d'alternatives » prônée par certains économistes comme Roland Poupon ; pour eux, plus les acteurs – voire les secteurs – économiques sont flexibles, ouverts aux opportunités, et promptement réactifs, plus leurs chances de survie et de succès sont grandes.

Entre ce modèle et l'organisation traditionnelle constituée essentiellement d'employés permanents travaillant sur site, une infinité de scénarios s'observe au sein des entreprises, mêlant ressources internes à plein-temps ou à temps partiel, employées à durée déterminée ou

© Groupe Eyrolles

indéterminée, travaillant sur site, travaillant à distance ou détachées chez un partenaire, recrutées sur place ou « impatriées », assignées sur place ou expatriées, et ressources externes sous forme individuelle ou d'entreprise.

Remarquons à ce sujet qu'une variante de l'externalisation de plus en plus populaire consiste à satisfaire le besoin de main-d'œuvre par le recrutement de personnel sur une base contractuelle à court terme. Traditionnellement utilisé pour remplir les trous créés par l'absence des employés permanents ou une charge exceptionnelle de travail, l'intérim est aujourd'hui considéré comme une alternative à l'emploi permanent. S'il comporte des inconvénients (coûts associés au passage d'une personne à une autre, risque de discontinuité dans la performance, manque de loyauté envers l'entreprise), ceux-ci sont compensés par son extraordinaire flexibilité et s'effacent presque entièrement lorsque l'entreprise gère ses connaissances.

La simple contemplation de ces types d'emploi – qui, de plus en plus souvent, se retrouvent tous dans une même organisation, s'entrecroisant dans le temps et l'espace – fait jaillir la notion de diversité. Si l'on ajoute le besoin de ressources créatives et qualifiées, flexibles et génératrices de valeur, il ne fait plus de doute que la diversité devient le maître mot de l'emploi aujourd'hui.

Devenir une communauté hétérogène à la culture unique

Il convient de s'attarder quelque peu sur la notion de **diversité**. D'une façon générale, elle est liée à une liste quasi infinie de facteurs, comme le genre, la religion, la nationalité, l'âge, la culture, le groupe ethnique, les préférences sexuelles, la santé, l'éducation, les opinions, le statut familial, le statut social, la richesse, le style de vie privée, etc. – bref, à tout ce qui rend les gens différents les uns des autres.

Inhérente à l'Homme, la diversité a toujours existé. Mais on a tendance à n'en parler que lorsque la différence est perçue comme un problème, c'est-à-dire comme un facteur d'exclusion devenu inacceptable par tout ou partie de la communauté.

La dynamique de la diversité peut se diviser en trois étapes :

- D'abord, au sein d'une communauté homogène, les différences ne sont généralement pas mentionnées comme facteurs de diversité car elles n'ont aucune importance par rapport aux facteurs d'intégra-

© Groupe Eyrolles

tion beaucoup plus puissants. En revanche, les critères utilisés pour définir cette communauté par rapport aux autres deviennent en toute logique des facteurs d'exclusion.

- La deuxième étape est liée à une communauté hétérogène, constituée de plusieurs communautés homogènes et/ou d'individus différents, qui doivent reconnaître et résoudre leurs problèmes de diversité pour que la communauté survive ; ils définissent de nouveaux critères d'intégration vers l'intérieur, de différenciation vers l'extérieur – la diversité elle-même peut d'ailleurs être l'un de ces critères.

- Quant à la troisième étape, elle touche à la communauté humaine dans son ensemble : lorsque les membres de toutes les communautés humaines auront la possibilité d'interagir globalement en toute liberté, tout sera facteur de diversité puisque chaque être humain est unique, mais rien ne le sera puisque nous sommes tous humains. Nous n'aurons donc plus besoin de parler de diversité, nous nous contenterons de la vivre.

Lorsque la notion de diversité fait surface dans le quotidien de l'entreprise, il s'agit donc pour celle-ci de passer de la première à la deuxième étape, c'est-à-dire de se transformer d'une communauté homogène repoussant la différence à une communauté hétérogène accueillant et intégrant la diversité, et dont la différenciation par rapport aux autres sera fondée sur une culture unique mais flexible et évolutive.

Passons brièvement en revue les facteurs qui reviennent le plus souvent dans les débats sur la diversité en entreprise pour tenter d'évaluer le genre d'obstacle (perçu et/ou vécu) qu'ils érigent sur le chemin menant à ce nouvel état de communauté hétérogène tolérante.

Oublier la nationalité comme facteur d'exclusion

Il est intéressant de constater que si elle constitue un facteur d'exclusion d'autant plus drastique qu'il émane du tissu réglementaire, la nationalité est aussi l'un des plus faciles à surmonter – du moins dans nos entreprises de plus en plus influencées par la globalisation. Dans le monde entier, toutes s'y mettent, jusqu'aux agences gouvernementales (les plus réactionnaires restant les ministères des pays industrialisés).

Une enquête menée en 2003 par Prasena auprès de 108 organisations privées et publiques de 37 nationalités différentes et dans une variété de secteurs économiques (mais toutes opérant en Asie) montrait déjà que 87 % d'entre elles employaient des étrangers, représentant 15 % de leur personnel

© Groupe Eyrolles

en moyenne. Dans 62 % d'entre elles, ces étrangers étaient assignés à différents niveaux de poste, du haut en bas de l'organisation. 64 % employaient plus de deux nationalités différentes, et dans 34 % des cas, les trois dernières personnes qui s'étaient succédé au poste de P-DG avaient été de nationalités différentes. 45 % ne mettaient plus aucune restriction de nationalité à leur recrutement et donc sélectionnaient leurs candidats purement sur des critères de concurrence de marché – quoique cette politique ouverte ait été quelquefois restreinte par les réglementations locales. 99 % des participants considéraient qu'au moins un certain nombre de leurs employés (voire tous dans 32 % des cas) devaient régulièrement interagir avec des étrangers, et 85 % avaient délibérément choisi leur langue de travail comme étant celle qui leur permettait une communication optimale à l'intérieur comme à l'extérieur – et ce, y compris dans le cas d'entreprises de pays clairement monolinguistiques comme la Thaïlande.

Bien leur en prend. La même étude de Prasena observait une relation directe entre l'ouverture à la diversité internationale et la compétitivité des ressources humaines de l'entreprise. Conscients de ce lien, les chefs d'entreprise – et particulièrement ceux de la génération X qui prennent les rênes en masse actuellement – s'érigent de plus en plus ouvertement contre les usages et réglementations qui font obstacle à l'internationalisation de leur personnel. Les gouvernements qui continuent de s'abattre sur les « travailleurs illégaux », tout en imposant des procédures longues et douloureuses à l'obtention de visas et permis de travail, feraient bien de comprendre qu'il s'agit d'une cause perdue (lorsque ces travailleurs ont un emploi et génèrent une valeur appréciée de leur employeur et des clients, bien sûr).

Accepter la diversité ethnique

Infiniment plus sensible, la diversité ethnique est d'autant plus difficile à aborder qu'elle fait encore face à la xénophobie, voire au racisme rampant dans bien des communautés humaines aujourd'hui. Les raisonnements tenus à ce sujet (lorsque raisonnement il y a) sont généralement biaisés pour justifier des émotions primaires liées à la perception que ce qui a l'air différent est soit inférieur, soit dangereux.

Face à des exclusions ni raisonnables ni raisonnées, certains gouvernements imposent ce que l'on appelle la discrimination positive, traduite par la mise en place de quotas ethniques, en particulier dans les pays qui reconnaissent l'importance économique de leurs immigrants et/ou lorsque le multiculturalisme est un choix national, une valeur qui contribue à définir la nation.

© Groupe Eyrolles

Singapour, par exemple, s'assure via des quotas que ses quatre principales composantes ethniques (Chinois, Indiens, Malais et Occidentaux) continuent de s'harmoniser en « un peuple, une nation » comme le veut sa devise, à tous les niveaux de la société.

En l'absence de ce genre de quotas, le bon sens dicte à l'entreprise d'ignorer ce facteur, tout simplement. Que ce soit par elles-mêmes ou sous l'influence de réglementations nationales, la plupart des entreprises aujourd'hui ont du reste adopté des politiques spécifiant que la différence ethnique ne doit pas constituer un facteur d'exclusion. Il ne leur reste plus qu'à les appliquer dans les faits…

En attendant, c'est par milliers que les jeunes diplômés français appartenant aux « minorités visibles » s'exilent au Canada, par exemple, pour profiter des opportunités d'ascension sociale offertes par un marché du travail moins sectaire que la France, comme le faisait remarquer un article du *Monde* qui fit grand bruit en juin 2009.

Employer des handicapés pour acquérir des compétences uniques

Un autre type de diversité où la discrimination positive s'exerce de façon presque universelle actuellement est celui de la santé. La plupart des gouvernements imposent des quotas d'emploi de personnes handicapées, ainsi que des aménagements leur permettant l'accès aux bâtiments et l'utilisation des équipements. Les toilettes pour personnes à mobilité réduite, les rampes d'accès voisines des escalators, les informations en braille dans les ascenseurs deviennent chose commune dans certaines entreprises – quoi qu'il reste beaucoup à faire dans ce domaine.

En effet, la discrimination positive a ses limites : on ne fait que peu ou mal ce que l'on est contraint de faire. Tant que les entreprises ne seront pas convaincues de la valeur effective et souvent unique que leur apportent ces personnes, elles n'avanceront qu'à reculons. Bien des instituts de recherche sociologique et des associations de promotion de l'emploi pour les handicapés l'ont compris, et depuis quelques années travaillent sur l'identification des avantages concurrentiels qu'offrent ces personnes. Il ne s'agit plus de demander aux employeurs de faire une bonne action ni même de remplir leur devoir social, mais bien d'acquérir des compétences fort utiles et moins disponibles chez les « bien portants ».

© Groupe Eyrolles

Il suffit de mentionner, par exemple, l'extraordinaire sensibilité auditive des non-voyants qui les rend si performants en centre d'appels ou service clientèle par téléphone, ou bien la détermination des personnes à mobilité réduite qui les amène à résoudre des problèmes depuis longtemps abandonnés par leurs collègues, ou encore la patience et la douceur des personnes à handicap mental léger…

Cette approche empreinte de pragmatisme et utilisant un langage professionnel quasi commercial a certes bien plus de chances de réussir avec les entreprises obsédées par la performance ; elle offre, en outre, l'avantage immense de respecter la dignité de ces personnes en mesurant leurs contributions à leur juste valeur. Là encore, on passe des préjugés sociaux au mérite individuel, en plaçant les compétences au centre du débat.

Se montrer pragmatique vis-à-vis de la femme au travail

Le facteur de diversité en entreprise, qui a suscité les débats les plus passionnés dans le monde occidental de ces quarante dernières années, est sans conteste la différence entre hommes et femmes. Notons la restriction au monde occidental (auquel il convient d'ajouter les mondes japonais et arabe), car au sein des cultures basées sur les agricultures communautaires et des religions tolérantes telles que l'animisme ou le bouddhisme, le débat n'a pas lieu d'être, hommes et femmes travaillant côte à côte depuis toujours.

En Asie du Sud-est, par exemple, les femmes constituent traditionnellement la moitié de la main-d'œuvre active et 35 à 50 % des équipes de management dans l'entreprise ; leurs salaires sont équivalents, voire légèrement supérieurs à ceux des hommes, car elles sont souvent considérées comme plus sérieuses, loyales et fiables que leurs collègues masculins.

À l'évidence, ce n'est pas le cas partout dans le monde. Pourtant, la notion d'égalité de l'homme et de la femme dans le travail progresse à grands pas. Officialisée par voie législative en Europe et en Amérique du Nord dans la seconde moitié du XXe siècle, elle fut également imposée au Japon en 1984, et même les irréductibles comme l'Arabie Saoudite sont en train de réviser – à leur propre rythme – leur position (notons que dans le plus grand pays musulman au monde, l'Indonésie, la population féminine n'a pas eu à souffrir de ce genre de discrimination).

© Groupe Eyrolles

Toutefois, comme à l'accoutumée, il ne suffit pas d'une loi pour véritablement changer les pratiques. Le meilleur exemple est probablement offert par les États-Unis, où l'impressionnant arsenal des lois protectrices de la femme donne l'impression qu'on s'offre une bonne conscience avec les discours pour éviter d'avoir à en faire plus. Ainsi, dans une présentation mentionnant un manager quelconque, il est très mal vu de prendre un exemple masculin, et tous les documents doivent utiliser le fameux « il/elle » pour bien insister sur le fait que les termes « employé » ou « manager » peuvent être indifféremment masculins ou féminins ; dans les faits pourtant, les femmes cadres sont encore terriblement minoritaires. Ce qui est appelé le *glass ceiling* (plafond de verre) reste largement impénétrable.

Là encore peut intervenir la discrimination positive. La loi norvégienne par exemple stipule que les conseils d'administration doivent être composés d'au moins 40 % de femmes. Mais ce genre d'initiative revient à dire que les patrons ne recrutent (ou ne promeuvent) pas de femmes simplement parce qu'ils n'en ont pas envie. C'est peut-être encore vrai, mais seulement partiellement, et probablement de moins en moins.

Le véritable problème est mieux résumé par ce patron de PME internationale dans le commerce agroalimentaire entre l'Asie et la France, dans une lettre à l'auteur en janvier 2009 : « Dans notre secteur en France, les fonctions de soutien, marketing et qualité sont aujourd'hui quasi entièrement féminisées. Or, notre responsable qualité vient de partir en congé maternité. La précédente titulaire nous a quittés pour le même motif, ce qui nous amène à avoir deux responsables qualité sur le papier et personne pour faire le boulot. N'est-ce pas une vraie menace pour l'entreprise ? Comment ne pas comprendre que cela constitue une contrainte dans une logique de carrière ? Ajoutons le fait que les filles réussissent désormais mieux à l'école, que ce soit en France ou en Asie. Comment assurer un équilibre hommes-femmes dans tous les secteurs de la main-d'œuvre, et une égalité de poste et de salaire à compétences équivalentes ? »

Or, une rapide analyse comparative de l'environnement de travail des femmes en France et en Thaïlande (lieu d'implantation de Prasena) fait ressortir les points suivants :

• En Thaïlande, il est entièrement naturel qu'une femme travaille, c'est un fait établi. Les caractéristiques du travail des femmes, telles que grossesses et soin des enfants, sont donc intégrées dans les mentalités et ne constituent pas des désavantages. Les femmes, de leur côté, prennent rarement la totalité de leurs congés maternité et restent en contact même lorsqu'elles sont chez elles. Leurs

© Groupe Eyrolles

consœurs françaises en revanche, beaucoup plus revendicatrices, se montrent souvent fort déterminées à profiter jusqu'au bout de leurs avantages durement acquis – fut-ce au détriment de leur employeur et donc de leur propre carrière. Notons d'ailleurs qu'en ceci, elles sont en adéquation avec leur environnement, comme en ont récemment témoigné les réactions outragées aux propositions du ministère du Travail visant à permettre aux personnes convalescentes de travailler de chez elles.

- La structure sociétale thaïlandaise intègre, elle aussi, le travail des femmes, qui ne sont jamais seules face à leurs responsabilités de mère, qu'elles aient un mari/compagnon ou non. Parents, voisins, écoles y participent activement. Les écoles ont toujours des activités d'étude après le temps scolaire et pendant les vacances. La présence d'une « bonne/nounou » est quasi universelle et, dans le cas de familles pauvres, ce rôle est tenu par une tante, une cousine, la grand-mère… La mère n'a pas à s'inquiéter, ses enfants sont entre de bonnes mains pendant qu'elle travaille, même tard. En comparaison, les crèches et garderies françaises, éloignées du domicile, aux horaires stricts et tendant à refuser tout enfant un tant soit peu malade, offrent une aide limitée aux parents.

- La vie professionnelle et la vie privée sont beaucoup plus interdépendantes en Thaïlande qu'en France : les enfants sont acceptés dans les bureaux de l'entreprise ; les parents n'en abusent pas, mais cette ouverture offre une solution appréciable lorsqu'un imprévu les oblige à garder leurs bambins quelques heures. Par contraste, si certaines grandes entreprises françaises offrent des services de garderie sur site pour les enfants de leurs employés, cette pratique est encore rare et les enfants ne sont en général pas les bienvenus sur les lieux de travail.

Ainsi, le problème que constitue le manque de disponibilité des femmes françaises par rapport à leur travail ne peut être entièrement imputé à leur patron, non plus qu'à ces femmes elles-mêmes. Il reste bien des ajustements à faire pour que les structures et les mentalités de la société occidentale soient véritablement adaptées au travail de tout adulte qui le désire. Notons toutefois que le développement d'alternatives au travail permanent sur site de l'entreprise (télétravail dans toutes ses formes) devrait ouvrir tout un éventail d'opportunités aux parents de jeunes enfants, pendant que l'externalisation et/ou l'intérim professionnel devraient offrir des substituts temporaires ou permanents à leurs employeurs.

© Groupe Eyrolles

Reconnaître qu'une personne non diplômée peut être compétente

Au contraire des facteurs précédemment mentionnés, celui de l'éducation n'est pas traditionnellement reconnu comme un facteur de discrimination. Et pourtant… Dans une économie basée sur le savoir et les idées, les entreprises sont de plus en plus le domaine d'employés « qualifiés ». Pour l'employeur, ce terme veut dire qu'il peut avoir l'assurance que ces employés vont faire leur travail de façon professionnelle, efficace, performante.

> L'enquête précitée conduite par Prasena en 2003 montrait que la plupart, si ce n'est la totalité, des experts de 59 % des entreprises avaient été recrutés comme tels plutôt que d'avoir développé leur expertise au sein de l'organisation. Sans surprise, 78 % des entreprises avaient mis en place un niveau minimal d'éducation en dessous duquel aucun candidat ne pouvait être accepté.

Mais cela va plus loin encore. Dans l'entreprise d'aujourd'hui, basée sur son infostructure et sur un flux d'information multidirectionnel continu, il faut être « qualifié » pour s'y sentir bien : il n'est pas rare de constater que les plus forts taux de roulement dans l'entreprise proviennent des équipes dont le niveau d'éducation est bas. Dans tous les pays du monde, la tendance est donc à refuser les personnes qui n'ont pas obtenu au moins le baccalauréat ou un certificat d'école technique de même niveau. Le marché de l'emploi se focalise sur l'éducation secondaire et même plutôt tertiaire.

Mais la vulgarisation des diplômes supérieurs s'accompagne naturellement de l'observation que, même s'ils ont le même nom, leur valeur est loin d'être identique. Depuis fort longtemps déjà, les universités et grandes écoles sont mises en concurrence, leurs diplômes classés sur une échelle à laquelle se réfèrent les entreprises et qui a donc un lien direct avec la rémunération à l'embauche, voire avec la décision d'embauche. Une situation qui ne pouvait que mener à l'élitisme, une forme certaine de discrimination surtout lorsqu'elle s'accompagne du phénomène clientéliste du corporatisme d'école. Celui-ci se développe d'autant plus rapidement que le taux de roulement du personnel est élevé, et plus facilement dans les environnements où le chef d'entreprise expatrié ne connaît pas très bien le choix offert par les écoles locales.

Un directeur d'entreprise anglaise à Bangkok expliquait à l'auteur : « À mon arrivée, je me suis aperçu que mes employés se protégeaient les uns les autres ; impossible d'en licencier un même lorsque la faute était évidente. Et certains des candidats que

© Groupe Eyrolles

j'interviewais moi-même, pourtant très prometteurs, n'étaient bizarrement jamais embauchés. Je me suis alors rendu compte que tous les postes clés de mon entreprise étaient tenus par des diplômés de la même université. »

Un phénomène également bien connu en Europe : les témoignages abondent en France, par exemple, de personnes qui, n'étant pas diplômées de l'école fétiche de leur entreprise, ont peu de chance de promotion et doivent démissionner pour aller se faire confier de plus hautes responsabilités ailleurs. Par un ironique retour de bâton, les diplômés des écoles les plus en vogue dans un pays donné, considérant comme une évidence qu'ils seront accueillis à bras ouverts partout dans le monde, tombent de haut lorsqu'ils comprennent qu'à quelques exceptions près leur école est souvent totalement inconnue en dehors des frontières de leur pays.

Quoi qu'il en soit, ces phénomènes sont tous fondés sur un principe erroné, adopté faute de mieux : si l'on s'est rendu compte qu'un MBA n'a pas la même valeur d'une école à une autre, on continue de faire semblant de croire que tous les heureux titulaires du MBA de l'université X ont les mêmes connaissances, les mêmes capacités. En d'autres termes, on nie la diversité inhérente à l'être humain, en vertu de laquelle, si 20 étudiants suivent les mêmes cours, ils se souviendront chacun d'environ 5 % de ce qu'ils ont appris ensemble, et ce ne seront pas les mêmes 5 % d'un étudiant à l'autre.

Au-delà même de ce constat (mis de plus en plus clairement en évidence par les chercheurs en pédagogie et andragogie), une personne peut très bien acquérir des compétences précieuses sans passer par l'éducation académique : il suffit de voir le nombre d'entrepreneurs, de dirigeants d'entreprise (voire politiques) autodidactes. Les diplômes eux-mêmes sont trompeurs : on ne compte plus les personnes qui font des études (n'importe quelles études, celles que préconisent leurs parents, celles où elles sont acceptées, celles qui sont le plus populaires) pour avoir leur billet d'entrée dans le monde du travail, mais dont les vrais intérêts sont ailleurs ; elles s'auto-éduquent dans leur domaine de prédilection d'une autre façon, avec des cours particuliers ou sur Internet…

Bref, côté « qualifications » (ou soi-disant telles), les employeurs se rendent compte que le diplôme n'offre pas la garantie que le candidat sera opérationnel et professionnel dans son travail. Ne pouvant pas se permettre d'avoir des employés non performants, ils élèvent le niveau de leurs exigences et refusent les jeunes diplômés, se fondant sur le

© Groupe Eyrolles

principe que des personnes ayant déjà une expérience prouvée dans le
domaine souhaité devraient être opérationnelles dès l'embauche. Mais,
à un tel niveau, les exigences sont difficiles à satisfaire et onéreuses.
D'où les lamentations des entreprises aujourd'hui dans le monde entier.

> Selon l'enquête sur « l'entreprise du futur » menée tous les ans par IBM
> auprès de P-DG du monde entier, les qualifications étaient considérées, en
> 2007 et sur les cinq années précédentes, comme la force extérieure ayant le
> second plus gros impact sur leurs organisations après les facteurs de marché.
> Une tendance confirmée par la 11ᵉ enquête annuelle de Price-Waterhouse-
> Coopers, également menée auprès de P-DG du monde entier : en 2008, quel
> que soit le modèle de gestion que les entreprises avaient choisi en réponse au
> changement global, la guerre des talents constituait la deuxième plus grande
> menace à leur développement commercial, juste derrière le spectre de la crise
> économique mondiale. Selon les enquêteurs, « les P-DG sont toujours persua-
> dés que les ressources humaines constituent le facteur clé de la réussite de leur
> entreprise, mais il est très difficile de trouver les personnes possédant l'ensem-
> ble des compétences techniques et commerciales désirées. Globalement, les
> P-DG disent que ce qui leur manque le plus est une expérience mixte technico-
> commerciale, une expérience globale et des compétences de leadership ».

Une fois de plus, c'est le mot clé de compétence qu'il faut relever.
Finalement, qu'importe le diplôme ou l'école, ce qui compte c'est
que le candidat puisse démontrer qu'il a la capacité de faire son travail
de façon professionnelle, efficace, performante. Puisque la revue des
qualifications n'est plus pertinente (si elle l'a été un jour), il s'agit donc
bien d'ouvrir la porte à toute personne intéressée par le poste, qu'elle
soit extérieure ou déjà employée dans l'entreprise (quel que soit son
poste actuel), diplômée ou non, expérimentée ou non… et de s'en
remettre, pour faire le tri, à l'objectivité d'un système d'évaluation des
compétences requises.

TEST DE SANTÉ DE L'ENTREPRISE

Votre entreprise intègre-t-elle la diversité ?

Demandez à votre directeur RH de répondre à ces questions (le temps qu'il prendra
pour vous fournir l'information sera une indication en elle-même) :

☐ Combien y a-t-il de langues maternelles différentes dans votre entreprise ?
Combien de langues sont parlées dans votre entreprise ?

☐ Combien de vos employés ont déjà travaillé à l'étranger ? Dans combien
de pays en tout ?

☐ Combien de vos employés ont déjà travaillé dans un autre secteur que
le vôtre ? Dans combien de secteurs différents en tout ?

…/…

© Groupe Eyrolles

┌─ ...*/*... ───

☐ Des dispositions ont-elles été prises pour faciliter l'intégration du personnel venant de loin et donc peu familier avec l'environnement de votre entreprise ?

☐ Votre entreprise pratique-t-elle une discrimination négative/positive dans un domaine quelconque ? Lequel (lesquels) et pourquoi ?

☐ Des dispositions ont-elles été prises pour qu'une personne à mobilité réduite (employée et/ou visiteuse) puisse avoir facilement accès aux bureaux, salles de conférence, toilettes, cantine, etc. ?

☐ Un employé responsable d'un enfant en bas âge est-il désavantagé dans son travail et/ou sa carrière par rapport aux autres ? Des dispositions ont-elles été prises pour réduire ce désavantage ?

☐ Vos politiques et pratiques sont-elles suffisamment flexibles pour accommoder des coutumes et pratiques de vie différentes sans pour autant affecter les opérations ?

☐ Le niveau de diversité au sein de l'équipe dirigeante est-il similaire à celui qui existe parmi les employés en général ?

☐ Parmi les facteurs pris en compte dans les décisions de recrutement, promotion, formation, y a-t-il des facteurs de diversité plus ou moins discriminatoires (genre, âge, religion, ethnie, nationalité, éducation académique, santé, etc.) ? Si oui, pourquoi ?

☐ Des études ont-elles déjà été menées dans votre entreprise pour évaluer l'impact de la diversité sur la performance et le succès de l'entreprise ?

───

Suggestion

✓ Sélectionnez quelques indicateurs clés de diversité (genre, éducation, nationalité) et demandez à votre DRH de produire pour chacun un organigramme de votre entreprise en couleurs.

✓ Vous devriez donc avoir un organigramme où les postes sont d'une couleur pour les femmes et d'une autre couleur pour les hommes en fonction du genre des titulaires ; un organigramme où les postes sont d'une couleur pour chaque type de diplôme académique en fonction de l'éducation des titulaires, etc.

✓ Découvrez votre entreprise sous de nouveaux jours en regardant ces organigrammes, et analysez les potentiels et les risques que comporte votre organisation actuelle.

✓ Donnez à votre DRH des directives quant aux transferts internes et recrutements à venir pour limiter les risques de déséquilibres.

Chapitre 12

Intégrer la notion de génération

Le XXe siècle fut le témoin d'un net rétrécissement de l'éventail des âges dans l'organisation, par le biais de l'introduction, d'une part, d'un âge minimum en dessous duquel il est normalement interdit de travailler et, d'autre part, d'un âge à partir duquel une personne peut (ou doit) prendre sa retraite. Cette tendance s'inverse toutefois aujourd'hui, car nous découvrons ce que les adolescents peuvent nous apporter dans le domaine des technologies, pendant que le vieillissement de la population nous amène à garder les seniors actifs plus longtemps ; fort heureusement d'ailleurs, car, d'une certaine façon, l'expérience et la sagesse des anciens ont une valeur inappréciable face à l'incertitude de notre époque. Grâce à des solutions telles que les stages, les contrats de free-lance ou de conseil, les organisations repoussent donc les limites et retravaillent souvent avec quatre, voire cinq générations, tirant largement profit de cette diversité.

Car, une fois de plus, il s'agit bien de diversité, et plus grande que jamais. Si le terme « fossé de générations » qualifiait jadis le fossé entre les adolescents révoltés et les adultes, il prend aujourd'hui un nouveau sens. Le terme de « **génération** » s'applique maintenant plus à une tranche de la communauté humaine qu'à une période de vie. Les infranchissables fossés qui séparent ces générations sont dus à l'incapacité humaine à s'adapter suffisamment vite et à adopter les technologies parmi lesquelles ils n'ont pas grandi. Bien que cela ait toujours été vrai, y compris pendant l'ère industrielle riche en innovations, la plupart des technologies n'étaient alors qu'indirectement liées à la vie de tous les jours. Celles des quatre-vingts dernières années, du téléphone et la voiture à la TV, l'ordinateur et Internet, sont une révolution en ce qu'elles sont des outils quotidiens pour tous.

© Groupe Eyrolles

Les « X », la génération rebelle

En 1991, le romancier canadien Douglas Coupland inventa le terme « **génération X** » en référence à un livre de Paul Fussel qui mentionnait une catégorie « X » de gens « désireux de sauter hors du manège du statut, de l'argent et de l'ascension sociale qui cadrent si souvent notre existence ». Pour la première fois une génération était reconnue comme telle pour la durée de sa vie. Bientôt, les autres générations étaient elles aussi baptisées, et il est aujourd'hui confirmé que chacune a une différente approche, non seulement des technologies, mais aussi des études, du travail et de la vie elle-même.

➤ Génération « silencieuse » (née entre 1930 et 1945)

✓ Née parmi les technologies militaires

✓ Grandit avec les technologies astronautiques

➤ Génération « baby-boom » (1945-1960)

✓ Née avec les technologies astronautiques

✓ Grandit avec les technologies analogiques

➤ Génération « X » (1960-1975)

✓ Née avec les technologies analogiques (TV, téléphone)

✓ Grandit avec les technologies digitales

➤ Génération « Y » (1975-1990)

✓ Née avec la première génération des technologies digitales

✓ Grandit avec les technologies en réseau

➤ Génération « e » (1990-2005)

✓ Considère l'ordinateur et l'Internet comme des composantes de la vie aussi naturelles que le téléphone et le réfrigérateur

---

Les différentes générations qui composent l'humanité aujourd'hui

Bien que les générations « silencieuse » et « baby-boom » aient été celles qui inventèrent les technologies initiatrices de la révolution cybernétique, il est difficile de les inclure dans les générations de la nouvelle ère. En effet, c'est un peu comme si elles avaient engendré un monstre dont elles craignent qu'il soit incontrôlable et elles ont

© Groupe Eyrolles

souvent les plus grandes difficultés à apprécier les conséquences de leur création. La première génération de notre nouvelle ère est donc la fameuse « génération X » (1960-1975) – fameuse surtout chez les DRH puisqu'elle fut la première à vraiment remettre l'autorité en question. Les « X » sont longtemps apparus comme ingérables car la carotte et le bâton traditionnels ne marchaient pas avec ces « fortes têtes », dont les ambitions professionnelles et les aspirations personnelles étaient si différentes de celles de leurs aînés.

Adolescents, les « X » furent témoins de l'émergence des technologies digitales qui démontrèrent l'inutilité de la plupart des choses qu'ils apprenaient à l'école, ainsi que l'inapplicabilité des conseils de leurs aînés. Ils collectionnèrent avec ardeur les fameux « derniers mots » ou grosses boulettes telles que celle du fondateur d'IBM, Thomas Watson, prédisant en 1958 un marché pour environ cinq ordinateurs dans le monde (sic !). À cette époque des débuts des technologies digitales, les nouvelles solutions émergeaient et mouraient si vite qu'aucune référence ne semblait plus fiable. D'où la tendance des « X » de tout faire à leur façon et de ne jamais croire les apparences.

Les baby-boomers passent le relais aux « X »

Les « X » constituent aujourd'hui le cœur de la main-d'œuvre mondiale. La transition de la génération des « baby-boomers » vers la génération X chez nos dirigeants est du reste en train de s'achever. Après quelques années de panique due à ce que l'on appela le « papy-boom », les efforts se redirigent vers d'autres priorités.

En témoigne en France l'enquête « Choc démographique – spécial talents » menée début 2008 par la Cegos auprès de 270 professionnels des ressources humaines. D'après elle, ceux-ci ne sont plus que 21 % à considérer les départs à la retraite comme particulièrement importants. Dans le même ordre d'idées, ils considèrent que les départs à la retraite du papy-boom dans leur entreprise sont dans la moyenne nationale (41 %) et peu ou pas importants (41 %). Des départs a priori anticipés (pour 69 % des interviewés), puisque la majorité des personnes interrogées (52 %) a mis en place des modalités de transfert et de capitalisation des connaissances sur les postes et les compétences clés de l'entreprise.

© Groupe Eyrolles

	Génération « baby-boom »	Génération « X »
Aspirations dans la vie	Faire l'objet d'une reconnaissance individuelle par l'employeur via le statut hiérarchique ou des primes, jouir de la vie en dehors du travail.	Faire l'objet d'une reconnaissance individuelle ou de son équipe par le marché, via des récompenses publiques (prix) par exemple.
Aspirations dans le travail	Conserver son emploi aussi longtemps que sa rémunération reste satisfaisante.	Conserver son emploi tant que l'on est régulièrement promu.
Type de travail préféré	Axé sur des processus clairs, utilisant un ensemble de compétences spécifiques bien défini.	Basé sur des projets, responsabilisé, demandant un ensemble de compétences variées.
Environnement de travail désiré	Confortable, fiable.	Axé sur l'équipe, avec le sentiment que l'entreprise nous appartient.
Attentes vis-à-vis de la hiérarchie	Supervision, instructions précises.	Coaching, leadership, objectifs.
Compétences	Ambition, conformité, capacité de jouer dans et avec le système.	Flexibilité, esprit de corps, décision, résolution de problèmes.
Gestion du stress	Peu à l'aise dans les situations de stress et de crise.	À l'aise lorsqu'il s'agit d'un stress imposé à soi-même.
Outils de travail utilisés	Technologies analogiques.	Nouvelles technologies, après un certain délai.
Point focal de la rémunération	Paie fixe et garantie (salaire), et avantages.	Équilibre entre salaire, paiement à la performance et avantages.
Vies professionnelle et privée	Clairement séparées.	Aussi équilibrées que possible.

Profils des générations « baby-boom » et « X »

© Groupe Eyrolles

Leur rôle passant de rebelle à celui de dirigeant, les « X » se font un plaisir de faire évoluer leurs entreprises en ligne avec leurs conceptions et valeurs :

- de verticale, la structure organisationnelle se fait de plus en plus souvent matricielle ;
- de conservateur, le comportement vis-à-vis de l'investissement dans les ressources de l'entreprise devient évolutionniste ;
- les traditionnels indicateurs de succès (marge, profit, contrôle des coûts, alignement avec les budgets) se voient adjoindre visibilité, parts de marché ;
- ce que la direction attend de ses employés, et donc le style de management, change assez radicalement : le management par observation (et les exigences de présence, discipline et standards de performance) fait place au management par objectifs (et à des exigences en termes d'efficacité et de performance active) ;
- les principaux outils de gestion RH, jusqu'alors limités à la description de poste et à la structure salariale, ont tendance à englober des outils de gestion intégrée ;
- les principaux outils de gestion informatique, jusqu'alors essentiellement restreints à ceux qui permettent de garantir un équipement sécurisé et fiable, s'étendent à ceux qui gèrent les données.

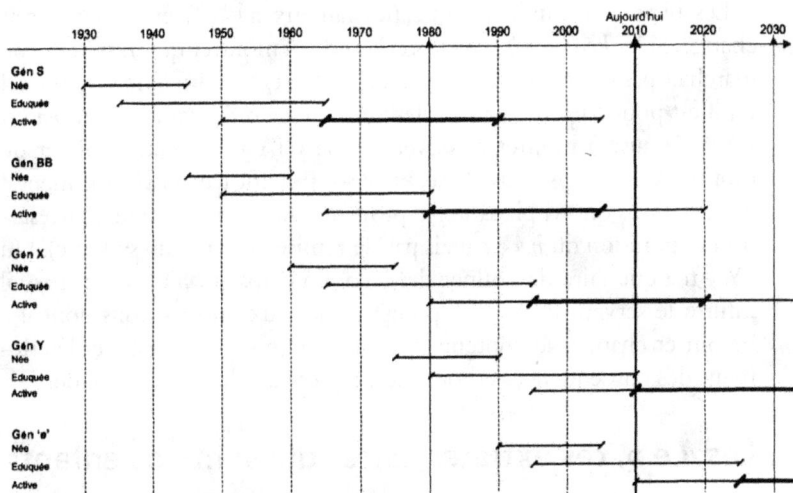

Calendrier du passage des générations

© Groupe Eyrolles

Notons qu'en transformant leur terrain de jeu, les « X » ont tendance, comme leurs aînés avant eux, à superbement ignorer l'opinion des nouvelles générations, aussi différentes d'eux qu'ils l'étaient des « baby-boomers ».

Les « Y » sont les acteurs de leur propre vie

La **génération** Y constitue la partie jeune de notre main-d'œuvre, qu'elle a commencé à rejoindre il y a une quinzaine d'années. Les « Y » sont les premiers êtres humains à avoir passé leur vie entière parmi les technologies digitales. Ils les considèrent comme des parties intégrantes de leur vie et démontrent l'énervante capacité de les utiliser d'une façon et à une échelle jamais imaginées par leurs aînés. Ils sont beaucoup moins patients que les « X ». Ayant grandi dans un environnement où les processus furent manuels avant d'être digitalisés (et encore, avec de sérieuses limitations en mémoire et stabilité), les « X » ont développé une approche analytique des problèmes fondée sur des processus prudents. Pour eux, les choses doivent d'abord être conceptualisées, puis mises en application, puis testées. Les « Y » n'ont pas de temps à perdre avec tout cela. Pour eux, les technologies digitales sont fiables et s'occupent de la plus grande partie du processus d'analyse ; les utilisateurs ne les testent pas, ils jouent ou travaillent avec.

Les pirates de l'informatique (les fameux *hackers*) eux-mêmes ont changé. Si les *hackers* « X » s'efforçaient de démontrer qu'un système ne marchait pas et s'en gaussaient, leurs petits frères utilisent le système tel qu'il est pour aller là où ils veulent et faire ce qu'ils veulent. Un *hacker* « X » s'amuse à infiltrer le serveur de la CIA juste pour le plaisir de montrer que ses systèmes de sécurité sont inefficaces, et rit de l'ineptie des réactions que sa plaisanterie provoque (descente de police, arrestation et punition du *hacker*, mais pas de remise en cause du système). Un « Y » n'a que faire de donner des leçons à ceux qui n'écoutent pas : il infiltre le serveur de la CIA pour accéder aux informations dont il a besoin et changer le contenu d'un fichier, puis contemple le déferlement des conséquences et jouit du pouvoir de changer le monde.

Les « e », ces extraterrestres qui sont nos enfants

Les « Y » sont impatients de changer le monde. D'autant plus, peut-être, qu'ils savent que lorsque la génération suivante arrivera, ils n'auront plus grand-chose à dire… Il se passera encore quelques (courtes) années avant que la **génération** « e » ne rejoigne en nombre les rangs de la

© Groupe Eyrolles

main-d'œuvre mondiale. Et pourtant, nous les contemplons déjà avec fascination, comme s'ils étaient des sortes d'extraterrestres. Les gourous de l'économie les prennent en référence, les citant très sérieusement dans leurs ouvrages. Nos gamins nous apprennent à utiliser Internet, regardant avec perplexité ces papas et ces mamans qui ne savent même pas ces choses pourtant enfantines.

Beaucoup de nouvelles technologies seront encore inventées dans l'avenir. Mais nos enfants sont nés à une époque où les technologies initiatrices de la révolution cybernétique (technologies digitales) et celles qui lui donnent sa véritable dimension (technologies de réseau) sont d'ores et déjà pleinement opérationnelles. À deux générations de l'ère industrielle, ils ne s'en souviendront pas plus que leurs parents ne se rappellent le temps où les machines à écrire n'existaient pas.

À cause de la vitesse du changement, ces enfants n'ont aucun modèle auquel se référer, et ils ne regarderont certainement pas leurs aînés, dont les faiblesses sont déjà si évidentes. Pourtant, nous devons nous rappeler qu'ils hériteront très bientôt de nos entreprises. Au nom de la survie économique et pour éviter des bouleversements traumatiques, nous nous devons d'assurer qu'ils pourront considérer ces organisations et leurs structures comme utilisables. Le meilleur moyen pour y arriver est sans doute d'intégrer ces jeunes à tous les niveaux de la hiérarchie, ce que dictera d'ailleurs aussi une approche par l'évaluation des compétences requises. Mais dissocier la hiérarchie de la séniorité n'est pas une mince affaire, puisque ce sont les preneurs de décision (« X » comme les autres) qui y ont le plus à perdre, explique Christian Cloché, consultant expert en gestion RH : « Le changement de la valeur attribuée à l'âge et à l'expérience représente peut-être l'un des défis politiques et sociaux les plus difficiles de notre époque, car la mise en place de nouvelles valeurs ne sera facilement acceptée ni par les dirigeants en place – eux-mêmes seniors – ni par ceux qui ont patiemment attendu leur tour et s'attendent à être promus automatiquement comme leurs prédécesseurs l'ont été. » Des défis de ce genre ne peuvent être gagnés que si l'entreprise adopte une attitude clairement volontariste, et des actions concrètes.

Vincent Riss, DRH France de GE Energy, expliquait en décembre 2008 ce que le groupe avait mis en place dans le domaine de la diversité : « Nous avons ciblé quatre types de discriminations : celles qui concernent les femmes, les personnes porteuses de handicap, les personnes issues de l'immigration et les seniors. Or, à chaque fois, ce sont des problématiques très fortes et très distinctes. Nous avons décidé de nommer une "Madame diversité", autonome dans son poste. À l'issue d'un audit interne sur ces

© Groupe Eyrolles

questions, nous avons organisé pour tous les managers un compte rendu dynamique avec une troupe de théâtre. Des sketches reprenaient avec humour des problématiques vécues, caractéristiques de GE. Cela a permis beaucoup d'échanges. Sur ce sujet-là, ce qu'il faut, c'est en parler, expliquer. »

TEST DE SANTÉ DE L'ENTREPRISE

Vos bureaux sont-ils adaptés à vos employés ?

Parmi les différents types de configuration présentés ci-après, vérifiez que celui qui se rapproche le plus de vos bureaux est bien celui qui correspond aux préférences de la majorité des employés qui y travaillent au quotidien.

Suggestion

✓ Profitez d'une réunion de votre comité exécutif pour regarder ensemble les quatre tableaux ci-dessous.

✓ Identifiez le tableau qui ressemble le plus à vos bureaux aujourd'hui et analysez la signification de cette observation. Vos bureaux sont-ils vraiment adaptés au profil de la majorité de vos employés ?

✓ Identifiez le tableau qui correspondrait le mieux à vos employées aujourd'hui, analysez les différences avec votre configuration actuelle, et prenez les mesures qui s'imposent !

Note

Vous pouvez également conduire une enquête auprès de vos collaborateurs pour savoir dans lequel de ces environnements ils préféreraient travailler et baser vos réflexions sur les résultats de l'enquête.

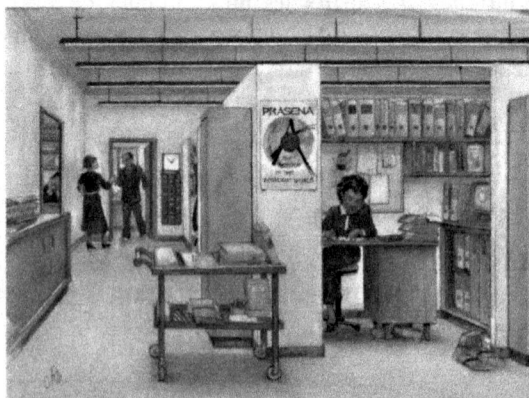

Bureau
ergonomique
pour génération BB
(née 1945-1960)

© Groupe Eyrolles

Bureau
ergonomique
pour génération X
(née 1960-1975)

Bureau
ergonomique
pour génération Y
(née 1975-1990)

Bureau
ergonomique
pour génération « e »
(née 1990-2005)

NB : ces tableaux ont été peints par Cécile Michelet-Périnelle, en 2006, à la demande de Prasena pour illustrer les résultats de sa recherche sur les configurations de bureaux les mieux adaptées aux différentes générations au travail.

© Groupe Eyrolles

Chapitre 13

Introduire et clarifier la notion de « talent »

Récapitulons : dans l'entreprise d'aujourd'hui, on observe, d'une part, des postes définis comme des ensembles cohérents de responsabilités et, d'autre part, une communauté d'employés dont la grandissante diversité est un moyen pour l'entreprise de titulariser ces postes selon des besoins en constante évolution.

Acquérir et développer une telle communauté, dont chaque membre possède les valeurs de l'entreprise et apporte précisément l'unique ensemble de compétences qui manque aux autres, est un travail herculéen, surtout lorsqu'il est si difficile et si long de recruter ces perles rares. C'est ce processus douloureux qui, aussi partiel et imparfait qu'il puisse être aujourd'hui, a fait naître la notion de « talent ».

Mais qu'est-ce qu'un talent ? La définition de ce terme à la mode depuis peu est encore loin d'être universelle, et deux personnes qui en débattent se réfèrent rarement à la même notion.

Selon le *Nouveau Petit Robert*, un **talent** est une « personne qui a une disposition naturelle ou acquise pour réussir en quelque chose, une aptitude particulière dans une activité ».

Pris dans ce sens, tous les êtres humains sont (potentiellement ou effectivement) des talents. Mais voilà… Ce n'est pas parce que je suis apte à jouer au football ou au violon que je serai utile à mon employeur, si cet employeur est un fabricant de machinerie industrielle. L'entreprise n'a pas forcément besoin de tous les types de talents.

Dans le cadre de l'organisation, la notion de talent est donc restreinte. Mais de quelle façon ? L'observation des pratiques actuelles du marché

© Groupe Eyrolles

fait apparaître deux tendances assez nettes, celle où la notion de talent est porteuse de motivation, et celle où la notion de talent est porteuse d'élitisme.

Une notion de « talent » porteuse de motivation

Dans le premier cas, est considéré comme talent tout employé bien intégré dans l'entreprise, dont la performance générale est bonne et qui montre la capacité d'évoluer vers d'autres responsabilités. Lorsque cette approche est choisie, tous les employés sont ou peuvent être des talents. Incombe à la direction et/ou aux gestionnaires de ressources la responsabilité de :

- recruter des personnes dont les valeurs sont compatibles avec celles de l'organisation (pour garantir leur intégration) ;
- affecter ces personnes aux postes les plus appropriés (pour permettre leur performance) ;
- leur donner suffisamment d'opportunités d'évolution (pour assurer d'une part leur motivation et d'autre part leur capacité à conserver et développer leur valeur sur la durée).

L'idée est qu'à terme le personnel entier soit constitué de talents.

Une notion de « talent » porteuse d'élitisme

Dans le deuxième cas, très largement prédominant sur le marché en 2009, le talent est vu comme une notion élitiste, s'appliquant à une minorité (quelquefois infime) des employés. Cette approche comporte une infinité de variantes car les critères de sélection diffèrent d'une entreprise à une autre, mais de grandes tendances se dessinent.

- La notion de talent est largement confondue avec celle de « **très haut potentiel** », qui qualifie une personne capable de faire partie de l'équipe dirigeante à plus ou moins long terme. Malheureusement, pour des raisons de commodité (voire par atavisme), on va rarement chercher ces potentiels parmi les employés au sens large, on se contente de les sélectionner parmi ceux qui sont déjà des cadres, voire déjà des cadres dirigeants. La situation est alors relativement ironique, puisque soit certains de ces dirigeants ne sont pas sélectionnés (et leur crédibilité en tant que manager ne peut qu'en souffrir terriblement, diminuant encore leurs chances d'être talent un jour), soit tous les dirigeants sont automatiquement considérés comme des talents – quelles que soient leurs véritables aptitudes.

© Groupe Eyrolles

- Dans une variante moins commune, l'entreprise élargit un peu le spectre de ses talents en indiquant que, sans avoir absolument besoin de pouvoir atteindre le sommet de la pyramide, un talent doit être un « **fort potentiel** », c'est-à-dire montrer la capacité d'évoluer verticalement et d'atteindre au moins deux ou trois niveaux hiérarchiques au-dessus de son niveau actuel. Une notion relative pleine d'ambiguïté, car alors l'employé diminue ses chances d'être sélectionné parmi les talents de l'entreprise à mesure qu'il est promu. Pire, un talent reconnu tel depuis plusieurs années peut soudain se voir rejeté de l'élite sans que la raison lui soit particulièrement imputable, au contraire, puisqu'il a réussi à atteindre son niveau de plus forte compétence. Comment alors attendre de cet employé qu'il reste loyal et motivé pour améliorer sa performance ?

- Dans d'autres variantes, le potentiel d'évolution passe en deuxième place derrière la performance. Peut-être parce que, de nos jours, aucune notion de gestion n'est acceptable si elle n'est pas perçue comme une stimulation quelconque de la performance, mot fétiche de nos organisations ; peut-être aussi parce que la plupart des entreprises aujourd'hui confondent gestion des compétences et gestion de la performance. Quoi qu'il en soit, seront alors considérés comme talents les employés **les plus performants** sur le moment et/ou sur les deux, trois ou quatre dernières années en moyenne. Une catégorisation qui dépend beaucoup de la qualité du système d'évaluation. Elle perd d'un coup sa crédibilité par exemple lorsque ce système utilise la technique du classement forcé (par laquelle on prédétermine le nombre d'employés qui devront être considérés comme très performants, et on manipule les résultats de façon à s'assurer que l'on atteint le nombre désiré).

- La technique du classement forcé est parfois directement utilisée pour l'identification des talents, par exemple dans les cas où cette notion est associée avec la planification des successions. Ici, il s'agit de s'assurer que, pour chaque poste (ou en tout cas chaque poste clé), l'entreprise dispose d'au moins un **successeur** potentiel en interne – et le garde évidemment bien au chaud. En l'absence de système de gestion idoine, la procédure est simpliste : on estime à peu près le nombre d'employés dont on a besoin pour constituer le réservoir de successeurs à chaque grade ou niveau hiérarchique, et tous les ans, on communique ce nombre aux chefs de département en leur confiant la tâche de designer ceux de leurs subordonnés qui, en joignant le rang des successeurs potentiels, seront qualifiés de talents.

© Groupe Eyrolles

- Certaines personnes naturellement considérées comme très importantes pour l'entreprise, comme ses experts techniques ou son meilleur vendeur par exemple, peuvent également se voir attribuer la médaille du talent. Mais il s'agit là moins du résultat d'une catégorisation systématique que de la reconnaissance de quelques « **stars** », des individus spécifiques qu'il n'est pas difficile d'identifier. Souvent, ils sont ajoutés « à la main » au groupe des talents identifiés sur la base d'autres critères.

- Enfin, les variantes les plus complexes consistent à combiner les critères : pour être reconnu comme un talent, l'employé doit, par exemple, montrer un potentiel d'évolution et avoir été très performant sur les dernières années. S'ajoutent quelquefois des critères inattendus comme le coût : il s'agit que ces personnes soient non seulement performantes et évolutives, mais aussi **pas trop chères** pour l'entreprise ! L'intérêt de ces conditions cumulatives (pour les gestionnaires de ressources) est qu'elles peuvent réduire le champ des talents potentiels autant qu'il le faut pour que les programmes de fidélisation promis cadrent avec les ressources disponibles. Ainsi, le groupe des talents se compose quelquefois de moins d'un pour cent des employés.

- Toutes les variantes mentionnées ci-dessus visent à créer une élite composée d'individus triés sur le volet à l'aide de critères plus ou moins complexes. Il est toutefois des cas où la notion de talent s'écarte de la personne, lorsque l'entreprise accorde plus d'importance au poste qu'au titulaire. C'est alors toute une **catégorie d'employés** qui est mise en relief – l'équipe de vente par exemple – parce qu'elle est considérée comme porteuse des résultats de l'organisation entière. Un peu comme dans le cas de l'équipe dirigeante, mais de façon plus nette encore, une personne employée dans cette catégorie de postes fera partie de l'élite quelles que soient ses aptitudes personnelles.

Nous touchons ici à une question essentielle, mais délicate et peu souvent posée : qu'est-ce qui est vraiment important pour l'entreprise ? Seules celles qui perçoivent clairement la valeur réelle ou potentielle de chacun de leurs employés (ou au moins de certains d'entre eux) associent la notion de talent à des individus. Celles pour qui leur compétitivité dépend surtout d'une fonction, d'un métier, d'un procédé, parlent encore de talent mais en relation avec des équipes entières. Restent alors celles pour qui ce qui compte est surtout leurs produits ou leurs marques, leurs technologies, leurs

© Groupe Eyrolles

machines, voire leurs capitaux. Pour ces entreprises-là, la notion de talent n'a guère de signification, et qu'elles en parlent ou non, elles ne font rien de concret dans ce domaine.

Le talent est en fait une question de compétence

En fait, quelle que soit l'approche qu'on utilise, cette notion élitiste de talent ne résiste pas à l'analyse : elle prive l'entreprise de l'immense réservoir de talents que constituent ses employés non-cadres ; elle fait porter aux employés des responsabilités qui incombent en fait à ses gestionnaires de ressources ; et elle démotive les non-élus plus qu'elle ne motive les élus.

Pour tenter de trouver une définition viable de la notion de talent en entreprise, il faut revenir aux principes fondamentaux : pour toute organisation, le talent recherché est celui qui doit permettre à l'employé de participer à la performance de l'entreprise, chacun à son niveau, tous les niveaux étant précieux. Or, la performance n'est que l'utilisation efficace de compétences acquises.

Un talent est donc une personne dont les compétences sont à même de satisfaire une partie des besoins évolutifs de l'entreprise.

Notons en aparté qu'ainsi définie la notion de « talent », dont la principale utilité est d'identifier les employés les plus précieux qu'il s'agit donc de fidéliser dans l'entreprise, se distingue clairement d'autres notions importantes telles que :

- Le « potentiel » : cette notion est liée à la gestion de la succession ; il s'agit de trouver les employés qui, immédiatement ou à plus ou moins long terme, pourraient remplir un poste laissé vacant par le départ du titulaire actuel.

Un « potentiel » est donc une personne qui démontre au moins les prémisses des compétences requises pour être opérationnelle dans le poste ciblé.

- La « haute performance » : cette notion est liée à la gestion de la performance ; on ne parle plus de potentiel vers l'avenir mais bien de résultats déjà obtenus, qui doivent être reconnus et récompensés.

Un employé « très performant » est une personne qui remplit régulièrement les objectifs qui lui sont fixés, même dans des circonstances évolutives et difficiles.

© Groupe Eyrolles

Si l'on accepte le postulat que la notion de talent est liée à celle de compétence, il s'agit donc :

- d'identifier les talents à travers une analyse comparative des compétences requises par l'entreprise et des compétences démontrées par les employés ;
- d'attirer les talents en leur offrant de réelles opportunités de développement et de réalisation de soi au travail ;
- de fidéliser ces talents en s'assurant que les bonnes personnes sont placées dans les bons postes dans un environnement dynamique ;
- d'utiliser les talents en vérifiant que chacun produise une performance correspondant à l'utilisation maximale de ses compétences ;
- de les gérer par voie d'évaluation des compétences, de planification des promotions et des successions, et de planification du développement individuel.

Toutes activités qui participent de la gestion prévisionnelle des emplois et des compétences.

TEST DE SANTÉ DE L'ENTREPRISE

**Votre entreprise est-elle prête
à intégrer la notion de « talent » ?**

Choisissez l'option qui s'applique le mieux à votre entreprise :

1. Quelle est votre priorité stratégique ?
a) Profit à court terme.
b) Positionnement de marché à moyen terme.
c) Développement durable à long terme.

2. Comment considérez-vous vos employés ?
a) Comme une main-d'œuvre représentant un coût fixe qu'il faut contrôler, voire réduire.
b) Comme des ressources sur lesquelles il faut investir pour assurer une bonne performance.
c) Comme une équipe d'individus dont le savoir et les idées sont votre actif le plus précieux.

3. Qu'attendez-vous de vos employés ?
a) Ils doivent maintenir les standards de performance commerciale.
b) Ils doivent s'efforcer d'atteindre les objectifs de croissance.
c) Ils doivent prendre part à l'avantage comparatif unique de l'entreprise.

.../...

© Groupe Eyrolles

.../...

4. Quel est pour vous l'aspect le plus important de la gestion des RH ?

a) L'administration journalière et le contrôle de la main-d'œuvre.

b) La clarification des rôles et objectifs, et le contrôle de la performance.

c) La compréhension et le développement des compétences de chaque employé et de l'équipe entière.

5. Quel est le cadre de vos dépenses en RH ?

a) Vous n'avez pas vraiment de budget, vous dépensez en fonction des besoins.

b) Votre budget est déterminé sur la base du budget de l'année précédente + augmentation.

c) Votre budget est déterminé par une analyse des besoins dans une perspective à long terme.

6. Qui détermine votre philosophie, stratégie, et politique de dépenses RH ?

a) Quelqu'un d'autre (groupe, entreprise parente, etc.)

b) Vous-mêmes avec des directives (émanant du groupe ou entreprise parente).

c) Vous-mêmes (entreprise autonome).

Grille d'interprétation

✓ Si vous avez répondu « a » au moins 4 fois, votre entreprise est probablement une traditionaliste ; il n'est pas certain qu'elle soit intéressée par, ou même consciente de la notion de « talent ».

✓ Si vous avez répondu « b » au moins 4 fois, votre entreprise est probablement une suiveuse ; elle a peut-être une stratégie « talent », mais sans doute basée sur une notion élitiste.

✓ Si vous avez répondu « c » au moins 4 fois, votre entreprise est probablement une innovatrice ; elle est prête à intégrer une notion de « talent » basée sur les compétences.

✓ Si vos réponses ont largement varié entre « a », « b » et « c », la philosophie d'emploi et la stratégie commerciale de votre entreprise ne sont pas cohérentes ; elle devrait commencer par clarifier son approche et ses attentes, et assurer leur cohérence avec ses pratiques.

© Groupe Eyrolles

De la magicienne à la pédagogue

Fin 2006, SAP commissionnait une enquête mondiale qui, conduite auprès de 250 entreprises prestataires de services professionnels, visait à comprendre les tendances de leurs stratégies « talent » (le terme « talent » n'étant d'ailleurs pas précisément défini). Or, elle révéla que ces stratégies sont au cœur du modèle de gestion de l'entreprise de services et supposées offrir la valeur la plus à même d'assurer sa croissance et sa réputation : 75 % des participants s'accordent à penser qu'une mauvaise gestion de leur inventaire de talents conduit à des pertes de revenus et une baisse de satisfaction client.

Mais on observe une déconnexion dangereuse entre l'analyse prévisionnelle (identification de l'évolution probable de chacun des types de service) et la gestion des talents : 80 % rapportent une intégration limitée, voire inexistante, entre la gestion de leur capital humain, leur planification commerciale et la gestion de leurs ressources. Or, ne se fonder que sur la performance historique pour recruter, former et retenir son personnel risque de créer un pool de talents totalement incapables de s'adapter à de nouveaux services ou à de nouvelles configurations opérationnelles. La même étude révèle que 85 % considèrent leurs programmes de développement du personnel et de gestion des talents comme rudimentaires, voire inexistants.

Les entreprises de service commencent donc à reconnaître le besoin de traiter l'inventaire de leurs talents avec une véritable discipline, mais sont peu préparées à optimiser les opérations quotidiennes qui permettraient une véritable pépinière de talents. Or, l'enquête de Cegos « spécial talents » précitée montre que cet état de fait déborde largement du simple cadre des entreprises de services.

Selon elle, le management effectif des « talents » devient la nouvelle priorité de 71 % des entreprises françaises. Parmi les profils les plus recherchés, les managers performants (87 %), les jeunes à potentiel (86 %) et les experts clés (72 %). Mais les outils utilisés pour identifier ces perles rares se limitent aux entretiens de fin d'année (80 %), aux entretiens de recrutement (70 %) ou aux entretiens professionnels (70 %), tous menés par les managers –

© Groupe Eyrolles

alors même que le manque de sensibilisation et de formation des managers au rôle de détecteur de talents est relevé par 77 % des participants. Par ailleurs, 56 % des entreprises interrogées n'ont pas mis en place de dispositif pour attirer et fidéliser les hauts potentiels.

En bref, que ce soit au vu des enquêtes qui, de plus en plus nombreuses, abondent dans le même sens, ou sous l'influence d'un patron visionnaire, ou encore suite à la démonstration d'un consultant commissionné pour identifier les mesures à prendre afin de pérenniser le succès de l'organisation, la plupart des entreprises reconnaissent le besoin de changer un certain nombre de choses en leur sein.

Reste que si adopter un nouveau concept est amusant, excitant même, questionner ce qui était acquis est une autre affaire. Il est aisé de parler d'« entreprise-cerveau », de développement durable, de diversité, de talent… surtout lorsque l'on se convainc de la possibilité de peindre ces nouvelles notions en un joli vernis sur le monolithe intouchable de l'organisation existante…

Les directions générales perdent rapidement leur sourire lorsque la consultante leur parle de « pansement sur une jambe de bois », et leur rappelle, pour poursuivre l'image médicale, que le rétablissement de la santé du patient demande le traitement du mal et non seulement des symptômes. Il s'agit bien, en effet, de s'ouvrir au questionnement des certitudes et d'accepter que, pour réformer l'entreprise, il faut apprendre. Évident ? Pas tant que cela, lorsque l'auditoire s'est depuis longtemps persuadé que les bancs d'école sont pour les jeunes et que son rôle à lui est de régler les problèmes, de produire et d'instruire.

Et la consultante de coiffer sa toque de pédagogue devant une assemblée de sceptiques…

Partie 3

L'ENTREPRISE
DOIT APPRENDRE

Introduction

Tout processus de réforme – particulièrement lorsque celle-ci est aussi large et profonde que celle que nous venons de décrire – est naturellement associé à un processus d'« **apprentissage** ». Mais nous voici une fois de plus en présence d'un terme relativement mystérieux, aux multiples interprétations et qu'il convient de clarifier.

- La plus fondamentale de ces interprétations touche à la capacité de se remettre en question pour évoluer, changer. De toute évidence, si un être humain ou une organisation n'a pas cette capacité, il est difficile d'envisager une réforme quelconque. Certes, de devoir s'appesantir sur ce besoin, voire même simplement le mentionner, peut paraître assez bizarre – l'Homme n'est-il pas fondamentalement un être évolutif ? Face à l'héritage de l'ère industrielle, avec ces « organisations tyrans » dont parlait l'expert néerlandais en gestion des connaissances Frank Lekanne Deprez, et les « handicapés de la créativité » que nous sommes devenus selon le consultant américain en innovation Jordan Ayan, la question est pourtant, malheureusement, pertinente. Et c'est le plus souvent ainsi que les penseurs d'aujourd'hui entendent l'expression « **organisation apprenante** » ; dans ce sens, celle-ci développe sa capacité d'évoluer.

- Il existe une autre interprétation, par laquelle, en ligne avec la dialectique de Socrate, le terme « apprentissage » est compris comme le développement d'une meilleure compréhension de soi. Appliqué à l'entreprise, il répond à un double besoin : il s'agit, d'une part, de mieux connaître l'organisation elle-même (qui voulons-nous être ?), et, d'autre part, de connaître chaque employé (qui est-il aujourd'hui et qui veut-il être demain ?) de façon à se donner une chance de grandir ensemble. On peut parler d'« **organisation réfléchie** » ; elle a conscience de son « moi » multiple et cherche à le connaître.

- En abordant le sujet des compétences, nous avons commencé à parler d'un troisième type d'apprentissage. Pris cette fois dans son sens le plus classique, on peut le définir comme le processus

© Groupe Eyrolles

d'acquisition et/ou de développement d'un savoir utilisable. Un processus qu'il est du reste beaucoup plus facile de mesurer que les deux précédents car l'utilisation d'observations directes est cette fois possible, mais qui reste essentiellement une dynamique, surtout dans notre environnement en constante mutation. L'entreprise qui s'y adonne est appelée « **organisation en apprentissage continu** » ; elle cherche à développer son capital humain.

Face à la nécessité de changer pour réformer l'entreprise et lui donner une chance de survivre et de réussir sur le long terme, ces trois interprétations du terme « apprentissage » sont aussi pertinentes et importantes les unes que les autres.

© Groupe Eyrolles

Chapitre 14

Apprendre à apprendre
pour rester pertinente

Aussi impalpable et difficilement mesurable qu'il soit, le concept d'« organisation apprenante » est d'une importance vitale. « Jusqu'à aujourd'hui, ce qui a constitué des menaces pour la survie de notre espèce est toujours venu d'événements brutaux et dramatiques, dont les causes, extérieures à nous, se trouvaient hors de notre contrôle. Or, ce qui nous menace aujourd'hui est surtout le produit de processus graduels et tous endogènes, sous-produits de nos propres actions ; leurs causes reposent sur des comportements collectifs et des effets dérivés inattendus d'actions qui faisaient du sens à l'échelle individuelle. Mais nous ne sommes pas préparés pour faire face à ce genre de dangers ; notre programmation génétique nous prédispose à nous attendre à des menaces extérieures qu'il sera approprié de combattre lorsqu'elles seront devenues des crises. Cet instinct de réactivité, ajouté aux traits culturels de fragmentation et de compétition, nous tient captifs, souvent incapables d'agir avant qu'il soit trop tard », explique le chercheur indien B. K. Passi.

D'après les recherches de Fred Kofman et Peter M. Senge, experts en pédagogie au MIT, l'ère industrielle nous a en effet amenés à développer quatre traits qui s'avèrent extrêmement dangereux :

• **La fragmentation** : l'être humain a réussi à conquérir le monde physique en adoptant une méthode analytique pour comprendre les problèmes. Cette méthode implique le décorticage du problème en plusieurs composants, l'étude de chaque composant en isolation, puis la reconstitution de l'ensemble par synthèse des composants. Mais, du coup, nous nous sommes progressivement persuadés que le savoir est constitué d'une accumulation de bouts d'information.

© Groupe Eyrolles

Or, cette pensée fragmentée devient de plus en plus inefficace dans notre monde actuel. Il s'agit donc d'adopter une pensée systémique pour se rappeler que le tout précède la partie.

- **La compétition** : la valeur accordée à la compétition est tellement exagérée que l'être a disparu derrière le paraître : il devient plus important d'avoir l'air compétent que de l'être effectivement. Or, la peur de ne pas paraître compétent qui en découle est la plus grande ennemie de l'apprentissage. Pour apprendre, nous devons reconnaître que nous ne savons pas tout, et nous essayer à des activités que nous ne maîtrisons pas. Mais dans la plupart des organisations, l'ignorance est un signe de faiblesse, l'incompétence – même temporaire – est un défaut. Par réaction, les gens ont développé des défenses qui leur sont devenues seconde nature ; ils essayent de résoudre leurs problèmes seuls, en ne disant jamais « je ne sais pas » pour éviter de se discréditer. Il s'agit donc de redécouvrir la nature communautaire de notre moi et de nous adonner à la coopération, mieux à même de nous faire atteindre notre niveau d'excellence.

- **La réactivité** : depuis l'enfance, nous avons été habitués à changer uniquement en réaction à des forces extérieures. Nous avons appris que le moyen de réussir était de porter plus d'attention aux questions du professeur qu'aux nôtres. Nous avons résolu des problèmes créés par d'autres, lu ce qu'on nous a dit de lire, écrit ce que l'on nous demandait. Il nous est plus important d'être intégrés, acceptés, que d'être nous-mêmes. Sans surprise, nos organisations actuelles exercent leur autorité d'une façon qui sape notre désir intrinsèque d'apprendre. Bien des dirigeants croient que le management est une simple question de résolution de problèmes, sans comprendre que cela devrait être une question de création. Celui qui résout un problème s'efforce de faire disparaître quelque chose ; celui qui crée essaie de faire apparaître quelque chose de nouveau. La plupart des dirigeants croient qu'il faut une crise pour faire changer les gens ; mais ce sont le désir, l'imagination et l'expérimentation, sources de l'apprentissage, qui génèrent l'évolution.

- **La thésaurisation** : que ce soit par avidité, peur ou autre chose, nous thésaurisons. Nous accumulons bien plus de ressources que nous n'en avons besoin. Nous montrons une avidité sans limites pour les choses, la richesse, la gloire, la popularité. Il s'agit donc de redéfinir la richesse comme un ensemble de relations basées sur la confiance, pour comprendre l'importance du partage.

© Groupe Eyrolles

Réapprendre à apprendre

Pour survivre, les êtres humains – individuellement et en communautés – doivent donc rapidement apprendre autrement. Dans cette perspective, si l'on considère avec Peter Senge que : « les organisations apprenantes sont des organisations où les personnes ne cessent de développer continuellement leur capacité à créer les résultats qu'elles désirent vraiment, où de nouveaux schémas de pensée sont élaborés et étendus, où l'aspiration collective est laissée libre et où les individus apprennent continuellement à voir l'ensemble », on s'aperçoit effectivement que ce n'est pas chose acquise.

Notablement, le processus par lequel l'organisation devient apprenante est inextricablement lié au processus de réforme de l'organisation telle que nous l'avons décrite dans le chapitre précédent : d'une part, la réforme ne peut avoir lieu sans capacité d'évoluer, mais, d'autre part, une « organisation-machine » traditionnelle a peu de chances de devenir apprenante.

Rappelons, en effet, que, dans l'organisation traditionnelle, les employés ne sont que des composants semi-mécaniques d'une grosse machine ; interchangeables et disciplinés, ils font ce qu'on leur dit de faire. En tout cas, c'est l'illusion dans laquelle les dirigeants se sont complus pendant si longtemps, négligeant de se rappeler que l'organisation est avant tout le produit de la façon dont les personnes qui la composent pensent et interagissent. Or, personne, pas même un leader charismatique, ne peut commander à quelqu'un de changer ses attitudes, ses croyances, ses capacités, ses perceptions ou son niveau d'engagement. D'où la fameuse « résistance au changement » dont se lamentent tant de chefs d'entreprise !

Pour changer l'organisation, il faut donc considérer les employés comme des êtres pensants (composants neuronaux de l'entreprise-cerveau) et leur donner l'opportunité de changer leurs façons de penser. La pratique de l'apprentissage organisationnel implique le développement et la participation à des activités tangibles qui vont changer la façon dont les gens travaillent. À travers de nouveaux principes, des innovations en infostructure, de nouveaux outils et techniques de management, les individus vont développer une capacité durable à changer. La démarche récompensera l'entreprise par une diversité et une intensité décuplée d'engagement, d'innovation et de talent.

© Groupe Eyrolles

De la maîtrise personnelle à l'apprentissage en équipe

Peter Senge a étudié les pratiques capables de rendre une organisation apprenante, et indique qu'une telle organisation doit développer trois capacités – créer des visions partagées, organiser une communication réfléchissante, et appréhender une image holistique – en utilisant cinq disciplines spécifiques :

- **la maîtrise personnelle** est la formation d'une image cohérente de notre vision personnelle (les résultats que nous désirons le plus atteindre dans notre vie) accompagnée d'une analyse réaliste de notre situation actuelle. Cela produit une sorte de tension intérieure qui, lorsqu'elle est entretenue, peut développer notre capacité à faire de meilleurs choix et à atteindre les résultats que nous désirons ;
- **la vision partagée** focalise la collectivité sur un but commun. Des personnes qui ont un but commun peuvent apprendre à s'investir dans leur organisation en développant une vision partagée du futur qu'elles veulent créer et des principes qui vont les guider ensemble dans cette direction ;
- la discipline des **modèles mentaux** se concentre sur le développement d'une prise de conscience des attitudes et perceptions – les nôtres et celles de ceux qui nous entourent –, qui nous permet de voir la réalité plus clairement et plus honnêtement. La plupart des modèles mentaux étant cachés et non ouverts à la discussion, l'un des rôles les plus importants d'une organisation apprenante est de développer la capacité d'aborder sans danger des sujets sensibles et troublants ;
- **l'apprentissage en équipe** est une discipline d'interactions de groupe. Par l'utilisation de techniques telles que le dialogue et la discussion facilitée, de petits groupes de gens transforment leur pensée collective, apprenant à mobiliser leurs énergies et actions pour atteindre leurs buts communs en générant une intelligence et une capacité plus grandes que la somme de leurs talents individuels ;
- **la réflexion systémique** permet aux personnes d'apprendre à mieux comprendre le changement et les interdépendances, et donc de mieux saisir les conséquences de leurs actions.

Or, la transition du modèle autonome de la maîtrise personnelle vers celui de la vision partagée et du travail et apprentissage en équipe est très difficile, car beaucoup considèrent que l'indépendance ne peut être subordonnée à l'interdépendance. Les idéaux de l'indépendance et

© Groupe Eyrolles

de l'interdépendance sont-ils vraiment mutuellement exclusifs ? Il nous plaît de penser qu'au contraire l'interdépendance idéale est une synergie de multiples indépendances. Comme le dit B. K. Passi, « pour créer des organisations apprenantes nous devons créer une interdépendance harmonieuse entre des systèmes d'éducation formels, non formels et informels, dans lesquels interviennent des foyers apprenants, des terrains de jeux apprenants, des églises et temples apprenants, des écoles apprenantes, des media apprenants, des villes apprenantes, des pays apprenants, une planète apprenante ».

Une planète apprenante

Encore tout récemment, les tentatives de modélisation économique fondée sur les philosophies orientales et leurs valeurs de tolérance, de partage, de compassion, étaient souvent accueillies avec un petit sourire par la communauté d'affaires occidentale, éminemment sceptique. Pour Wall Street, l'entreprise commerciale n'était pas là pour être gentille, mais pour générer du profit. L'activité caritative n'existait pas sur le même plan que l'entreprise commerciale, car, rappelons-le, le partage était vu comme une perte de valeur et non pas un enrichissement. Même lorsque la pression sociale s'est faite plus forte, demandant une redistribution des richesses vers les plus démunis, la solution choisie par bon nombre de dirigeants fut de faire donation d'une partie de leur rémunération, pendant que leurs entreprises développaient quelques programmes de sponsoring ou de soutien aux victimes de tel ou tel drame – profitant dans les deux cas d'incitations fiscales grâce auxquelles l'effort financier devenait minime. Il ne s'agissait toujours pas de partage.

Or, aujourd'hui, la pertinence de ces modèles économiques intégrant valeurs et psychologie humaine éclate au grand jour. Grâce à Internet, c'est la planète entière qui devient apprenante. Au point que le réseau d'observateurs de tendance TrendWatchers parle de « génération G » (« G » pour générosité) :

> « La crise financière actuelle laisse les consommateurs plus dégoûtés que jamais des dirigeants d'affaires avides qui se fichent des autres. La crise n'est du reste que la goutte d'eau qui fait déborder le vase : il y a bien longtemps que la colère monte face à l'arrogance des marques. Les dirigeants obsédés par le cours de leurs actions en Bourse ne prêtent pas assez attention à leurs employés, amenant ceux-ci à arrêter de se soucier de leurs clients. Résultat : 13 % des Américains seulement ont confiance dans les grandes entreprises. Selon une enquête de la société de conseil en ressources humaines Watson

© Groupe Eyrolles

Wyatt, seuls 39 % des employés américains font confiance à leurs diri-geants. Les trois quarts des consommateurs américains pensent que les entreprises mentent dans leurs publicités. Les trois quarts des employés de grandes entreprises ont été témoins d'au moins une violation des lois ou des standards de l'entreprise au cours des 12 derniers mois. »

Mais, continuent-ils, « le besoin d'une plus grande générosité coïncide mer-veilleusement bien avec l'émergence, facilitée par Internet, d'une culture d'individus qui partagent, donnent, s'engagent, créent et collaborent en masse. Le site de partage de photos Flickr a aujourd'hui plus de 33 millions d'utilisateurs, plus de 3 milliards d'images et reçoit plus de 3 000 nouveaux téléchargements par minute. Wikipédia a 8,7 millions d'utilisateurs enregis-trés, 145 000 d'entre eux participant activement chaque mois ; il contient aujourd'hui presque 16 millions de pages. 13 heures de vidéo sont téléchar-gées sur YouTube chaque minute, un milliard de vidéos y sont regardées – par jour. Un nombre impressionnant de sites facilite les donations. En fait, pour beaucoup, le partage d'une passion et la reconnaissance qui en découle deviennent le nouveau symbole de prestige. Si elles veulent retrou-ver leur pertinence, les entreprises doivent faire leur ce changement sociétal, aussi opposé soit-il à leur traditionnelle dévotion à elles et elles seules. Il ne s'agit plus de mettre en place quelques programmes de "responsabilité sociale", mais de devenir une marque réellement compatissante, généreuse envers ses employés, ses clients, son environnement, la société ».

Cet intérêt, cette compassion pour autrui est du reste un prélimi-naire à la condition de survie que nous avions mentionnée, touchant au besoin d'élaborer un réseau de valeur intégré dans un monde interconnecté : de toute évidence, personne ne serait motivé à contri-buer au développement d'une entreprise égocentrique qui ignorerait et mépriserait ceux qui l'entourent, de même que nul ne voudrait aider au développement d'une personne arrogante...

TEST D'OUVERTURE DE L'ENTREPRISE

Votre entreprise est-elle prête à apprendre ?

Répondez aux questions ci-dessous :

1. Votre entreprise a-t-elle une vision claire et honnête de sa réalité présente ?
   - ✓ Dans quelles limites peut-on dire la vérité dans votre entreprise ?
   - ✓ Recherchez-vous activement des informations, ou attendez-vous qu'on vous les demande ?
   - ✓ Qui incluez-vous dans vos enquêtes ?
   - ✓ Vous assurez-vous d'un équilibre entre investigations et plaidoyers ?
   - ✓ Évitez-vous les informations qui sont potentiellement embarrassantes ?
   - ✓ Testez-vous vos expériences ?

.../...

© Groupe Eyrolles

...../...

✓ Questionnez-vous vos hypothèses de départ ?

✓ Vous fiez-vous seulement aux chiffres, ou considérez-vous aussi les sentiments, opinions et désirs des gens ?

2. Cette vision est-elle partagée dans l'organisation et, de là, créez-vous un nouveau savoir également partagé ?

✓ Chacun dans l'entreprise bénéficie-t-il du soutien nécessaire pour apprendre (par opposition à savoir) ?

✓ Votre environnement encourage-t-il l'apprentissage continu, ou est-ce pure coïncidence ?

✓ Que faites-vous de l'information ? Est-elle soumise à des droits d'accès différenciés ?

✓ Les gens ont-ils besoin d'avoir un titre ou un diplôme pour avoir accès à l'information ?

✓ Développez-vous une compréhension partagée et transformez-vous les données en savoir utile ?

✓ Acceptez-vous seulement les données qui confirment vos hypothèses ou recherchez-vous d'autres points de vue ?

✓ Qui construit une compréhension partagée ?

✓ Qui participe ?

✓ Toutes les informations disponibles pour les clients sont-elles accessibles aux employés ?

✓ Développez-vous vos employés ?

✓ Comment cet accès au développement est-il distribué dans l'organisation ?

✓ Créez-vous un nouveau savoir ? Votre entreprise a-t-elle des capacités qu'elle n'avait pas dans le passé ?

✓ Comment ce nouveau savoir affecte-t-il votre réalité présente ?

3. Votre savoir se traduit-il en actions effectives tendant vers l'avenir que vous désirez ?

✓ Les employés ont-ils la possibilité d'utiliser concrètement leur nouveau savoir ?

✓ Leur nouveau savoir est-il utilisable ? Le mettent-ils en application ?

✓ Qui est impliqué dans la conception des plans de développement individuels ?

✓ De combien de temps les employés disposent-ils pour partager leurs connaissances et expériences ?

✓ Vos énergies sont-elles toutes concentrées vers un but commun, ou vos priorités sont-elles dispersées ?

✓ Pourriez-vous donner un exemple précis de la façon dont vous vous rapprochez de votre vision ?

✓ Êtes-vous en mesure d'identifier les étapes de votre progression ?

✓ Votre organisation a-t-elle des activités qu'elle n'avait pas dans le passé ?

© Groupe Eyrolles

Suggestion

✓ Profitez d'une réunion de votre comité exécutif pour proposer que toute l'équipe essaie de répondre à ces questions.

✓ Tirez les leçons, non seulement des réponses données, mais aussi de votre éventuelle incapacité à répondre à certaines questions et/ou des différences de point de vue entre vous sur une ou plusieurs questions.

Bonne discussion !

Note

Vous pouvez faire successivement les trois tests d'ouverture présentés dans cette partie au cours d'une même séance de travail, consolider les résultats et en tirer une analyse de la capacité de votre entreprise à apprendre, à se comprendre et à développer son capital humain.

Chapitre 15

Apprendre à comprendre pour prévoir

Nous avons mentionné le besoin pour l'entreprise de se soucier de ses propres employés. De toute évidence, il ne s'agit pas simplement d'augmenter leurs salaires – comme on augmente le prix d'une commodité dont la valeur s'est appréciée. Si l'entreprise est apprenante et a donc la capacité de se réformer, si elle se transforme en cerveau dont les neurones sont les employés, ceux-ci deviennent alors des entités autonomes et responsables dont il faut connaître les capacités et aspirations de façon à pouvoir en optimiser la valeur.

Pour assurer la performance, en effet, il ne suffit pas que l'employé possède les compétences dont a besoin l'entreprise, il faut aussi qu'il soit suffisamment motivé pour avoir envie de les mettre au service de son travail. Comme dit le consultant en management américain Steven R. Coley, « Une organisation responsable est une organisation au sein de laquelle les individus ont la connaissance, la compétence, le désir et l'opportunité de réussir personnellement d'une façon qui mène à la réussite collective de l'organisation. »

Il est donc intéressant de réfléchir un instant à la dynamique de la **motivation** humaine.

Comprendre les facteurs de motivation et d'engagement des employés

La motivation d'agir de tout être humain a deux puissants moteurs : la peur et le désir. Plus précisément, la peur de perdre ce que l'on a et le désir de ce que l'on n'a pas encore. Selon les études de sociologues

© Groupe Eyrolles

tels que Don Edward Beck, ces deux moteurs alimentent le dynamisme de l'Homme depuis la nuit des temps.

- **Protéger sa vie, acquérir le confort.** Fondamentalement, les gens
  qui, pour une raison ou une autre, ont peur pour leur vie, sont
  principalement motivés par le besoin de protéger leur minimum
  vital − sécurité physique, nourriture, toit, santé. Ce n'est que
  lorsque ce minimum est garanti qu'ils vont alors commencer à
  ressentir des envies de plus. Ils vont s'efforcer d'acquérir un certain
  confort.

- **Protéger ses possessions, obtenir sa liberté.** Les gens dont le
  minimum vital est acquis voient souvent leur motivation d'agir
  basée sur le besoin de protéger leurs possessions, leur statut social,
  leur pouvoir, leur droit à l'éducation. Mais si ces derniers leur sont
  suffisamment garantis, alors ils auront envie de plus. Ils s'efforceront
  d'atteindre à la liberté.

- **Protéger ses libertés, développer sa conscience.** Les gens pour qui
  la vie et le confort sont acquis sont motivés par le besoin de protéger
  leurs libertés − de croire, de penser, de s'exprimer, de voyager, de
  choisir. Puis, une fois encore, si leurs acquis sont sécurisés, ils ressentent l'envie de plus. Ils vont s'efforcer d'atteindre l'harmonie
  qu'offre la conscience holistique et vont donc s'investir dans la
  protection de l'environnement, le pacifisme, le partage du savoir, le
  développement de la notion de communauté humaine…

Le défi de l'entreprise aujourd'hui est donc d'abord de mieux
connaître ses employés, de comprendre leurs motivations actuelles,
c'est-à-dire ce qui peut stimuler leur engagement envers l'organisation, puis d'offrir une réponse idoine afin d'optimiser leur performance.

Chaque entreprise se doit évidemment d'adopter une approche
personnalisée, en organisant, par exemple, des enquêtes régulières
parmi ses employés et/ou en conduisant une interview détaillée de
chaque employé démissionnaire, et en analysant régulièrement les
résultats consolidés de toutes ces interviews. Mieux encore, en assurant la conduite régulière d'entretiens individuels visant exclusivement à comprendre les aspirations personnelles de chaque employé.

Toutefois, sont également disponibles des centaines d'enquêtes
explorant les facteurs de motivation des employés aujourd'hui ; elles
peuvent aider à mieux comprendre comment la dynamique de la
motivation se traduit en attentes concrètes dans le cadre du travail.

© Groupe Eyrolles

- **Confort physique** : il s'agit là d'un confort fondamental, touchant à la santé, à la capacité de s'occuper de ses enfants et de sa famille tout en travaillant ; s'il n'est pas acquis, le reste n'a pas grande importance : c'est pourquoi même des cadres supérieurs peuvent quitter un emploi intéressant et rémunérateur pour quelque chose de moins enrichissant mais plus proche de leur domicile, s'ils se sentent épuisés par les transports quotidiens, étriqués dans des obligations de présence trop astreignantes, et donc incapables de bien travailler tout en ayant une vie familiale raisonnable. Les enquêtes mentionnent ici des conditions de travail agréables, du temps pour la vie familiale et/ou personnelle, des migrations quotidiennes bureau-domicile-bureau rapides et commodes (voire inexistantes), un environnement de travail attrayant, des outils (informatiques et autres) à la page, utilisables et facilitant effectivement le travail quotidien...

- **Confort matériel** : nous touchons ici typiquement aux biens matériels et à ce qui nous permet d'en acquérir ; confort physique mis à part, c'est le plus basique des facteurs de motivation et son importance est primordiale, car dans notre société encore largement basée sur l'argent, c'est lui qui nous permet d'offrir à notre famille une maison confortable, des repas variés, des vacances, un peu de luxe, et l'éducation qui propulsera nos enfants un cran ou deux plus loin. Il n'est donc pas surprenant que dans les pays en développement où le chômage n'existe que peu ou pas du tout, les employés aient tendance à se transformer en « *job-hoppers* » (ou « sauterelles de l'emploi »), sautant d'un boulot à l'autre pour quelques euros de plus... surtout lorsque les belles promesses de formation, d'avancement, ou même de bonus annuel ne sont pas tenues. Ainsi, les enquêtes mentionnent ici une rémunération en numéraire compétitive, des augmentations annuelles substantielles, des avantages sociaux intéressants, des symboles de prestige et/ou signes extérieurs de richesse...

- **Confort émotionnel** : ce type de confort tend à n'être considéré que lorsque l'importance des précédents devient secondaire – soit parce que l'employé les a déjà acquis, soit parce que sa famille en jouit suffisamment pour qu'il en profite. Typiquement, alors qu'un jeune diplômé issu d'un milieu aisé est extrêmement sensible à ce genre de confort, un enfant pauvre, sans soutien (et souvent lui-même soutien de sa famille), ne s'embarrassera pas de ces « subtilités » si les opportunités d'emploi sont rares. Mais sur les marchés où le chômage est faible, on note la tendance très marquée

© Groupe Eyrolles

des jeunes à se faire recruter dans les entreprises qui emploient déjà leurs amis. En Thaïlande, par exemple, les entreprises considéraient en 2008 que le canal le plus efficace pour attirer de bons candidats était leurs employés eux-mêmes, loin devant les prestataires de services en recrutement. Revers de la médaille : il faut être très bon employeur pour empêcher que lorsqu'un employé part, il emmène tous ses amis avec lui ! Plus d'une entreprise a vu un département entier démissionner en deux jours… Les enquêtes mentionnent ici un patron sympathique, compréhensif et réconfortant, un style et des politiques de management attractifs, le respect des employés en général et des individualités en particulier, des collègues sympathiques et intéressants, des rôles, responsabilités et objectifs clairs, l'assurance de stabilité/sécurité, l'équité interne, la reconnaissance des efforts et de la performance…

- **Confort moral** : ce type de confort touche aux valeurs, à l'éthique et à l'adéquation entre celles de la personne et celles de l'entreprise. Considéré comme un luxe par beaucoup, il se fait toutefois clairement sentir parmi les employés qui peuvent se permettre d'explorer et faire valoir leurs facteurs de motivation les plus profonds. Ainsi, les entreprises dont les activités sont considérées comme dommageables à l'environnement (industries polluantes), à la paix (fabricants d'armes), à la santé (fabricants de cigarettes), à la solidarité (entreprises pharmaceutiques refusant les génériques), ont-elles de plus en plus de mal à attirer et fidéliser leurs talents. Certaines tentant l'appât du confort matériel à outrance, elles sont vite connues pour leurs très hauts salaires et attirent du monde ; mais ce n'est que temporaire, car, comme expliquait la DRH de l'une de ces entreprises à l'auteur, « ces gens nous utilisent comme tremplins ; ils viennent chez nous avec l'idée d'y rester un ou deux ans, juste le temps de rechercher un autre travail qu'ils auront négocié à prix d'or sur la base de ce que nous les payons ». Les enquêtes mentionnent ici une entreprise à l'esprit ouvert et responsable vis-à-vis de la société et de l'environnement, une bonne réputation pour l'entreprise en tant qu'employeur, acteur de marché et organisation citoyenne, une bonne image des produits et services de l'entreprise, une corrélation satisfaisante entre la culture et valeurs de l'entreprise et celles de l'employé, un patron faisant montre d'éthique dans ses opinions, ses décisions et ses actions, des attentes réalistes et adaptées de la part du patron prenant en compte les capacités de l'employé, des opportunités de participer à quelque chose de plus grand que soi…

© Groupe Eyrolles

- **Opportunités de développement** : à ce niveau, nous sortons du domaine du confort et nous entrons dans celui de l'ambition. Il s'agit d'une dynamique en vertu de laquelle nous ne voulons plus seulement nous sentir bien dans ce que nous faisons, nous voulons progresser. Nous laissons derrière nous le confort de l'équilibre et nous plongeons dans l'incertitude exaltante de l'apprentissage (sachant bien entendu que tous nos conforts acquis forment le filet de sécurité qui nous rattrapera en cas d'échec). Les enquêtes mentionnent ici une entreprise dont l'état d'esprit est énergique et innovateur, un patron provocateur, stimulant, capable d'encadrer, d'être un coach ou un mentor, des technologies et équipements de pointe, des opportunités de mise en contacts avec d'autres pays et d'autres cultures, la possibilité d'avoir des responsabilités variées et évolutives, des opportunités de formation et de développement personnel, des opportunités d'avancement... Et comme il s'agit de motivation dynamique, comme l'employé se sent prêt à s'investir dans le temps, les enquêtes mentionnent encore une entreprise dont les résultats commerciaux et financiers sont bons et dont l'avenir est prometteur, un alignement satisfaisant entre les aspirations de l'employé et les attentes à long terme de l'employeur...

La motivation repose toujours sur une combinaison de facteurs

Un petit avis de prudence est ici nécessaire : aucun individu ne trouve sa motivation dans un seul facteur. Il s'agit toujours d'une combinaison qui dépend de sa personnalité, de sa culture, de sa vie personnelle et intime, de sa situation familiale, de la façon dont il voit la vie, de ses responsabilités professionnelles et familiales, de ses désirs, aspirations et ambitions ; cette combinaison est donc unique à chaque personne, et elle change en fonction des circonstances et/ou de son évolution.

À titre indicatif, une personne pourra voir les facteurs de sa motivation évoluer de la façon suivante au cours de sa carrière.

© Groupe Eyrolles

Étapes de vie	Confort physique	Confort matériel	Confort émotionnel	Confort moral	Opportunités de développement
Jeune diplômé sans attaches	5 %	5 %	40 %	30 %	20 %
Employé célibataire	5 %	30 %	15 %	10 %	40 %
Employé en charge de famille avec jeunes enfants	25 %	35 %	5 %	5 %	20 %
Employé mature dont les enfants sont grands	30 %	15 %	5 %	30 %	20 %

Évolution de la motivation selon l'âge et la situation familiale

Des schémas confirmés entre autres par l'enquête menée en 2008 par l'APEC auprès de 3 000 cadres français, sur l'équilibre entre vie professionnelle et vie personnelle. D'après ses résultats, les répondants en charge d'une famille sont plus nombreux à rechercher la sécurité financière. Logiquement, ils accordent également une place plus importante à la vie privée, ce qui les rend plus sensibles au fait de devoir travailler dans l'urgence ou d'avoir une charge de travail excessive. 55 % des cadres français qui ont un enfant et 59 % de ceux qui en ont trois ou plus se plaignent de l'empiétement de leur vie professionnelle sur leur vie privée. Les services de garde d'enfants offerts par l'entreprise contribuent significativement à apaiser ces plaintes, mais seuls 2 % y ont accès.

Les opportunités de développement sont en tête des facteurs de motivation

De façon générale, il est toutefois possible d'observer de grandes tendances évolutives dans les facteurs de motivation considérés comme les plus importants par des populations similaires. Ainsi, avec l'amélioration générale des niveaux de vie, mais aussi le niveau de qualifications de plus en plus élevé dans les entreprises, le confort matériel, qui se trouvait en tête de liste il y a vingt ans, a plongé tout au fond du tableau, et ne représente aujourd'hui qu'un facteur de motivation secondaire.

Ce sont les opportunités de développement, dernier facteur de la liste dans les années 1980, qui plafonnent en tête aujourd'hui. Les individus,

© Groupe Eyrolles

faisant preuve d'une sagesse supérieure à celle des organisations qui les emploient, ressentent profondément le besoin d'apprendre et de progresser dans un environnement en bouleversement constant. Notons aussi que le confort physique reste en milieu de tableau, car si les conditions matérielles de travail tendent à s'améliorer, le stress au travail et la fatigue des migrations quotidiennes deviennent préoccupants.

Ordre décroissant d'importance	Dans les années 1980	À l'heure actuelle
1	*Confort matériel*	*Opportunités de développement*
2	Confort émotionnel	Confort moral
3	Confort physique	Confort physique
4	Confort moral	Confort émotionnel
5	Opportunités de développement	Confort matériel

Ordre de priorité des facteurs de motivation, vers 1980 et aujourd'hui

Cette évolution est clairement illustrée par la plus grande enquête jamais réalisée sur l'engagement au travail, conduite en 2008 par la société de conseil en ressources humaines Towers Perrin auprès de 88 000 salariés dans 18 pays. Engagement dont la corrélation avec la croissance de l'entreprise est aujourd'hui évidente, comme l'expliquent les chefs du projet : « Entre les entreprises où les salariés sont plus engagés et les autres, les différences en termes de croissance du bénéfice par action et de revenu net sont spectaculaires. L'engagement apparaît donc de plus en plus comme une richesse que l'entreprise se doit de reconnaître, afin de pouvoir l'évaluer et identifier les ressorts sur lesquels agir. »

L'enquête s'est articulée autour des trois étapes de l'emploi : l'intégration, l'engagement et la fidélisation. Au niveau de l'intégration, les résultats de l'enquête montrent que les principaux facteurs de la décision d'intégrer une entreprise sont un salaire de base compétitif, un travail stimulant et des opportunités de carrière. Assez haut placés sur la liste apparaissent aussi un lieu de travail pratique et des horaires de travail souples. Toutefois, ces priorités changent une fois l'embauche sécurisée : les facteurs qui pèsent aujourd'hui le plus lourd sur la motivation des salariés, d'après l'enquête, sont les perspectives offertes en termes de développement des compétences, la qualité de la relation avec le management et la réputation de l'entreprise.

© Groupe Eyrolles

La fidélisation des employés dépend quant à elle assez logiquement des opportunités de développement professionnel, des formations sur le terrain, et de la transparence offerte sur l'évolution potentielle au sein de l'entreprise.

Toujours selon l'enquête de Towers Perrin, l'adéquation entre ces facteurs de motivation et la réponse offerte par les employeurs est loin d'être parfaite : en France par exemple, seuls 12 % des salariés se déclarent fortement engagés vis-à-vis de leur entreprise. 25 % seulement jugent que leur employeur les motive à faire de leur mieux et 23 % déclarent disposer d'excellentes opportunités de carrière au sein de leur entreprise. 78 % pensent que leur direction ne se soucie pas réellement de la satisfaction et du bien-être de ses employés et 77 % considèrent qu'elle n'est ni franche ni honnête avec eux.

Des accusations confirmées par une enquête menée en 2008 par l'Ifop, pour le groupe de protection sociale Malakoff Médéric, sur la perception du bien-être au travail.

Si les DRH s'accordent à dire que le bien-être des salariés est un enjeu important (c'est un facteur de productivité de l'entreprise pour 69 % d'entre elles, et un facteur d'attraction des talents pour 68 %), 55 % des entreprises n'ont mis en place aucune mesure concrète pour prévenir les situations de mal-être au travail. Résultat : 45 % des DRH observent que les problèmes liés aux troubles psychologiques ont augmenté ces dernières années. D'après elles, les principales manifestations de ces troubles sont l'absentéisme (72 %), les difficultés relationnelles entre collègues (59 %) et l'intensification des conflits avec la hiérarchie (50 %). Enfin, 70 % considèrent que la pénibilité est avant tout mentale.

En attendant, elles-mêmes enfermées dans leurs modèles mentaux, les DRH s'avouent incapables de comprendre les causes de ces mal-être, et admettent que la principale entrave à la prévention du mal-être des salariés réside dans la difficulté d'établir un diagnostic de la situation (63 %). Membre du Comité médical et scientifique de Médéric, le docteur Patrice Cristofini commente : « Les DRH ne mettent pas en cause les aspects organisationnels et elles se déchargent sur les managers pour régler le problème. Or, ces derniers sont déjà surchargés et sont eux-mêmes dans un état de malaise. Il ne faut pas avoir peur d'ouvrir la boîte de Pandore. Il faut aller vers une pratique d'ingénierie de la santé au travail. On ne peut plus dire qu'on ne sait pas ! Les DRH révèlent à travers les résultats de l'enquête que leur vision est encore à trop court terme. »

Les directions générales et les gestionnaires de ressources devraient comprendre que l'entreprise (surtout une « entreprise-cerveau » bien sûr) ne peut se contenter de gérer une main-d'œuvre aux composants indistincts, motivés par la peur (d'être privés d'augmentation, d'être punis, d'être renvoyés), maintenus sur les rails par la pointeuse, et confondant sentiment d'appartenance et port de l'uniforme.

© Groupe Eyrolles

Des aspirations remarquablement complémentaires

En termes simples, les employés veulent que l'entreprise leur offre le type et le niveau de confort correspondant à leur génération et à leur style de vie. Ils veulent le niveau et la qualité de soutien qui leur est nécessaire pour évoluer et rester employables dans un environnement sans cesse changeant. Peut-être sans le savoir, ils cherchent à suivre l'enseignement de Bouddha selon lequel « les charpentiers façonnent le bois ; les hommes sages se façonnent eux-mêmes ». Bref, ils veulent se réaliser, et ils veulent que leur employeur les aide dans cette démarche.

À bien y regarder, les aspirations de l'employé et celles de l'employeur sont du reste devenues remarquablement complémentaires. La lutte des classes qui, pour beaucoup, caractérisa l'ère industrielle, perd sa légitimité.

Raisonnement de l'employé	Raisonnement de l'employeur
Tout le monde doit faire face au changement ; je préfère y faire face avec des gens que j'aime bien dans un environnement où je me sens bien et au sein duquel j'ai une chance de me réaliser.	Notre avantage comparatif dans un monde global et en constant changement repose essentiellement sur nos employés et leurs compétences, et sur notre capacité à optimiser leurs contributions.
Je dois trouver une entreprise dont la culture corresponde à mes valeurs et qui m'offre la possibilité d'utiliser au mieux mes compétences.	Nous devons attirer des personnes dont les valeurs correspondent à celles de notre entreprise et dont les compétences répondent à nos besoins.
Je vais tout faire pour rester dans cette entreprise que je fais mienne.	Nous avons tout intérêt à garder nos employés si nous voulons garantir notre retour sur investissement.
Mon travail doit être intéressant et me permettre de m'amuser ; je dois aussi m'assurer que mes besoins sont satisfaits et le resteront même lorsqu'ils évolueront ; pour que je m'investisse vraiment, j'ai besoin de visibilité.	La performance de nos employés doit être optimale ; il faut qu'ils soient motivés, enthousiastes, créatifs, participatifs ; nous devons pouvoir compter sur eux en tout temps.
Je dois pouvoir rester employable dans la mouvance du temps ; il faut donc que je puisse constamment actualiser mes compétences et mes connaissances, mais aussi les développer dans la direction qui me permettra de me réaliser.	Nous devons assurer notre développement durable ; il nous faut donc faire évoluer nos employés et stimuler le développement de leurs compétences de façon à ce qu'ils puissent continuer à satisfaire nos besoins dans l'avenir.

Raisonnements comparés de l'employé et de l'employeur

© Groupe Eyrolles

Le scénario gagnant qui permet la réalisation des désirs de l'employé comme de l'employeur, garantissant employabilité et pérennité, est donc potentiellement à la portée de tous. Le prix à payer n'est pas tant une question d'argent que de mentalité, et dans ce sens, il peut certes être assez élevé. On en connaît les termes : le leadership ne doit plus être basé sur l'autorité mais sur la capacité de comprendre, motiver, inspirer ses équipes. La motivation basée sur la peur doit faire place à la motivation basée sur le désir. Il ne s'agit plus de mater l'ambition de ses subordonnés, mais bien de la stimuler pour que le dynamisme de chaque employé soit aiguillonné par les rêves les plus ambitieux.

Faire disparaître les vieux poncifs

La notion d'ambition elle-même doit être dégagée du carcan dans lequel on a tenu à la restreindre pendant des décennies, oubliant « l'infinitude de l'homme de tous les jours » dont parlait le transcendantaliste R. W. Emerson. Les vieux poncifs qui nous gouvernaient doivent disparaître.

~~L'avancement passe par la promotion~~ : dans l'entreprise traditionnelle, les postes étaient des boîtes fermées, aux dimensions fixes et aux parois opaques et imperméables. La perception qu'il est impossible d'avancer sans changer de poste reste vivace, au point que bien des entreprises se sentent obligées d'adopter des politiques promettant une promotion tous les trois ans – promesse d'ailleurs peu souvent tenue. Cette perception est de toute façon dépassée, car les postes, définis par l'ensemble des responsabilités qui leur sont assignées, sont – ou devraient être – aujourd'hui ouverts, transparents, interconnectés et fluides. La possibilité de travailler sur des projets divers, porteurs d'expériences nouvelles, sans forcément changer de poste, correspond à l'ambition de beaucoup de personnes, qui s'épanouissent dans une relative stabilité. Pour elles, de partir d'un poste où elles se trouvent bien ne constitue pas une amélioration, mais un saut angoissant dans l'inconnu, auquel elles sont toutefois contraintes lorsque c'est le seul moyen d'augmenter leur salaire. Or, pour éviter cette situation, il suffirait de reprendre les rênes des instruments de gestion qui sont devenus nos tyrans, et, par exemple, flexibiliser la rémunération pour qu'elle soit plus réaliste. Les entreprises sont bien obligées d'y réfléchir lorsqu'elles externalisent certaines de leurs responsabilités : un contrat est négocié, un accord se fait sur une rémunération raisonnable pour les deux parties en fonction de la valeur attendue, des taux de marché,

© Groupe Eyrolles

des intérêts partagés et des besoins respectifs. Pourquoi alors se contentent-elles, lorsqu'il s'agit de leurs employés permanents, de se référer à des structures salariales imposant des limites arbitraires à ce qu'une personne peut gagner à un niveau hiérarchique donné ?

~~La seule promotion possible est verticale~~ : une autre croyance tenace dans l'entreprise consiste à considérer que la seule direction possible pour une promotion est vers le haut. En d'autres termes, si l'on a l'ambition d'« avancer » dans l'organisation, on n'a d'autre choix que de « monter ». Or, les entreprises du monde entier, sous la pression du phénomène de réintermédiation et du besoin grandissant d'améliorer l'efficacité et la productivité, ont de plus en plus aplati leurs structures organisationnelles au cours des vingt dernières années. Une organisation rationalisée ne contient plus que 10 à 20 grades. Curieusement toutefois, les gestionnaires de ressources n'ont pas poussé le raisonnement suffisamment loin pour remettre aussi en question la notion de promotion. D'où leurs lamentations sur le peu d'opportunités d'avancement dans ces structures plates, voire sur leur disparition totale lorsque l'entreprise réduit sa voilure en cas de crise. Mais ils feraient bien de se rappeler qu'en l'absence de véritables systèmes d'évaluation de compétences, l'attribution du poste où se trouvent aujourd'hui bien des employés fut fortuite, et que le véritable intérêt, voire les meilleures compétences de ceux-ci peuvent se trouver autre part, au-delà même du département où ils travaillent.

> Toutes les entreprises que l'auteur a aidées à mettre en place un système d'évaluation de compétences ont ainsi eu de grosses surprises. Un exemple en est fourni par la joint-venture d'une entreprise française et d'un grand conglomérat thaïlandais, qui, pionnière de son groupe, introduisit un véritable système de gestion des compétences en 2004. Sa DRH témoigne : « La première fois que nous avons utilisé le système pour trouver qui, parmi nos employés, serait le mieux à même de remplacer notre chef d'entrepôt démissionnaire, c'est le nom de l'un de nos informaticiens qui est apparu. Nous n'aurions jamais pensé à lui, et pourtant, c'est vrai qu'il correspond bien au poste, et il est enchanté ! »

~~La seule promotion verticale possible passe par le management~~ : même si leur nombre est beaucoup plus réduit qu'on veut bien le croire, il n'en reste pas moins que certains employés sont bel et bien désireux de grimper dans la hiérarchie. Cela ne veut pas dire pour autant que tous aient en tête de devenir dirigeant ou même manager. La plupart du temps, ce qu'ils désirent plutôt est de se voir confier des responsabilités de plus en plus importantes. Dans cette perspective, la mise en place de voies de carrières distinctes, mais parallèles à celle qui

© Groupe Eyrolles

passe par le management, permet d'élargir considérablement le champ des possibilités.

> L'un des ministères de l'État singapourien mit ainsi en place en 2006 trois types d'avancement possibles : la voie du management, la voie de l'expertise technique, et la voie de la coordination de projets. Chacune correspond à un type de profil (le gestionnaire, l'expert, le consultant), et les structures salariales associées sont intégrées, permettant ainsi à un expert technique de renommée nationale, ou à un consultant capable de mener à bien des projets complexes, d'être payés autant qu'un cadre dirigeant. Des passerelles sont bien sûr prévues entre ces trois voies à chaque niveau.

~~L'avancement est restreint aux limites de l'entreprise~~ : dans certains cas, lorsque le nombre de postes est réduit par exemple, ou lorsque le taux de roulement est quasi nul, les opportunités d'avancement au sein de la structure organisationnelle sont effectivement limitées. Mais pourquoi devrait-on s'emprisonner dans cette structure, d'autant plus artificielle que l'entreprise est interconnectée avec les partenaires de son réseau de valeur ? Une filiale bénéficie d'ouvertures vers son groupe tout entier ; une PME partage – ou échange – ses ressources avec ses fournisseurs et partenaires…

> Le patron d'une PME de 20 personnes cliente de l'auteur, donne un autre exemple : « L'un de nos employés était probablement la personne la plus brillante que je connaisse ; inquisiteur, critique, créatif, il nous poussait à progresser. Bien sûr, il voulait progresser lui aussi, mais nous nous sommes heurtés au fait qu'il n'avait pas de compétences managériales et que nous sommes trop petits pour créer un poste à sa mesure. Alors je l'ai poussé à devenir free-lance. Il est aujourd'hui indépendant, libre, responsable de lui-même, et c'est bien ce qu'il désirait. Cela ne l'empêche pas de travailler quasi exclusivement pour nous, et de continuer à nous enrichir de sa créativité. Du reste, dégagé des liens hiérarchiques, il se sent encore plus à l'aise pour s'exprimer, et c'est très bon pour nous. »

D'autres entreprises, un peu plus grandes, partent du même principe pour accepter, voire encourager, des structures dérivées : un employé trop entrepreneur pour se sentir à l'aise dans la hiérarchie de l'organisation mais dont les compétences sont précieuses est donc amené à créer sa propre entreprise avec l'aide de celle qu'il quitte pour mieux la retrouver. Lorsque l'on laisse libre cours à son imagination – et à celle des employés – les possibilités sont infinies.

~~L'avancement est une décision du manager~~ : les perspectives évoquées ci-dessus ne s'ouvrent que si l'on se débarrasse d'un autre préjugé destructeur selon lequel les managers sont les mieux à même de décider de l'avancement de leurs subordonnés. Lorsque l'on y pense, c'est un pouvoir bien terrible que, par facilité paresseuse une

© Groupe Eyrolles

fois de plus, nous avons donné à nos cadres : presque littéralement un pouvoir de vie ou de mort sur leurs subordonnés. La réaction défensive qui consiste à mentionner les droits de l'employé (« il est libre d'accepter ou de refuser la décision ») est facile, mais peut-on vraiment parler de droit lorsque l'alternative est d'accepter le jugement du manager (arbitraire parce que subjectif), ou bien de se voir au chômage sans garantie de pouvoir retrouver un travail ? Ce genre de responsabilité abusive génère insidieusement des situations de dictature que l'entreprise a beaucoup de mal à gérer.

> Témoin la confidence faite à l'auteur par une DRH : « Nous avons un problème avec l'un de nos chefs de département. Tous ses subordonnés s'en plaignent, et le taux de roulement dans son équipe est très élevé. Il est injuste, tyrannique. Mais voilà, ses résultats annuels sont toujours bons, alors la direction générale ne veut pas prendre de mesures qui risqueraient de le faire partir. »

Laissés à leurs frustrations, les employés n'ont d'autre choix que d'exploser lorsqu'ils n'en peuvent plus. Comble de l'ironie, les directions générales se disent « surprises » par ces grèves, ces séquestrations de managers, voire ces attaques violentes sur la personne du manager : elles ne les ont pas vues venir ! Quant à la majorité des managers, qui, reconnaissons-le, font de leur mieux le plus humainement possible, ils ressentent le stress de ces responsabilités abusives.

Bref, il serait temps de se rappeler, comme la romancière Isabel Allende le disait fort joliment, que « vous êtes le conteur de votre propre vie, et vous pouvez créer – ou non – votre propre légende ». En d'autres termes, la responsabilisation des employés vis-à-vis de leur carrière – comme du reste d'ailleurs – est à l'ordre du jour. Une décision de changement (transfert, promotion, quelle qu'en soit la nature) devient donc le fruit d'un accord basé sur une proposition professionnelle émanant soit de l'entreprise soit de l'employé, et mûrement réfléchi, planifié et préparé par les deux parties. Le facilitateur de cet accord n'est pas le manager, dont la vision est trop étroite et dont les intérêts peuvent être opposés à ceux de l'employé (voire de l'entreprise à long terme). C'est la DRH qui, d'une part, agit en tant que prestataire de service professionnel (ou qui fait agir des prestataires extérieurs) auprès de l'employé pour l'aider à faire ses choix et qui, d'autre part, représente l'entreprise et fait valoir ses besoins et intérêts à long terme face à ceux de l'employé.

~~La promotion est subordonnée à la performance~~ : il reste à se débarrasser de ce qui constitue peut-être le préjugé le plus profondé-

© Groupe Eyrolles

ment gravé dans le subconscient des dirigeants aujourd'hui, celui qui confond développement et performance. La confusion est peut-être compréhensible, dans la mesure où la performance est depuis vingt ans le maître mot de la gestion d'entreprise, au point que tout ce qui traîne à la portée des dirigeants s'y trouve associé. On a vu que certaines entreprises en venaient à définir leurs talents sur des critères de performance et réservaient leurs budgets de formation aux employés très performants – ce qui constitue une contradiction flagrante.

La performance est ainsi devenue une condition préliminaire dans l'organisation, au lieu du résultat qu'elle devrait être ; du reste, le fait que l'entreprise se soit rarement assurée que les employés aient réellement les moyens et la capacité d'atteindre une bonne performance est superbement ignoré. Et donc, par une logique plutôt curieuse, on considère que, pour être promu, un employé doit être performant dans son poste actuel. Et, par extension, les employés très performants doivent être promus. Encore plus étrange, les employés dont la performance est insuffisante doivent être maintenus dans leur poste. La confusion est peut-être compréhensible, mais à ce niveau, elle n'est plus excusable.

Il est à peine besoin de donner des exemples tant ils sont évidents. L'auteur ne compte plus les cas où nous fûmes témoin d'employés placés dans des postes peu faits pour eux, dans lesquels ils sont peu compétents et peu performants, mais qui savent n'avoir quasiment aucune chance d'être transférés dans le poste qu'ils briguent et dans lequel ils brilleraient. D'autres employés, en poste depuis trop longtemps dans une fonction qu'ils ont aimée mais pour laquelle ils sont aujourd'hui surqualifiés, s'ennuient à mourir et perdent un peu plus chaque année leur chance d'être promus car leur performance diminue. Sans parler bien sûr de ces directeurs qui trouvent judicieux de promouvoir leur meilleur vendeur au poste de chef des ventes, et qui perdent un vendeur hyperperformant tout en s'adjoignant un manager médiocre, les deux postes requérant des compétences totalement différentes.

Bref, la règle devrait plutôt être de conserver aussi longtemps que possible un employé performant dans son poste, de façon à s'assurer le meilleur retour sur investissement, et de penser à l'avancement (rappelons que ce dernier n'est pas forcément vertical) aussitôt qu'une performance diminue. Mais dans une entreprise « molécularisée », même ce genre de règle peut être réducteur ; le mieux est d'adopter une approche personnalisée par le dialogue et de s'assurer que les décisions soient satisfaisantes pour toutes les parties en présence.

Dans cette approche, les managers ont un rôle à jouer. Non plus celui de juger, mais celui d'écouter, de comprendre, d'encourager, de

© Groupe Eyrolles

suggérer. On parle de plus en plus du manager-coach ou du manager-mentor. Pour s'assurer que ce rôle – plus confortable psychologiquement mais certes pas plus facile – soit bien tenu, il est sans doute utile de mettre en place de nouveaux indicateurs de performance pour les chefs d'équipe, cadres moyens et dirigeants. Par exemple, aux résultats financiers et aux niveaux de qualité pourraient s'adjoindre l'indice de satisfaction des subordonnés, le taux de démissions dans l'équipe, le niveau d'employabilité des employés, le taux de mobilité dans (voire au-delà de) l'entreprise, la proportion de transferts et promotions interdépartementales, etc.

ENQUÊTE DE PERCEPTION

Qu'est-ce qui vous motive ?

Sélectionnez, parmi les énoncés suivants, les 10 qui représentent pour vous les plus importants facteurs de motivation et classez-les de 1 à 10 (1 étant le plus important) :

☐ Mes conditions de travail sont agréables.

☐ Mon travail me laisse du temps pour ma vie familiale, mes loisirs.

☐ Les migrations quotidiennes maison-bureau-maison sont rapides et commodes.

☐ Mon environnement de travail est attrayant.

☐ Mes outils de travail (informatique y compris) sont à la page, utilisables, et ils facilitent effectivement mon travail quotidien.

☐ Ma rémunération en numéraire est compétitive.

☐ Les augmentations annuelles de mon salaire sont substantielles.

☐ L'entreprise m'offre des avantages intéressants, porteurs de prestige social.

☐ L'entreprise m'offre des avantages confortables, qui couvrent également ma famille.

☐ Mon patron est sympathique, compréhensif et réconfortant.

☐ Le style de management et les politiques dans l'entreprise sont attractifs.

☐ L'entreprise respecte les employés en général et les individualités en particulier.

☐ Mes collègues sont sympathiques et intéressants.

☐ Mes rôles, responsabilités et objectifs sont clairs.

☐ L'entreprise me donne l'assurance de stabilité, de sécurité.

☐ Tous les employés sont traités de façon équitable.

☐ Mes efforts et ma performance sont clairement reconnus, on me donne le crédit et les récompenses que je mérite.

☐ Les dirigeants ont l'esprit ouvert et sont responsables vis-à-vis de la société et de l'environnement.

.../...

© Groupe Eyrolles

.../...

- ☐ L'entreprise a une bonne réputation en tant qu'employeur.
- ☐ L'entreprise a une bonne réputation en tant qu'organisation citoyenne.
- ☐ L'entreprise a une bonne réputation en tant qu'acteur sur son marché.
- ☐ Les produits et services de l'entreprise ont une bonne image sur le marché.
- ☐ La culture et les valeurs de l'entreprise correspondent bien aux miennes.
- ☐ Mon patron fait montre d'éthique dans ses opinions, ses décisions et ses actions.
- ☐ Mon patron a des attentes réalistes et adaptées qui prennent en compte mes capacités.
- ☐ J'ai l'opportunité de participer à quelque chose de plus grand que moi.
- ☐ Les dirigeants ont un état d'esprit énergique et innovateur.
- ☐ Mon patron est provocateur, stimulant.
- ☐ Mon patron est capable de m'encadrer, d'être mon coach ou mon mentor.
- ☐ J'ai accès à des technologies et des équipements de pointe.
- ☐ On m'offre l'opportunité d'avoir des responsabilités variées et évolutives.
- ☐ On m'offre des opportunités de formation et de développement personnel.
- ☐ On m'offre des opportunités d'avancement.
- ☐ L'entreprise a de bons résultats, elle est promise à un bel avenir.
- ☐ L'évolution de l'entreprise a l'air de correspondre à mes propres aspirations.

Suggestion

✓ A. Demandez à vos collaborateurs de répondre à ce questionnaire et analysez leurs principaux facteurs de motivation.

✓ B. Demandez à vos collaborateurs de souligner les énoncés qui, à leur avis, correspondent à la réalité de votre entreprise. En étudiant la corrélation entre ces énoncés soulignés et ceux qui avaient été sélectionnés dans l'exercice A, vous obtiendrez les facteurs qui motivent vos collaborateurs à rester dans votre entreprise. Si la corrélation est réduite à peu de points, le risque de frustration est haut. (Faites aussi l'exercice vous-même.)

✓ C. Analysez dans quelles catégories de motivation se trouvent la majorité des énoncés sélectionnés en exercice A, et les énoncés soulignés en exercice B, pour mieux comprendre vos collaborateurs ainsi que votre culture.

✓ D. Intégrez ces énoncés dans le questionnaire que vous soumettez aux employés démissionnaires en les formatant de façon à ce qu'ils fassent ressortir les raisons de leur départ (généralement, le départ est dû au fait que les principaux facteurs de motivation ne sont pas satisfaits dans l'entreprise, c'est-à-dire lorsque la corrélation entre les exercices A et B est trop réduite).

© Groupe Eyrolles

> ✓ E. Analysez les raisons qui poussent vos collaborateurs à souligner certains des énoncés (qu'est-ce qui rend votre entreprise motivante ?) et les raisons qui expliquent pourquoi les autres énoncés ne sont pas soulignés (qu'est-ce qui restreint ou décourage la motivation dans votre entreprise ?).
>
> ✓ F. Prenez les mesures d'amélioration nécessaires s'il en est.

Connaître les capacités des employés et les besoins de l'entreprise

S'il est nécessaire pour l'organisation de comprendre qui sont les employés et ce qui les motive, il est également fondamental d'avoir une idée claire de ce qu'ils savent et ce qu'ils sont capables de faire. Il s'agit d'évaluer les **compétences** de chaque employé, car ce sont elles qui vont vraiment permettre à l'entreprise d'estimer la valeur que la personne représente pour elle.

Les compétences d'une personne sont l'ensemble des savoirs (connaissances), savoir-faire (techniques) et savoir être (comportements) qu'elle maîtrise suffisamment pour qu'elle puisse s'en servir utilement.

Nous parlerons plus en détail des systèmes d'évaluation de compétences dans un autre chapitre, mais il est important de noter ici que les premières tentatives, inspirées du travail des psychologues et visant à établir un profil de personnalité de l'employé, révélèrent très vite leurs limites. L'une d'entre elles, et non la moindre, est liée au coût de cette approche. L'utilisation de systèmes professionnels et surtout l'appel aux psychologues spécialistes du monde du travail sont si chers que l'entreprise est amenée à n'appliquer cette méthode qu'à un groupe d'employés clés, sélectionnés avec les bonnes vieilles méthodes arbitraires – ce qui réduit considérablement la valeur de l'exercice. L'alternative n'est pas meilleure, puisqu'il s'agit d'utiliser des tests génériques en vente publique, et de permettre aux DRH de s'improviser psychologues ; la valeur de ces tests psychométriques n'est souvent qu'à peine supérieure aux tests dont regorgent nos magazines grand public. Mais, surtout, une limite rédhibitoire de cette approche tient dans le fait qu'elle se focalise sur la personne sans le contexte de l'entreprise : on obtient un profil plus ou moins fiable d'une personne sans avoir acquis le moindre indice quant à son adéquation avec les besoins de l'équipe au sein de laquelle elle évolue.

© Groupe Eyrolles

La véritable question au sein de l'entreprise est la suivante : « De quoi avons-nous besoin ? » Aussi curieux que cela puisse paraître, les réponses sont si peu disponibles aujourd'hui que, dans la majorité des cas, l'équipe chargée du recrutement n'a d'autre issue que de trouver et présélectionner des candidats sur la base d'informations à peine plus précises que le texte de la petite annonce et touchant exclusivement aux qualifications de la personne, puis de se débarrasser du problème en le confiant aux managers concernés. Ceux-ci ont donc la responsabilité de décider au nom de l'entreprise du type de personne qui convient (et continuera de convenir) le mieux. Encore une responsabilité abusive, d'autant plus que rares sont les cadres ayant accès à l'image globale de leur entreprise et de ses stratégies de développement…

Les dernières générations de systèmes d'évaluation de compétences changent la donne, en répondant à cette question. Introduits non plus par des psychologues, mais par des spécialistes en gestion de ressources visionnaires et pragmatiques tels que Christian Cloché, ces systèmes sont bâtis sur l'observation que l'entreprise n'a pas l'utilité de tous les talents, et qu'il faut donc clarifier ses besoins *a priori*, de façon que les employés soient évalués par (et seulement par) référence à ces besoins. Ainsi, sont enfin disponibles des méthodologies capables d'assister les dirigeants dans la démarche complexe qui consiste à s'analyser soi-même. Les entreprises ont aujourd'hui non plus seulement le devoir, mais aussi la possibilité d'identifier leurs valeurs, de comprendre leur culture, de déterminer les compétences (savoir, savoir-faire, savoir être) dont elles ont besoin pour fonctionner efficacement, pour maintenir et développer leur compétitivité.

Résultat : il est dorénavant possible de savoir clairement si un employé a les compétences requises pour son poste, et bien au-delà, s'il possède des compétences utiles à l'entreprise en général (et, si oui, dans quel poste ses compétences seraient le mieux employées).

Mieux encore, les systèmes d'évaluation de compétences récents prennent en compte une réalité jusqu'alors passée sous silence : lorsque l'on parle de compétences, et surtout de développement de compétences, on parle d'apprentissage ; on parle donc de temps. Si les films de science-fiction regorgent de techniques d'acquisition instantanée de connaissances aussi séduisantes que fantasmagoriques, même les technologies les plus perfectionnées à ce jour ne peuvent nous aider dans ce domaine. Que cela nous plaise ou non, apprendre demande du temps. Beaucoup plus de temps d'ailleurs que les quelques heures

© Groupe Eyrolles

« généreusement » attribuées par nos DRH à la formation. En d'autres termes, à part dans les cas très particuliers de l'actualisation d'une expertise déjà acquise ou de l'apprentissage d'une technique simple, le développement des compétences nous place dans la dimension de la gestion à moyen et long terme. On ne forme pas quelqu'un pour un besoin présent, car le temps que l'apprentissage se fasse, le présent est depuis longtemps passé (note : c'est pourtant ce que font la plupart des entreprises aujourd'hui !). On forme donc (ou l'on devrait former) pour un besoin futur, de façon à donner une chance à l'employé d'être opérationnel au moment idoine.

Intégrer – enfin ! – la dimension future dans les réflexions

D'où une deuxième question vitale pour l'entreprise : « De quoi aurons-nous besoin demain ? » Si, on l'a vu, les réponses à la première question sont rarement disponibles, les réponses à cette question-ci sont trop souvent tout à fait absentes du paysage de l'organisation. Pourtant, lorsque les entreprises font l'effort de penser à leur avenir, elles s'aperçoivent que les systèmes d'évaluation de compétences peuvent être nourris des besoins futurs aussi bien que des besoins présents. Si elles avaient fait cet exercice au milieu des années 1990, par exemple, elles n'auraient pas continué à recruter des vendeurs sans aucune connaissance des technologies de la communication, et auraient ainsi évité une génération inefficace car incapable de faire ses rapports sur ordinateur ou d'actualiser des banques de données d'intelligence économique…

L'intégration du futur dans la gestion des compétences ne fait d'ailleurs que rejoindre ce que les employés font déjà depuis longtemps. Nous l'avons vu, eux pensent à leur avenir, souhaitent une visibilité sur les prochaines années, et ne demandent qu'à construire une vision partagée avec leurs dirigeants. Si l'entreprise a une idée relativement claire de ce que seront ses besoins, ne serait-ce que sur les trois-cinq ans qui viennent, elle est en position d'établir un véritable dialogue avec ses employés. Elle peut alors comparer les aspirations de chaque personne avec ses propres besoins futurs, identifier les adéquations et les endroits et moments où les voies risquent de diverger, et elle peut aussi prendre des mesures. Par exemple, elle peut essayer d'influer sur les réflexions de ceux de ses employés dont les aspirations du moment les éloignent par trop de sa propre évolution, et leur

© Groupe Eyrolles

présenter des voies alternatives plus à même de l'intéresser. Certains resteront sur leurs positions, mais d'autres considéreront ces options avec intérêt. Dans tous les cas, ces échanges ne peuvent qu'enrichir les deux parties, véritablement partenaires face à l'avenir.

TEST D'OUVERTURE DE L'ENTREPRISE **Votre entreprise connaît-elle ses propres besoins en compétences ?**	
Répondez par « oui » ou par « non » aux questions suivantes :	Oui/Non
1. Votre entreprise connaît-elle précisément les compétences dont elle a besoin pour fonctionner efficacement, atteindre une bonne performance et être compétitive sur le marché ?	......
2. Votre entreprise connaît-elle précisément les compétences requises spécifiquement pour chaque poste en son sein ?	......
3. Votre entreprise a-t-elle une bonne idée des compétences dont elle aura besoin d'ici cinq ans pour continuer à fonctionner efficacement, améliorer sa performance, et maintenir sa compétitivité sur un marché en évolution rapide ?	......
4. Votre entreprise a-t-elle une bonne idée de ce que sera son organigramme dans cinq ans, et des compétences qui seront requises pour chaque poste dans cet organigramme ?	......
5. Avez-vous un système d'évaluation des compétences ?	......

Grille d'interprétation

✓ Si vous avez répondu « oui » aux questions 1, 2, 3 et 4, bravo, vous vous êtes donc donné les moyens de faire de la gestion prévisionnelle des emplois et des compétences.

✓ Si vous avez répondu « oui » aux questions 1 et 2 mais pas aux questions 3 et 4, il vous faut introduire des outils et des pratiques de gestion prévisionnelle. Voir p. 261.

✓ Si vous avez répondu « non » aux questions 1 et 2 (ce qui veut dire en toute logique que vos réponses aux questions 3 et 4 devraient être « non » également), il vous faut introduire un système de gestion des compétences. Voir p. 256.

Note

Si vous avez répondu « oui » à la question 5, vos réponses aux questions 1 et 2 devraient être « oui » également. Si ce n'est pas le cas, il vous faut réviser, voire changer votre système. Voir p. 256.

© Groupe Eyrolles

Affiner la notion de « talent »

À la lumière de cet apprentissage de soi, « l'entreprise réfléchie » réalise qu'il convient d'affiner sa notion de « talent ». On se souvient que, lorsque dans le cadre du processus de réforme de l'entreprise, nous avions analysé le besoin d'une main-d'œuvre diverse, nous avions suggéré une définition du terme comme suit : « Un talent est une personne dont les compétences sont à même de satisfaire une partie des besoins évolutifs de l'entreprise. »

Or, nous comprenons maintenant que cette condition, certes nécessaire, n'est pas suffisante pour garantir que la personne ainsi identifiée est – et restera – une ressource précieuse pour l'entreprise. Il faut encore y ajouter la notion de motivation, et insister sur la dimension future.

> Ainsi, il est probablement plus exact de dire qu'un **talent** est une personne dont les compétences sont nécessaires à l'entreprise, dont la motivation est telle qu'elle met ses compétences au service de son travail, dont les aspirations sont en harmonie avec l'évolution de l'organisation et dont le développement sur la durée est tel qu'elle contribue à la pérennité de son entreprise.

Quatre conditions à remplir donc, quatre facteurs que gestionnaires de ressources et dirigeants se doivent de valider régulièrement s'ils veulent optimiser leurs ressources humaines.

Il faut noter à ce propos que, sur la base de cette définition, tout employé peut – et idéalement, devrait – être un talent pour son entreprise. Par extension, toute personne qui ne remplit pas ces conditions doit être détectée et des mesures doivent être prises, dans l'intérêt de tous.

Les gestionnaires de ressources doivent ainsi identifier les employés dont l'ensemble de compétences ne correspond pas – ou plus – aux besoins de l'entreprise. Cette situation peut être le résultat d'une erreur de recrutement par exemple (plus commune qu'on ne le pense), d'un changement de stratégie de l'entreprise (là aussi relativement commun), ou d'une évolution de l'employé dans une direction divergente de celle choisie par son organisation. Il s'agit alors d'aider l'employé à faire le point sur ses compétences et à identifier le type de métier et/ou d'organisation dans lesquels ces compétences seront employées au mieux, voire à l'assister dans sa transition.

De façon plus proactive, le dialogue instauré entre l'employé et l'employeur doit faire apparaître le plus en avance possible les risques de

© Groupe Eyrolles

dissociation entre l'évolution de l'employé et celle de l'entreprise. S'il est reconnu d'un commun accord que les deux voies devront diverger à un moment donné, les deux partenaires peuvent préparer ensemble ce moment, afin d'assurer une transition douce des deux côtés.

Que ces exercices soient conduits par des discussions franches et directes entre le dirigeant et l'employé (dans une petite entreprise), par des séances de travail réunissant l'employé et la DRH, ou via l'appel à des prestataires extérieurs spécialisés en « bilan de compétences » ou séances de « coaching individuel » (plus communs dans les grands groupes), ils apportent le plus souvent un grand soulagement aux deux parties. La séparation se fait dans de bonnes conditions, et l'ex-employé garde souvent d'excellentes relations avec ses anciens patrons et collègues, car aucune sensation d'échec n'est associée au départ.

L'Asie nous fournit de bons exemples en la matière : traditionnellement attentive à l'aspect humain des relations, l'entreprise asiatique tend à gérer ses démissions aussi bien que ses licenciements d'une façon qui respecte les dignités et préserve autant que possible les liens forgés par les mois ou les années de collaboration. La communauté des ex-employés forme un réseau fort utile à l'organisation, ses membres devenant des sources d'information précieuses, voire des ressources externalisées. Mieux, il n'est pas rare que certains de ces ex-employés reviennent dans l'entreprise lorsque l'occasion se présente (soit parce que leurs motivations et/ou compétences ont évolué, soit parce que l'entreprise est mieux préparée à les recevoir), méritant alors l'appellation d'« employés-boomerang ». Présentant l'avantage de nécessiter un investissement minime en termes d'intégration et d'engagement, ils constituent souvent jusqu'à 10 % des effectifs en Asie. L'auteur se souvient d'une réunion de travail en 2007 avec le directeur régional Asie d'une grosse entreprise française et sa DRH régionale à Singapour. Lorsque les discussions portèrent sur le sujet des « employés-boomerang », le directeur français s'insurgea immédiatement, affirmant que leur politique était résolument contre la réintégration des « traîtres » qui avaient précédemment démissionné de l'entreprise. La DRH restant silencieuse, tête baissée, il finit par s'apercevoir qu'il avait sans doute parlé trop vite. En effet, il s'avéra que l'entreprise employait bel et bien une dizaine d'employés-boomerang dans la région – sans que personne n'y vît un encouragement à la traîtrise…

Chapitre 16

Apprendre à savoir pour créer son capital humain

La capacité d'étudier est inhérente à l'Homme. Les trois premières années du petit humain sont un condensé d'apprentissage à un rythme effréné, visant à comprendre son environnement et à pouvoir y survivre. Suivent les années d'école, dont le but est de permettre à l'enfant d'élargir sa notion d'environnement bien au-delà de ce que ses yeux peuvent voir, à la planète, au visible et à l'invisible, à l'univers. Résultat d'une ère industrielle extraordinairement fertile en découvertes et développements scientifiques, la période scolaire n'a cessé de s'allonger au cours du XXe siècle, atteignant 16 à 20 ans aujourd'hui.

Pendant longtemps toutefois, et contrairement aux pratiques ancestrales d'apprentissage sur le terrain (on apprend en travaillant), l'approche de la scolarisation, linéaire, établit une sorte de porte à la sortie de l'école : schématiquement, la période scolaire était vue comme une période d'investissement pendant laquelle l'individu apprenait sans produire ; il était mineur, à la charge de ses parents et/ou de la société en général. Puis il passait la porte et devenait majeur, nanti de droits (de voter, de conduire, de se marier…) et surtout du devoir de produire pour assurer le retour sur l'investissement qu'il avait constitué. Rappelons le parallèle avec la machine, que l'on passe du temps à construire mais qui doit ensuite fonctionner sans faiblir jusqu'à la fin de sa vie active… Dans cet état d'esprit, l'entreprise n'offrait de formation que contrainte et forcée, lorsqu'il était évident que l'employé ne pouvait travailler sans elle. Le besoin de formation était – consciemment ou inconsciemment – vu comme un signe de faiblesse chez l'employé, sauf dans les cas très particuliers où il s'agissait de lui apprendre une nouvelle technique ou bien l'utilisation d'un nouvel équipement.

© Groupe Eyrolles

L'individu redécouvre son besoin d'apprendre à vie

Ce n'est qu'avec les premiers signes de la révolution cybernétique et, en particulier avec l'apparition des technologies digitales, que l'on se rappela que l'expression « celui qui n'avance pas recule » s'applique aussi à la connaissance. D'où l'apparition de « nouvelles » (ou plutôt la résurgence de très anciennes) notions de formation continue et d'apprentissage à vie.

Ces notions nous rappellent que lorsque l'on parle d'apprentissage, les résultats – éphémères car immédiatement obsolètes – sont d'une importance moins grande que le processus fluide d'acquisition du savoir.

- **Nous devons anticiper**, identifier et comprendre le changement de façon à adopter, à temps et avec flexibilité, de nouvelles façons d'atteindre nos objectifs à long terme, afin de garantir durablement notre « utilité ».
- **Nous devons acquérir** des connaissances utiles et les combiner d'une façon originale qui pourra bénéficier à la société, afin d'optimiser notre valeur de marché.
- **Nous devons actualiser** ce que nous savons dans un environnement où l'expertise devient vite obsolète, afin de rester employables.
- **Nous devons partager** ce que nous savons, afin de générer une valeur sociale et simultanément augmenter l'étendue de notre propre savoir.

Or, pour l'entreprise-cerveau, les employés, ressources clés et sources d'une autre ressource (savoir), sont les générateurs de la valeur qui garantit la pérennité de l'entreprise ; ils deviennent des investissements stratégiques à long terme. Il faut donc identifier et utiliser à bon escient l'unique combinaison de compétences et de connaissances que constitue chaque individu, et il devient vital pour tous que chacun développe ces compétences et connaissances. Les gestionnaires de ressources doivent motiver les employés à penser, créer, apprendre, construire des réseaux, fournir une performance optimale, et prendre activement part au développement de la compétitivité durable de l'entreprise.

L'entreprise doit encourager l'apprentissage de ses employés

Dans ce scénario, il est dans l'intérêt de l'entreprise d'encourager l'apprentissage continu, le développement des compétences et l'accomplissement des aspirations personnelles de chaque employé dans le cadre

© Groupe Eyrolles

du travail, puisque c'est le meilleur moyen de s'assurer l'engagement, la fidélité et la motivation nécessaires à l'obtention de résultats bien au-delà des simples standards de performance, ainsi qu'un alignement durable entre le développement de l'employé et celui de l'entreprise.

Certes, les entreprises n'ont pas toutes rapidement compris leur intérêt et agi dans ce sens. Comme d'habitude, c'est une combinaison de forces internes et externes qui les pousse à s'adapter aux nouvelles donnes économiques. Les employés eux-mêmes, on l'a vu, se rendent compte de l'importance que l'apprentissage à vie représente pour leur employabilité et commencent à exercer une pression particulièrement ressentie au moment du recrutement : il devient de plus en plus difficile d'attirer de bons candidats s'ils ne reçoivent pas l'assurance de formations régulières. Dans certains pays, l'État s'y est mis, lui aussi, et bien des entreprises ont aujourd'hui l'obligation de dédier une partie de leurs revenus à la formation de leur personnel. Ainsi celle-ci a-t-elle progressivement pris place dans le paysage de l'organisation. Pendant longtemps, toutefois, elle fut cause d'une grande confusion : quelle formation offrir à quel employé ?

Prasena conduisit deux études, en 2003 et 2008-2009 respectivement, sur ce sujet : selon elles, en 2003 encore, seules 11 % des entreprises étudiées avaient adopté une approche systématique de la formation et se disaient capables d'identifier les besoins de chaque employé. En grande majorité, elles offraient de la formation indifféremment à tout leur personnel. En outre, 38 % de leurs employés en moyenne n'avaient en fait bénéficié d'aucune formation dans les six mois précédant l'enquête.

Quant à la nature des programmes qu'elles offraient, elle visait essentiellement à l'acquisition et au développement des compétences de base (langues, informatique, techniques simples – 11 %) et des compétences professionnelles de métier (41 %) ; les compétences managériales (4 %) et les connaissances générales sur les affaires ou le secteur d'activités de l'entreprise (0 %) n'étaient que peu ou pas touchées. Très souvent (44 %), l'entreprise ne prenait d'ailleurs même pas la peine d'identifier les domaines utiles et s'en référait aux managers, voire aux employés. On voyait ainsi des entreprises dont la majorité des programmes de formation n'avait absolument rien à voir avec leurs activités : poterie, football, musique, vannerie… Par ailleurs, lorsqu'elles étaient un tant soit peu professionnelles, 73 % des formations offertes répondaient à des besoins strictement liés à l'exercice des responsabilités du poste où se trouvait l'employé.

Les entreprises d'alors n'avaient manifestement qu'une idée incomplète de ce que la formation pouvait représenter pour elles. Elles – et les employés en leur sein – apprenaient comme Monsieur Jourdain

© Groupe Eyrolles

faisait de la prose ; leur apprentissage n'était ni délibéré (structuré, géré) ni dirigé vers l'accomplissement de leurs objectifs à long terme. Du coup, elles n'intégraient évidemment pas la dimension de développement dans leur notion de formation. Le refus de considérer le facteur temps pesait lourd sur la compétitivité de leur personnel, constamment considéré en faute par rapport aux attentes. Les employés se voyaient invités à rattraper leur retard − le plus souvent par voie de programmes génériques et instructeur-centriques dont la durée ne dépassait pas quelques jours − tout en s'arrangeant pour atteindre une performance acceptable sur la même période.

L'introduction de systèmes de gestion des compétences à proprement parler marque un net changement dans l'attitude de l'entreprise face à la formation.

L'enquête menée en 2008-2009 se porte témoin de progrès déjà visibles. Ce sont aujourd'hui 27 % des entreprises qui utilisent un système de gestion des compétences pour évaluer les besoins en formation. Notons que parmi les autres, 23 % des entreprises continuent à offrir de la formation indifféremment à tous leurs employés et 16 % prennent toujours leurs décisions au cas par cas, mais 20 % focalisent aujourd'hui leurs efforts sur un groupe d'employés clés − les fameux « talents », d'ailleurs sélectionnés de façon arbitraire on l'a vu tant qu'un système adéquat n'est pas mis en place.

De façon générale, les entreprises sont plus sérieuses vis-à-vis de la formation : au moment de l'enquête, ce n'était plus que 11 % des employés qui n'avaient reçu aucune formation au cours des six mois précédents, et chaque personne pouvait espérer bénéficier de trois programmes en moyenne par an.

Les priorités quant aux types de compétences visées changent aussi. Les compétences de base et les compétences techniques professionnelles ne sont plus la priorité que pour respectivement 8 et 29 % d'entreprises. Les compétences managériales prennent une importance accrue par l'actuel passage de générations au sein des directions (24 %), et la formation économique sur l'industrie de l'entreprise apparaît, devenant même la priorité pour 12 % d'entreprises. Enfin, l'utilisation de systèmes de gestion des compétences permet à 22 % des entreprises de personnaliser leurs priorités en fonction des besoins individuels.

Mais, surtout, les entreprises commencent à catégoriser leurs formations, démontrant ainsi leur compréhension de la différence entre le « rattrapage » d'un retard quelconque, « l'actualisation » d'une expertise, le « changement » d'un état d'esprit, et le « développement » individuel. Ce ne sont donc plus que 31 % des formations qui, attachées aux besoins du poste actuel, s'apparentent à un « rattrapage ». Pour la première fois apparaissent des formations visant clairement à préparer l'avenir, et elles représentent déjà 16 % des programmes.

© Groupe Eyrolles

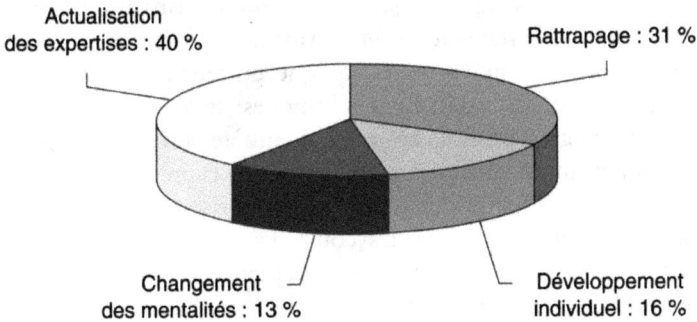

Actualisation
des expertises : 40 %

Rattrapage : 31 %

Changement
des mentalités : 13 %

Développement
individuel : 16 %

Source : Prasena

Répartition des catégories de formation dans l'entreprise en 2009

Cette évolution démontre qu'il ne s'agit plus seulement pour l'entreprise d'encourager la formation d'individus pour leur bien ; il s'agit surtout qu'elle prenne conscience de l'importance de l'apprentissage pour sa propre survie, sa propre pérennité, et qu'elle s'efforce de mettre en œuvre un apprentissage stratégique à travers la formation de ses employés ainsi que l'alignement et l'intégration des aspirations individuelles et communes. La gestion des compétences joue ici un rôle fondamental : une entreprise ne peut tout simplement pas devenir une « organisation fondée sur le savoir » ou une « organisation en apprentissage continu » si elle ne gère pas ses compétences.

L'entreprise doit acquérir elle-même des connaissances

La gestion des compétences permet à l'entreprise d'identifier ce qu'elle a besoin de savoir et ce que savent ses employés ; elle offre aussi des directions pour assurer une synergie harmonieuse entre les efforts individuels et communs vers les aspirations respectives. Mais ce n'est pas fini. À ce niveau-là en effet, l'entreprise n'est encore qu'une coquille vide dans laquelle s'agitent des êtres cognitifs. Elle ressemble à une école qui, privée de ses enseignants, serait réduite à une machine tournant à vide sans plus aucune capacité à remplir sa fonction. En d'autres termes, l'entreprise dépend presque entièrement des connaissances de ses employés. Si l'un d'entre eux s'en va, l'organisation perd l'accès à ce qu'il savait ; elle est plus pauvre, ses capacités sont réduites, sa compétitivité est affectée. Bien que cela ait toujours été

© Groupe Eyrolles

vrai, les dommages étaient relativement limités dans un environnement où tout était standardisé. Mais dans une entreprise-cerveau, où
chaque employé est une ressource unique, porteuse d'un ensemble de
connaissances et de compétences uniques, le départ d'une seule
personne oblige parfois l'organisation entière à se restructurer, se
reformer autour de son absence puis autour de la présence d'une autre
personne sans doute très différente. Les entreprises ont beau tout faire
aujourd'hui pour les cacher, les coûts occasionnés sont immenses.
« Un recrutement pour remplacer un départ coûte un an et demi de
salaire de la personne qu'on perd », estime par exemple Vincent Riss
de GE Energy !

Il devient donc indispensable pour l'entreprise de faire évoluer sa
nature, d'une communauté d'individus en apprentissage continu vers
une entité elle-même en apprentissage continu. Or, la satisfaction de
ce besoin requiert la **gestion des connaissances**, un concept encore
plus récent que celui de gestion des compétences.

Si la notion de gestion des connaissances est encore embryonnaire,
c'est peut-être que les entreprises ne reconnaissaient pas le savoir
comme une ressource à gérer, mais c'est aussi – et surtout – parce
qu'elle était matériellement impossible jusqu'à il y a peu.

- **Il n'y a pas de savoir sans source de savoir.** Les personnes, en tant
  que sources de savoir, constituent donc le premier composant clé de
  la gestion des connaissances. Qu'elles soient internes ou externes à
  l'entreprise, elles ont toujours été disponibles, mais on ne reconnaît
  l'importance de ce qu'elles savent que depuis peu.
- **Il n'y a pas de savoir utile sans accès au savoir**, c'est-à-dire sans
  moyen de l'enregistrer, de l'entreposer, de le partager, de le communiquer, fluidement et universellement. Les technologies, en tant que
  convoyeuses et entrepôts du savoir, constituent donc le deuxième
  composant clé de la gestion des connaissances. Or, les technologies
  digitales ont certes offert un entreposage commode ainsi que le
  codage universel permettant une communication multimédia globale ; mais nous avons dû attendre les technologies de réseau (particulièrement Internet, les courriers électroniques, etc.) pour pouvoir
  activer ces capacités. En 1999 encore, les auteurs écrivant sur la
  gestion des connaissances reconnaissaient qu'il allait falloir patienter
  avant qu'elle puisse vraiment prendre forme.

© Groupe Eyrolles

Les technologies ouvrent la porte à la gestion des connaissances

C'est aux alentours de l'an 2000 que sont apparues les premières solutions permettant la gestion des connaissances à grande échelle. Les années qui se sont écoulées depuis, avec la vulgarisation des technologies de réseau, ont donc marqué un tournant historique symbolisé par le surnom bien mérité d'Internet : « le grand égalisateur ».

Aujourd'hui, toute entreprise, quels que soient sa taille, son emplacement et ses moyens financiers, a la capacité de développer une infostructure qui inclut au minimum :

- un **réseau local** reliant les personnes qui travaillent dans le même immeuble ;
- un **intranet**, ou réseau interne reliant les employés d'une même entreprise, où qu'ils se trouvent ;
- un **extranet**, ou réseau externe reliant une entreprise à d'autres entreprises ou personnes sélectionnées ;
- un accès à **Internet**, le réseau reliant n'importe qui au monde entier.

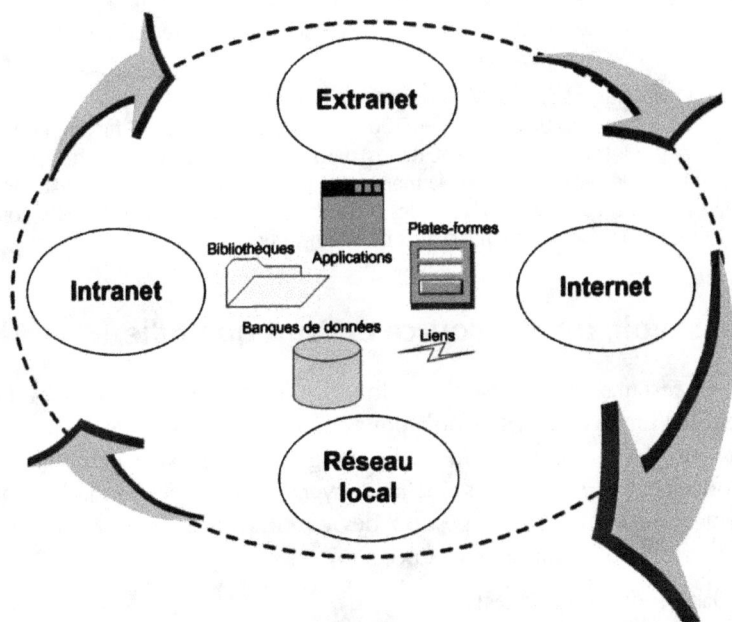

Infostructure accessible à toute entreprise aujourd'hui

© Groupe Eyrolles

Ces réseaux permettent le partage de connaissances, de transactions, d'applications ou solutions en temps réel ; ils supportent des bibliothèques digitales contenant de l'information écrite, audio et/ou visuelle, des banques de données contenant des données traitables et intégrables, des applications professionnelles et systèmes experts facilitant le travail et les transactions, des plates-formes de communication asynchrones comme les courriers électroniques et les blogs, et des plates-formes de communication synchrones telles que les messageries et les systèmes de conférence virtuelle.

Même si ces capacités ne sont pas encore exploitées par toutes les organisations, on s'en approche progressivement.

À titre d'exemple, une étude de l'Insee montre que la quasi-totalité des entreprises françaises de plus de 10 salariés possédait en 2007 au moins un ordinateur et un accès Internet. Dans 93 % des cas, il s'agissait même d'un accès haut débit.

Mais une fois l'accès au monde établi, il s'agit d'être proactif et de monter ses propres structures. Ici, les accomplissements sont plus partagés. Selon la même enquête, si 85 % des entreprises suédoises et 78 % des entreprises allemandes possédaient un site Web, seules 58 % des Françaises avaient mis en place leur propre site en 2007. Leur utilisation de ce site était du reste assez limitée, puisque seuls 25 % de ces sites étaient interactifs d'une façon ou d'une autre (commercialisation, services en ligne).

Quant aux intranets, 37 % des entreprises françaises de plus de 10 salariés en avaient mis un en place en 2007. La taille est bien sûr un facteur important, l'intranet se justifiant moins dans les plus petites structures. Enfin, 17 % de ces entreprises à la même époque avaient développé un extranet, réseau sécurisé accessible à des personnes extérieures à l'entreprise, pour communiquer avec leurs clients ou fournisseurs.

Le savoir, une ressource en tant que telle

Si certains dirigeants n'ont donc, à l'évidence, pas encore bien réalisé l'importance vitale qu'a pour eux la mise en place de ces plates-formes de communication et d'échange de connaissances, ceux qui l'ont compris en tout cas ont les moyens de poser les fondations de leur capital humain. La gestion des connaissances doit encore être nourrie de trois aliments vitaux :

- la volonté (mentalités) ;
- les moyens (ressources) ;
- les compétences (capacité à participer, à gérer…).

© Groupe Eyrolles

En d'autres termes, le savoir doit être reconnu comme une ressource de l'entreprise, dans laquelle on doit investir, et qui doit être inventoriée, utilisée et développée.

Insistons sur le fait que, contrairement aux idées fausses très répandues, la gestion des connaissances n'a pas pour objectif de développer les personnes (une responsabilité qui incombe à la gestion des RH). Elle vise à acquérir et développer un actif intangible dont la valeur doit contribuer activement à la valeur de marché et à la compétitivité de l'entreprise.

En effet, si le savoir tacite est explicité, s'il est enregistré d'une façon utilisable dans une banque de données, une bibliothèque digitale, un système expert ou au moins dans un espace de travail virtuel, si tous ces entrepôts de connaissances sont intégrés pour permettre la recherche d'information intelligente (*datamining*), et si l'ensemble intégré, le **centre de connaissances**, est facilement accessible par tous ceux qu'il concerne, alors ce savoir devient un actif de l'entreprise de son plein droit.

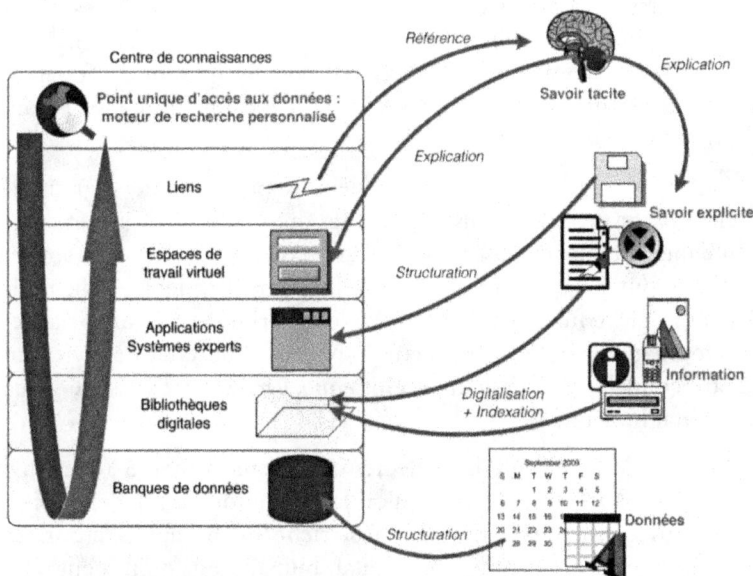

Le centre de connaissances de l'entreprise

© Groupe Eyrolles

L'employé, le partenaire peuvent se retirer lorsque leurs chemins se séparent de celui de l'entreprise, celle-ci a fait sienne la partie de leurs connaissances dont elle a besoin, et son appauvrissement est donc minime.

Les connaissances peuvent venir de l'intérieur ou de l'extérieur de l'entreprise ; elles peuvent être originales ou émaner du patrimoine commun. Mais leur combinaison au sein du centre de connaissances est unique. Ce savoir appartient à l'entreprise et possède une valeur aussi longtemps qu'il est valide, utilisable et à jour. Il s'appelle « capital humain » ou encore « capital intellectuel ».

Pour maintenir et développer cette valeur, et pour assurer qu'elle contribue à sa valeur économique totale (valeur de marché, compétitivité), l'entreprise doit continuellement développer et réactualiser son capital humain. Ce besoin guide son processus d'apprentissage.

Le capital humain est la clé du développement durable

Cette démarche de développement du capital humain de l'entreprise contribue à apporter une réponse à la question que beaucoup posent depuis que le concept de développement durable a commencé à s'imposer : « Comment une entreprise peut-elle produire une valeur sociale et environnementale sans s'appauvrir, c'est-à-dire sans perdre de sa valeur économique ? »

La réponse est logique. Aucune valeur ne peut être créée gratuitement à partir de rien. Et aussi longtemps que la valeur sociale et environnementale cannibalisera la valeur économique, les entreprises n'adhéreront pas au concept de développement durable – même si cela doit leur coûter leur existence à long terme. La valeur sociale et environnementale ne peut qu'être le résultat d'un effet de levier, un effet secondaire de la valeur économique. Or, cela est possible grâce au capital humain.

Puisque le savoir est la seule ressource qui conserve (et même augmente) sa valeur à mesure qu'on la donne (ou vend), l'entreprise se découvre un trésor toujours aussi riche même après retour sur investissement. La beauté du capital humain est qu'il peut être distribué librement à ceux qui en ont besoin, utilisé pour aider la société dans son ensemble, sans jamais qu'il ne disparaisse ; au contraire, il tend à prendre en valeur à mesure que plus de gens reçoivent les connaissances, offrent leurs réactions et leurs idées, et contribuent à l'actualiser et à construire sur sa base.

© Groupe Eyrolles

Les actifs tangibles ont une valeur économique que l'on était au regret de devoir associer à des valeurs morales telles que l'égoïsme, l'égocentrisme et l'isolement. À l'opposé, le savoir a une valeur économique que l'on peut associer au partage, à l'ouverture et au sens de la communauté.

Ainsi, les entreprises qui s'efforcent d'introduire et de mettre en pratique la gestion des compétences et celle des connaissances sont en train d'acquérir la clé du statut « d'organisation en apprentissage continu » dont elles ont besoin pour survivre. Mieux encore, elles gagnent la capacité de réussir dans les années qui viennent tout en contribuant utilement à leur environnement.

TEST D'OUVERTURE DE L'ENTREPRISE

Votre entreprise est-elle prête à gérer ses connaissances ?

Vérifiez que les énoncés ci-dessous s'appliquent bien à votre entreprise :

☐ Votre entreprise a clairement identifié les données, informations et connaissances requises pour que chacune de ses activités, chacun de ses processus soient conduits efficacement.

☐ Votre entreprise a clairement identifié les données, informations et connaissances générées, produites et/ou actualisées au cours de la conduite des processus et activités.

☐ Votre comité exécutif a classifié et priorisé tous ces types de données, informations et connaissances.

☐ Une équipe spécifique s'occupe de la gestion des connaissances dans votre entreprise, et son chef siège au comité exécutif.

☐ La direction des ressources intellectuelles (DRI) a développé la structure d'un centre de connaissances englobant tous les types de données, informations et connaissances importantes pour votre entreprise.

☐ La DRI a identifié la ou les sources (internes et/ou externes) et le ou les utilisateurs (internes et/ou externes) de chaque type de données, informations ou connaissances.

☐ Chaque type de données, informations ou connaissances a été analysé pour déterminer la durée de sa validité, son format, et le type de plate-forme digitale le mieux à même de le stocker pour être partagé.

☐ Votre entreprise a une bonne idée des connaissances de chacun de ses employés.

☐ Des procédures ont été mises en place pour systématiser les contributions des employés en tant que sources de connaissances, en termes d'acquisition, actualisation, développement et gestion d'un type de données, informations ou connaissances.

.../...

© Groupe Eyrolles

┌─ ...*/*... ───

☐ La DRI est responsable de la mise en place de systèmes de production en temps réel des statistiques requises pour nourrir les indicateurs de performance de votre entreprise.

☐ Votre centre de connaissance a une « porte d'entrée » principale, facile d'accès pour tous les utilisateurs, internes comme externes.

☐ Votre entreprise a un réseau local dans chaque bureau, un intranet, au moins un extranet, et chaque employé a accès à Internet sans restrictions.

☐ Le partage des connaissances est une pratique commune et fortement encouragée dans votre entreprise.

☐ Des activités de partage de connaissances figurent systématiquement parmi les objectifs annuels des cadres et spécialistes de votre entreprise.

☐ Certains de vos employés interviennent dans des cours d'écoles ou d'universités.

☐ Certains de vos employés écrivent des livres ou des articles professionnels.

☐ Certains de vos employés collaborent avec des centres de recherche.

☐ Votre entreprise a mis en place des plates-formes virtuelles de partage et d'échanges de connaissances avec le public.

☐ Votre entreprise a mis en place des systèmes de saisie des informations fournies par les partenaires ou même le public, quel que soit le média utilisé.

☐ Vos activités de *reporting* ne se traduisent plus par de longs rapports sur documents statiques, mais par des banques de données partagées et actualisées en temps réel.

───

Suggestion

✓ Profitez d'une réunion de votre comité exécutif pour, ensemble, cocher les énoncés qui, dans l'encadré ci-dessus, s'appliquent à votre entreprise aujourd'hui.

✓ Identifiez les énoncés qui ne sont pas cochés et analysez ensemble leur impact possible sur la compétitivité de votre entreprise, puis décidez des mesures qui s'imposent.

Bonne discussion !

© Groupe Eyrolles

De la pédagogue
à l'entremetteuse

Alors, qu'en pensez-vous, lecteurs ? Vous sentez-vous convaincus ?

Résumons :

- Non-cadres ou cadres non dirigeants, vous dites : « Oui, ça a l'air intéressant, mais comment voulez-vous que je fasse quelque chose à mon niveau ? Les syndicats sont au moins aussi dépassés que les patrons face à tous ces changements, et, moi tout seul, j'aurais l'air bête. Et puis je ne sais pas faire… »
- Cadres membres du comité exécutif, vous dites : « Bien sûr, il y a des choses à retenir, mais il va falloir que je fasse attention à protéger mon emploi et mes avantages ; je ne suis pas suicidaire quand même. Et puis je suis déjà débordé avec toutes les réunions qui dévorent ma semaine. Je n'ai même plus le temps de voir mes amis. Comment voulez-vous que je me rajoute encore un nouveau projet ? De toute façon, vous l'avez bien dit, la réforme doit venir du haut ; alors on verra ce que dit le patron ! »

Bref, une fois de plus, tous les yeux se tournent vers le chef d'entreprise, le grand patron. Voilà ce que c'est d'avoir centralisé le pouvoir à outrance, d'avoir tellement dilué les responsabilités que la principale compétence « managériale » (dans les grandes entreprises) est de savoir se débarrasser rapidement de tout ce qui nous encombre !

- P-DG, chef d'entreprise, vous dites : « OK, OK, je comprends ; et de toute manière je n'ai guère le choix, il faudrait être aveugle pour ne pas voir les tendances. Mais c'est plus facile à dire qu'à faire ! Vous rendez-vous compte de la pression qui pèse sur moi, chaque jour, toute l'année ? Croyez-vous que je n'ai pas en tête les emplois qu'il me faut conserver, voire même créer ? J'en rêve la nuit. Seulement,

© Groupe Eyrolles

je dois aussi faire face au conseil d'administration, aux actionnaires. Je comprends vos recommandations, mais il est hors de question que je m'en occupe, ma priorité reste encore les chiffres, et les décisions à prendre dans l'immédiat pour tirer parti des situations qui se présentent. Je n'ai même pas le temps de lire les rapports qui s'empilent sur mon bureau, alors mettre en place un projet pareil, vous pensez ! Statuer sur les grands principes, d'accord, mais c'est tout. Trouvez-moi donc quelqu'un qui puisse le faire, ce projet. Mais attention ! Je vous vois venir, vous, les consultants. Pas question de me faire dépenser des millions pour me pondre trois rapports que je ne lirai pas. Je veux du concret et de l'action en interne, vous entendez ? »

Message bien reçu ! D'autant mieux que ce que vous cherchez se trouve bel et bien disponible juste sous votre nez…

Et voici donc qu'apparaît sur scène un acteur fort discret jusqu'à présent, la **direction des ressources humaines**. Oh, elle était bien là depuis le début. Mais la DRH, c'est la petite souris des comités exécutifs. Il y a plusieurs raisons à cela : d'abord, c'est souvent la plus récente addition au comité ; cela ne fait pas si longtemps que l'importance de la fonction RH est suffisamment reconnue pour qu'on lui donne droit de siège au sein de l'équipe dirigeante (c'est d'ailleurs encore loin d'être le cas dans toutes les entreprises). Ensuite, siège de dirigeant ou non, c'est encore un centre de coûts ; et ça, c'est un péché mortel dans l'entreprise d'aujourd'hui, alors il ne faut pas se faire remarquer. Pourquoi se fatiguer à apporter des idées, puisque la première question sera « combien ça coûte ? » et que la réponse sera rédhibitoire ? Enfin, les DRH à l'écoute des employés ressentent certainement le besoin de changement, elles ont peut-être quelques idées de mesures à prendre, mais, le plus souvent, elles n'ont ni les outils qui les aideraient à corroborer leurs intuitions, ni les compétences qui leur permettraient de prendre le problème à bras-le-corps.

D'où l'attitude de ces DRH qui se font toutes petites dès que l'on parle d'autre chose que des traditionnels salaires, avantages et négociations syndicales, et gardent la tête baissée pendant les réunions de peur qu'on leur demande leur avis. Dans certains cas, fort intelligemment, elles travaillent dans l'ombre et stimulent le changement en permettant à d'autres d'en prendre le crédit – et d'en trouver les budgets. Souvent malheureusement, elles choisissent la passivité et font de leur mieux pour se faire oublier… quitte à se sentir fort blessées, frustrées, furieuses lorsque le patron met en place une nouvelle direction du

© Groupe Eyrolles

genre « capital intellectuel », ou « transformation organisationnelle »,
ou « développement humain », ou encore « gestion du changement ».
Si elles ont mérité ce soufflet, elles n'ont pas tort d'être indignées, car
toutes ces initiatives devraient être de leur ressort.

Il est temps que nous fassions plus ample connaissance avec cette
fonction de gestion des ressources humaines, dont la formidable
évolution sur les vingt dernières années finit par la rendre quelque peu
mystérieuse aux yeux des profanes – voire de ses partenaires professionnels.

© Groupe Eyrolles

Partie 4

L'ENTREPRISE DOIT RESTRUCTURER SA DRH

Introduction

« Dans l'avenir, ce qui distinguera une entreprise d'une autre, un pays d'un autre, sera la façon dont ils utiliseront leurs ressources humaines. Aujourd'hui, l'utilisation des ressources humaines n'est plus seulement une question de justice sociale, c'est un impératif économique », disait la spécialiste américaine de la diversité culturelle Judy Rosener en 1997. Fort heureusement, elle ne fut pas seule à prendre conscience de cette évidence, et ces dix dernières années furent témoins d'un changement drastique du rôle de la fonction RH dans l'entreprise, au point que l'on parle aujourd'hui de « DRH, partenaire stratégique ».

Cette notion reste encore toutefois assez flottante. Si toutes les entreprises reconnaissent un changement dans le domaine des RH, leur compréhension de ses causes, de son ampleur et de ses conséquences varie très significativement. Une partie de cette diversité est naturelle, car, en fonction de la culture de l'entreprise, la contribution des ressources humaines à la compétitivité générale peut être quasi négligeable chez certaines, absolument vitale chez d'autres. Le tout est d'assurer une cohérence entre la culture et le rôle de la fonction RH, mais cela requiert une compréhension pleine et entière, par la direction générale et la DRH, de la culture de l'entreprise, de ses valeurs, de sa stratégie et des facteurs de sa compétitivité. On a vu que la direction générale elle-même est soumise à des pressions considérables pour évoluer, et sa réactivité constitue un prérequis à la détermination du positionnement idéal de la fonction RH dans l'organisation. Lorsque ce positionnement n'est pas clairement établi, la perception du rôle des RH diffère souvent d'un manager à un autre au sein d'une même entreprise, ce qui place l'équipe RH en porte-à-faux.

Il est donc important de redéfinir les bases de la fonction RH et de parcourir rapidement l'évolution qu'elle a suivie depuis qu'elle existe.

© Groupe Eyrolles

Depuis que les entreprises emploient des personnes, le rôle de ce qui fut d'abord appelé la « **fonction du personnel** », puis « **fonction RH** » est d'assurer que l'organigramme, qui contient tous les postes nécessaires au fonctionnement et au développement de l'entreprise vers ses objectifs, est confié à des personnes dotées de l'ensemble des compétences correspondant aux responsabilités qui leur sont attribuées.

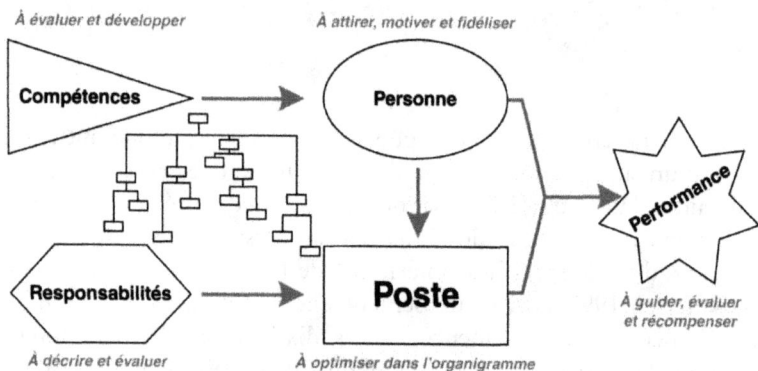

À évaluer et développer   À attirer, motiver et fidéliser

Compétences   **Personne**

Performance

Responsabilités   **Poste**

À guider, évaluer
et récompenser

À décrire et évaluer   À optimiser dans l'organigramme

Territoire de la DRH

Pendant longtemps, toutefois, ce que l'on attendait du chef du personnel (ou plutôt, administrateur du personnel), se réduisait à trouver des candidats interchangeables, administrer la paie et faire respecter les règlements. Ce poste de niveau tactique rapportait à la tête d'une fonction plus large, telle que la DAF – ce qui semblait logique puisque la plus grande partie de son travail était liée à des procédures administratives, juridiques et comptables.

Il fallut les années 1980 pour que, dans la course à la qualité, on s'aperçoive que la clarification des rôles aidait à améliorer et à rationaliser les flux de travail (mesure exigée par les normes de qualité), et permettait également d'identifier les situations de suremploi ou les erreurs de management, initiant donc des exercices de restructuration dont le résultat était des organigrammes dégraissés, aux coûts moins lourds. Ainsi, la notion de **gestion des ressources humaines** (dans le sens de mesures visant à l'optimisation du ratio qualité/coût de la main-d'œuvre) allait-elle progressivement s'imposer au sein des entreprises. Les nouvellement rebaptisés « directeurs des ressources humaines » allaient grimper l'échelle hiérarchique pour finir par rapporter directement au P-DG, tout en prenant possession du domaine de gestion de l'organisation. Ce rôle trouva un terrain particulièrement favorable

© Groupe Eyrolles

parmi les entreprises européennes traditionnellement portées sur la structuration et les procédures organisationnelles.

Bientôt, toutefois, dans le monde des affaires, la qualité fut normalisée et la pression concurrentielle remonta. Les exercices de restructuration amorcés dans les années 1980 tournèrent au « ré-engineering », très largement (mal) interprété comme un processus de réduction des coûts jusqu'au niveau de survie le plus bas – quitte à saper la capacité de développement de l'entreprise. Le taux d'échec horriblement élevé de ces tentatives finit par être dénoncé, sonnant le glas de cette approche. En parallèle, néanmoins, la clarification des rôles ayant abouti à la reconnaissance du fait que les employés étaient des ressources gérables et capables d'être responsables de leur travail, les entreprises réalisèrent qu'elles pouvaient et devaient optimiser l'utilisation de ces ressources. Les années 1990 furent la décennie de la performance. Les entreprises confièrent un plus grand rôle à la fonction RH, dorénavant responsable de la capacité de l'entreprise à utiliser ses ressources humaines et à contrôler la valeur générée par chaque employé. Les hérauts de cette ère de la performance furent surtout les entreprises américaines, focalisées sur les résultats à court terme.

À l'aube du XXIe siècle, les entreprises se trouvent à un confluent de tendances. D'une part, elles visent à exploiter le succès de la gestion de leur performance et à atteindre des résultats toujours meilleurs grâce à l'utilisation optimale de leurs ressources ; d'autre part, elles commencent à comprendre que leur développement durable est étroitement associé au savoir, particulièrement à leur capacité d'acquérir et de développer des connaissances en continu, et de bâtir sur ces connaissances pour innover. Les deux tendances placent les compétences des employés (ce qu'ils savent et ce qu'ils sont capables de faire) au cœur de la compétitivité – et en tête des responsabilités de GRH. Cette tendance vers la gestion des compétences et des connaissances a été dès l'abord adoptée avec enthousiasme par les entreprises asiatiques, très centrées sur leurs équipes et culturellement favorables au libre-échange d'informations.

Ainsi, en trois grandes vagues sur une vingtaine d'années, la fonction des ressources humaines s'imposa dans le monde entier tout en s'enrichissant de trois domaines de gestion. Une telle montée en puissance ne pouvait manquer de changer l'attitude des dirigeants envers cette fonction dont ils attendent dorénavant des contributions stratégiques, alors même que, secouée par l'ampleur et la rapidité de son évolution, celle-ci n'est pas toujours prête à répondre. Il convient de

© Groupe Eyrolles

faire le point sur ce que l'on a tendance à attendre des fonctions RH aujourd'hui, sur ce qu'elles sont prêtes et moins prêtes à offrir, et donc sur les mesures qu'il est urgent de prendre pour les mûrir et les stabiliser dans le nouveau cadre de leurs responsabilités.

© Groupe Eyrolles

Chapitre 17

Confirmer une mission stratégique

La gestion des compétences et celle du développement marquent un tournant clair dans l'évolution de la fonction RH. En effet, tous les autres domaines de GRH sont liés à l'entreprise telle qu'elle est aujourd'hui, et se concentrent sur l'optimisation de son efficacité, sa productivité et sa performance globale actuelles. Elles correspondent à ce qui fut la préoccupation majeure du monde des affaires jusqu'à très récemment : la marge et le profit annuels (ou l'alignement avec les budgets, dans le cas d'organisations non soumises à l'obligation de profit).

Toutefois, les entreprises se tournent rapidement vers les indicateurs de développement durable, depuis qu'elles ont compris que la marge ou le profit (ou l'alignement avec le budget) ne sont pas une garantie de viabilité à long terme : bien des géants qui sont tombés au cours des dix dernières années avaient déclaré des profits jusqu'au dernier trimestre ! Or, le développement durable, lié au développement du savoir, introduit la notion de dynamique sur la durée. D'où le besoin de tourner l'attention de la DRH vers l'avenir.

Par ce biais, la fonction RH peut prétendre au statut de « partenaire économique stratégique », car elle se trouve soudain en position de contribuer largement à la pérennité de l'entreprise. Une évolution dont se porte témoin « l'observatoire des DRH et des technologies » de Novamétrie, dont l'objectif est d'observer et de mesurer l'évolution de la fonction RH dans les grandes entreprises françaises.

Faisant référence à sa première édition de 2003 selon laquelle les missions et les activités de la fonction RH étaient alors centrées sur les questions de recrutement, de formation et de gestion des carrières, Novamétrie observe qu'en 2008, ce que la direction générale attend des RH est un conseil en management, l'accompagnement dans l'enjeu économique, une politique de recrutement efficiente et un maintien de l'équilibre social : « Les DRH

© Groupe Eyrolles

n'ont plus pour seules attributions le recrutement et la gestion administrative de l'entreprise. Ils ont désormais pour mission d'anticiper les évolutions des métiers de l'entreprise et de l'accompagner dans ses politiques de changement. Conscients de leur rôle dans le maintien de la cohésion sociale et dans le développement de l'entreprise, ils souhaitent d'ailleurs évoluer vers une fonction de *business partner* en tant que telle. »

L'observatoire met l'accent sur une fonction RH « dorénavant incontournable » : la gestion des compétences et des talents, « une tâche au cœur des compétences historiques des ressources humaines mais qui, dans un contexte de pénurie des talents, surgit comme un nouvel enjeu stratégique ». L'observatoire mentionne enfin que le directeur RH doit avoir un rôle de conseil en management auprès de la direction générale : « Il contribue aux changements sociétaux, en mettant en œuvre des politiques RH nouvelles, telles que la diversité, le développement durable et l'éthique. »

Les visées de la DG sont effectivement ambitieuses

Cette ambition, dont ont l'air de faire preuve les directions générales dans leurs attentes vis-à-vis des DRH, Prasena s'en porte également témoin, à travers une enquête réalisée en 2007 auprès de 50 cadres supérieurs et dirigeants d'entreprises de nationalités et secteurs divers mais opérant toutes en Thaïlande. Voici ce qu'il ressort de leurs opinions :

Les contributions de la fonction RH doivent être stratégiques : P-DG (100 %) et cadres (64 %) s'accordent à dire que la plus importante des responsabilités de la fonction RH est d'optimiser les contributions des ressources humaines à l'entreprise et de permettre un retour sur investissements humains. Ils sélectionnent aussi de concert (respectivement 100 % et 70 %) des indicateurs clés de performance pour la DRH beaucoup plus stratégiques que les classiques indicateurs de taux de roulement ou de satisfaction des employés : adéquation entre politiques RH et besoins du business, adéquation entre employés et culture de l'entreprise.

Le directeur RH doit être un homme d'affaires : bien que les cadres accordent toujours beaucoup d'importance aux compétences métier, 75 % des P-DG font le saut et attendent du DRH qu'il montre surtout des compétences stratégiques. Les deux groupes s'accordent (75 % des P-DG et 58 % des managers) pour dire que l'expérience professionnelle du DRH devrait l'avoir exposé aux divers aspects du business. Le considérant donc comme un véritable homme d'affaires, P-DG (75 %) et cadres (59 %) comprennent qu'il ne soit pas toujours à son bureau, d'autant qu'ils attendent de lui qu'il fasse partie de réseaux professionnels RH nationaux et globaux.

Le management ne veut plus se mêler de technique RH : les prétendus « privilèges du superviseur » (détermination des augmentations de salaires,

© Groupe Eyrolles

du montant des primes, décisions de promotion, etc.) ne sont pas (ou plus) vus comme tels par le management. 88 % des P-DG et 86 % des cadres affirment que leurs responsabilités « RH » devraient être essentiellement de gérer la diversité, de guider et motiver leurs subordonnés et d'évaluer leurs compétences et leur performance. Pour 75 % des P-DG et 43 % des cadres, le document RH qui leur serait le plus utile est le profil de compétences.

Les politiques RH doivent être transparentes : la confidentialité, jadis maître mot dans l'entreprise, n'est plus à la page. P-DG (88 %) et cadres (64 %) s'accordent à dire que la transparence est d'une importance critique dans le domaine des RH, et que les employés devraient avoir le plus large accès possible aux objectifs de l'organisation ainsi qu'aux concepts et politiques de RH.

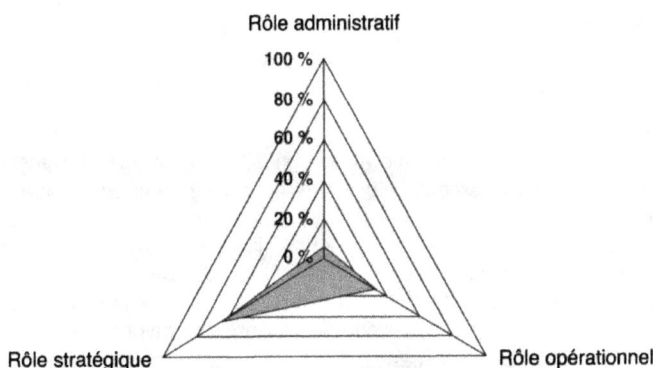

Administratif	On attend de la fonction RH qu'elle soit surtout responsable de l'administration du personnel.	4 %
Opérationnel	On attend de la fonction RH qu'elle soit responsable de la gestion de l'organisation, des compétences, de la performance, de la rémunération et du développement dans le cadre de directives détaillées.	30 %
Stratégique	On attend de la fonction RH qu'elle soit un partenaire stratégique, gérant les ressources humaines en visant la compétitivité durable de l'entreprise.	66 %

Rôle de la fonction RH selon les P-DG (Enquête Prasena, 2007)

Malgré l'évolution rapide de ces attentes, les DRH affirment généralement en avoir une idée lucide et actualisée.

© Groupe Eyrolles

En 2009, 61 % des DRH étudiées par Prasena vérifient systématiquement ces attentes par voie d'enquêtes ou de dialogue avec leurs patrons et collègues. 66 % disent aussi que des indicateurs de performance spécifiques ont été identifiés pour leur fonction, leur offrant des indications supplémentaires sur ce qu'on attend d'elles. Toutefois, 47 % seulement considèrent que ce qu'elles sont effectivement en mesure d'apporter est en ligne avec ces attentes.

Les employés sont beaucoup plus sceptiques

En fait, les DRH pèchent sans doute par excès d'optimisme. Les employés qui, en bout de chaîne, ne sont pas forcément au courant des instructions données par le management à leur DRH mais ont leur propre idée sur la question, s'avouent obligés de restreindre terriblement leurs attentes.

Selon une enquête en ligne menée en 2006 par le journal français *JDN Management* par exemple, 89 % des 431 salariés interrogés considéraient les services apportés par leur fonction RH comme basiques. Plus de 70 % estimaient qu'elle communiquait « irrégulièrement » ou « très rarement », et lorsqu'elle le faisait, 66 % jugeaient qu'elle offrait une information incomplète. Dans les grandes entreprises, une personne interrogée sur deux déclarait recevoir le plus souvent une réponse stéréotypée.

Cela ne veut pas dire qu'ils n'aient pas eu d'attentes vis-à-vis d'elle. En particulier, ils auraient aimé plus d'informations sur leur évolution de carrière (84 %) : 86 % des salariés interrogés déclaraient ne jamais avoir parlé de leur évolution de carrière avec le service ressources humaines, les mieux lotis étant ceux qui travaillaient dans les PME. Ils étaient aussi intéressés par la formation (62 %) : près de 80 % des répondants estimaient avoir été « vaguement » ou « pas du tout » informés par leur service des ressources humaines sur leurs droits à la formation, et 54 % jugeaient que les formations données ne répondaient pas aux besoins.

En attendant une amélioration, les salariés allaient peu à la rencontre de leur service RH : 41 % (voire 47 % dans les grandes entreprises) déclaraient même ne le solliciter presque jamais. Ceux qui le consultaient le faisaient généralement pour résoudre un problème pratique (congés, avances sur salaire…). Pour la quasi-totalité de ces salariés, leur service RH n'était rien d'autre qu'un service d'administration du personnel.

Nous sommes bien loin des discours stratégiques échangés au niveau de la direction, et même des priorités – soi-disant dépassées – dont l'observatoire Novamétrie parlait en 2003 ! Au-delà des attentes et des perceptions, qu'en est-il donc de la réalité quotidienne dans la fonction RH ?

© Groupe Eyrolles

Chapitre 18

Renforcer les bases de la GRH

En retraçant l'historique de la fonction RH, nous avons déjà mentionné les principaux domaines de GRH (gestion des ressources humaines), qui sont apparus et ont mûri au rythme de l'évolution de l'environnement global des affaires :

- la **gestion de l'organisation** (c'est-à-dire la gestion des responsabilités, des grades et des effectifs), survenue lorsqu'il fallut rationaliser les flux de travail et alléger les organigrammes dans les années 1980. Elle s'enrichit aujourd'hui de la gestion des compétences et des talents, et ces cinq composantes permettent à l'entreprise d'établir l'inventaire de ses ressources humaines ;
- la **gestion de la performance**, développée dans les années 1990. Elle se structura progressivement en deux composantes (gestion des objectifs et gestion des résultats) qui permettent à l'entreprise d'utiliser ses ressources humaines ;
- la **gestion du développement**, la plus récente des additions à la GRH, est un large domaine, comprenant la gestion de la formation ainsi que la gestion du développement de l'organisation, de la personne et des talents, qui ensemble permettent à l'entreprise de développer ses ressources humaines.

Pour compléter le tableau, il convient d'ajouter un autre domaine majeur et deux domaines connexes :

- la **gestion de la rémunération**, quoique aussi vieille que la notion d'entreprise, s'est transformée sur les trente dernières années, devenant à la fois plus simple et plus sophistiquée. La notion récente d'employé-ressource-génératrice-de-valeur modifie les enjeux et amène progressivement les entreprises à penser en termes d'investissements humains et de retour sur ces investissements. Ainsi, ce domaine couvre aujourd'hui les composantes de gestion des salaires,

© Groupe Eyrolles

gestion des avantages, gestion de la paie à la performance, et gestion des coûts du personnel, qui permettent à l'entreprise de contrôler ses ressources humaines ;

- la **gestion de la communication**, dont les composantes sont la gestion de l'intégration, des relations et du *reporting* RH, permet à l'entreprise de maintenir un dialogue vertical et horizontal en son sein ;
- la **gestion du personnel**, dont les composantes sont la gestion du personnel local, des impatriés et des aspects juridiques, permet à l'entreprise de contrôler la conformité de ses ressources humaines et de leurs interactions avec les lois et ses règlements intérieurs.

De façon similaire à la gestion de tout type de ressources, chacun de ces domaines couvre des responsabilités aux niveaux stratégique, opérationnel et tactique. S'y ajoutent les responsabilités qui consistent à s'assurer de bons outils de soutien, à adapter les politiques aux réalités locales, et à prendre en compte les spécificités de chaque métier. En bref, ce sont 126 responsabilités qui constituent le tableau de la gestion des ressources humaines aujourd'hui (voir jeu-outil p. 228). Notons que ni la gestion informatique ni la gestion des connaissances ne tombant dans l'escarcelle de la DRH, elles ne sont donc pas traitées ici.

Celles de ces responsabilités qui, de façon générale, sont de plus lourde conséquence pour l'entreprise, et celles qui, en particulier, touchent directement à la gestion prévisionnelle des emplois et des compétences, méritent que l'on s'y penche un moment.

Responsabilités : carto-quoi ?

La **gestion des responsabilités** consiste à comprendre ce qui doit être fait par l'entreprise (rôles, responsabilités, processus détaillés, résultats concrets), et à distribuer les responsabilités ainsi identifiées entre des postes sur site ou virtuels, dont les attributions doivent constituer un tout cohérent et dont les liens entre eux doivent refléter les flux de travail.

La **description de poste** est universellement connue et pratiquée par les DRH, ne serait-ce que parce qu'elle est souvent requise par les normes de qualité internationales. Il faut dire qu'elle constitue l'une des fondations de la GRH et que ses rôles sont multiples. En pratique pourtant, la description de poste n'est souvent qu'un document isolé, non actualisé, non utilisé et quelquefois d'ailleurs inconnu des personnes concernées. Même lorsqu'une description complète et actualisée est

© Groupe Eyrolles

Le rôle de la fonction RH dans ce domaine consiste à :

- apporter une méthodologie permettant l'analyse des rôles et la cartographie des responsabilités, et faciliter ces exercices conduits par le comité exécutif ;
- fournir un formulaire et une procédure pour la description de poste, former les managers à remplir le formulaire sur la base de la carte des responsabilités, contrôler que chaque poste est bien doté de sa description complète et actualisée, et vérifier que les employés comprennent et sont d'accord avec le contenu de la description de leur poste ;
- acquérir un logiciel de gestion des responsabilités capable de faciliter et d'intégrer tous ces processus, et en devenir un utilisateur compétent et éclairé.

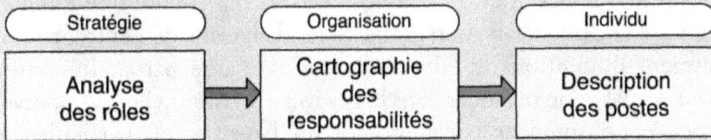

Stratégie	Organisation	Individu
Analyse des rôles	Cartographie des responsabilités	Description des postes

Note

La cartographie du management, méthodologie-mère de la cartographie des responsabilités, est l'un des outils fondateurs de la GPEC (voir p. 252).

disponible pour chaque poste, reste la question de son efficacité, les problèmes suivants apparaissant régulièrement :

- les contenus du formulaire devraient être pertinents, informatifs, exacts et clairs. Dans la pratique, la qualité des descriptions de postes varie énormément, y compris souvent au sein de la même entreprise, voire du même département ;
- pour être d'une quelconque utilité en tant qu'outil de gestion, les descriptions de postes doivent être accessibles aux managers, aux employés et à l'équipe RH. En pratique, elles sont rarement partagées. Du coup, la DRH, mais aussi les managers et même la direction générale, ont une vision terriblement parcellaire de leur organisation ;
- enfin, tant que les descriptions de postes seront écrites isolément poste par poste (en se focalisant d'ailleurs souvent plus sur les tâches que sur les responsabilités), les redondances et les oublis fourmilleront et ces documents continueront de fort mal remplir leur office de clarificateurs des rôles.

© Groupe Eyrolles

Or, la grande majorité des DRH n'ont pas encore acquis de méthodologie systématique qui leur permettrait d'auditer leur structure organisationnelle en son entier. Quelques-unes se sont lancées dans des exercices de **cartographie des responsabilités**, mais généralement de façon intuitive, ou bien sur une partie seulement de l'organisation – ce qui en réduit la valeur. L'image que les directeurs RH ont de l'organisation est ainsi souvent parcellaire et floue, et le manque de faits et chiffres précis nuit à leur crédibilité en comité exécutif. Du coup, ce sont rarement eux qui initient les recommandations de restructuration et, pire, ce genre de décision est souvent pris sans eux. Ils sont notifiés – souvent assez tard – lorsque arrive le moment d'exécuter la restructuration.

Ainsi, bien que la gestion des responsabilités soit le plus vieux domaine de GRH, l'action des fonctions RH s'y limite généralement à des niveaux tactiques ou administratifs, et n'a encore que rarement embrassé sa dimension stratégique. Si les dirigeants de l'entreprise ont vraiment l'intention de faire de leur DRH une partenaire économique capable de se lancer dans la gestion prévisionnelle, ils se doivent donc de commencer par renforcer ses bases, et en particulier lui permettre d'acquérir une vision globale de l'organisation et de l'allocation des responsabilités en son sein.

Effectifs : des potentiels gâchés par l'inflexibilité des configurations

La **gestion des effectifs** consiste à déterminer les effectifs optimaux sur la base de la charge de travail demandée par chaque responsabilité – en considérant la stratégie commerciale, les budgets disponibles et la structure organisationnelle – et à s'efforcer de minimiser les variations entre les effectifs budgétés et les effectifs en place.

Si la gestion des effectifs dans les petites structures se fait facilement de façon informelle, il n'en va pas de même lorsque le nombre d'employés atteint et dépasse plusieurs centaines de personnes – surtout lorsque leur taux de roulement est fort et que l'entreprise est établie dans plusieurs endroits. L'exercice était tellement ardu à l'époque où tout se faisait à la main et où la DRH dépendait de ce que lui disaient les managers, que la plupart des directions générales, résignées, ont pris l'habitude de ne recevoir que des statistiques incomplètes et irrégulières en la matière. Mais l'arrivée des banques de données intégrées ouvre largement le champ des possibilités.

© Groupe Eyrolles

Le rôle de la fonction RH dans ce domaine consiste à :

- faciliter le processus de planification des effectifs, conduit par les cadres supérieurs et dirigeants ;
- acquérir un logiciel de gestion des effectifs intégrant banque de données et statistiques (et idéalement intégré avec les systèmes de paie et d'administration du personnel), et en devenir un utilisateur compétent et éclairé ;
- contrôler l'actualisation du système en temps réel, et actualiser les codes personnels ;
- produire et communiquer rapports statistiques et organigrammes détaillés à jour.

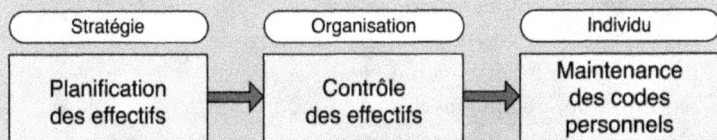

Stratégie	Organisation	Individu
Planification des effectifs	Contrôle des effectifs	Maintenance des codes personnels

Notons toutefois que les systèmes de gestion des effectifs en tant que tels ne sont pas la majorité, bien des DRH utilisant leur système de gestion de la paie ou leur système d'administration du personnel – bref, le système qui contient la banque de données de leurs employés. Or, ces systèmes n'ont pas forcément prévu ces fonctionnalités. Si elles existent, celles-ci ne sont pas toujours faciles d'utilisation, et encore moins souvent liées à un générateur de rapports automatiques adaptés. En outre, les possibilités et/ou droits d'accès à ces systèmes par les per-sonnes qui pourraient facilement les actualiser en temps réel sont souvent extrêmement restreints.

Ainsi, ce n'est qu'une petite minorité des DRH aujourd'hui qui peut à tout moment savoir exactement la situation des effectifs, et produire les statistiques et rapports optimaux à la direction générale et aux managers pourtant fort demandeurs à notre époque où la pression sur les effectifs est si forte. Quant à leur participation à l'activité stratégique consistant à planifier les effectifs, elle dépend de la cartographie des responsabilités dont nous avons déjà mentionné la faible disponibilité.

© Groupe Eyrolles

Compétences : la plus grande confusion règne encore

La **gestion des compétences** consiste à identifier les savoirs, savoir-faire et savoir être dont l'organisation a besoin pour survivre et réussir dans la durée, à déterminer lesquels sont spécifiquement requis pour chaque poste, et à évaluer dans ce contexte les forces et faiblesses démontrées par les ressources actuelles et potentielles.

Le rôle de la fonction RH dans ce domaine consiste à :

- faciliter le processus de développement du dictionnaire des compétences, conduit par le comité exécutif ;
- fournir un formulaire et une procédure pour le profilage des postes, former les managers à identifier et évaluer les compétences requises pour chaque poste ;
- choisir les techniques d'évaluation de personnes les plus adaptées à l'organisation, fournir la procédure idoine, organiser les exercices correspondants et consolider les résultats ;
- acquérir un logiciel de gestion des compétences capable de faciliter et d'intégrer tous ces processus, en devenir un utilisateur compétent et éclairé ;
- produire et analyser les tableaux comparatifs des compétences disponibles par rapport aux compétences requises dans l'organisation.

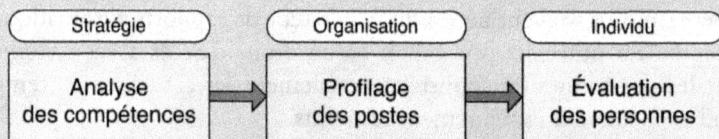

Stratégie	Organisation	Individu
Analyse des compétences	→ Profilage des postes	→ Évaluation des personnes

Note

L'évaluation des compétences est l'un des outils fondateurs de la GPEC (voir p. 256).

L'un des composants les plus récents de la GRH, la gestion des compétences, est encore embryonnaire. Si la majorité des DRH dit avoir mis en place une méthodologie, celle-ci est le plus souvent en phase de test, et souffre de l'absence de logiciels de soutien (sans lesquels il est impossible d'envisager la gestion des compétences dans une entreprise moyenne ou grande). Mais il s'agit surtout de savoir de quoi l'on parle vraiment, car rebaptiser « gestion des compétences » la

© Groupe Eyrolles

vieille pratique consistant à inclure quelques comportements dans le formulaire d'évaluation de la performance démontre une confusion entre des notions qui n'ont rien à voir les unes avec les autres.

Rappelons, en effet, les principes fondamentaux de l'évaluation des compétences en entreprise : il s'agit d'identifier les compétences qui sont pertinentes et importantes pour l'organisation, puis d'évaluer les personnes sur ces compétences.

Or, dans leur majorité, les **dictionnaires de compétences** existants se limitent à une liste des compétences reflétant les valeurs de l'entreprise et/ou des compétences managériales requises de tout manager quel que soit son poste. À moins que la DRH n'ait tout simplement acquis au plus bas prix un dictionnaire générique fourni par un consultant ou même disponible en ligne, et qui, sans personnalisation, n'est adapté ni à la culture de l'entreprise ni aux facteurs de sa compétitivité.

Quoi qu'il en soit, sur cette base, le profilage de poste est rarement possible. Et, de fait, c'est sur le formulaire d'évaluation de la performance qu'apparaissent généralement ces compétences. Ainsi, rares sont les entreprises capables d'exploiter toutes les utilisations possibles des **profils de poste** :

- traduire les responsabilités mentionnées sur les descriptions de poste en exigences de compétences, c'est-à-dire spécifier ce qui est requis pour être opérationnel dans le poste ;
- offrir une référence avec laquelle comparer l'évaluation de la personne ; un employé peut n'avoir qu'une compétence limitée dans un domaine, mais s'il n'en a guère besoin pour exercer ses responsabilités, ce n'est pas un problème ; une mise en perspective particulièrement pertinente dans le cas des managers, trop souvent supposés montrer tout l'éventail des compétences managériales, ce qui n'est ni réaliste ni utile ;
- une fois consolidées à l'échelle de l'entreprise, permettre l'analyse quantitative et qualitative des compétences requises dans l'organisation, c'est-à-dire la confirmation des forces attendues ;
- vérifier l'alignement des managers avec les valeurs et les priorités de l'entreprise : en effet, ce sont eux qui sélectionnent, dans le dictionnaire des compétences, celles qui sont pertinentes pour les postes de leurs subordonnés, et les choix qu'ils font sont révélateurs.

Quant à l'**évaluation des personnes**, elle reflète, elle aussi, le stade embryonnaire de la méthodologie :

- les compétences sont rarement associées à des échelles d'évaluation offrant une définition concrète pour chaque niveau. Lorsqu'elles

© Groupe Eyrolles

existent, ces échelles d'évaluation restent génériques (de 1 à 5, ou de
« nul » à « génial ») ; au mieux, elles s'articulent autour de la notion
de maîtrise personnelle (« junior », « professionnel », « expert »), ce
qui s'applique bien aux compétences techniques mais très mal aux
compétences comportementales. Chacun de ces niveaux pouvant
être interprété très différemment, les évaluations restent donc subjectives et aléatoires ;

- les techniques recommandées pour produire l'évaluation des personnes (enquêtes à 360°, tests de connaissances techniques et/ou
psychométriques, interviews par des évaluateurs experts) sont rarement utilisées en association. En fait, la technique de loin la plus
utilisée est encore le jugement subjectif du superviseur, d'autant plus
imparfaite que peu de managers ont reçu une formation adéquate
en la matière ;

- alors que le processus de suivi des compétences devrait avoir son
propre planning et ses propres procédures, la grande majorité des
entreprises aujourd'hui le lient encore à la gestion de la performance, ce qui peut en apparence économiser du temps mais se
révèle, en fait, contre-productif. Entre autres problèmes, ce genre
d'évaluation ne peut que se porter sur les compétences requises par
le poste actuel, ce qui prive l'entreprise de la possibilité de l'utiliser
pour gérer son développement (c'est-à-dire de 80 % de ses applications).

Il convient de rappeler ici que la gestion des compétences est la base
de toutes les méthodologies de gestion du développement. Sans système
d'évaluation adéquat, il est impossible de produire les **analyses d'écarts
de compétences** qui forment le point de départ de la planification des
successions, des plans de carrière, des promotions, des formations et des
recrutements ainsi que des plans individuels de développement.

En outre, en l'absence du tableau complet des compétences disponibles dans l'organisation, il est impossible de le comparer avec celui
des compétences requises, et donc d'analyser les forces et faiblesses de
l'entreprise en termes de savoir, savoir-faire et savoir être – une analyse
qui constitue pourtant sans doute l'un des documents les plus vitaux
que la DRH puisse produire pour l'entreprise.

Nombre de DRH clament haut et fort qu'elles ont ce qu'il faut
pour gérer les compétences. Elles se font beaucoup de tort, car elles
se privent de la possibilité d'obtenir l'aide et les ressources nécessaires
à la mise en place du vrai système dont elles auraient désespérément
besoin, ne serait-ce que pour gérer les talents.

© Groupe Eyrolles

Talents : mais qui sont-ils donc ?

La **gestion des talents** consiste à clarifier la culture et les valeurs de l'entreprise, à déterminer sur cette base les types de personnes les plus précieux pour l'entreprise afin d'identifier les employés qui répondent à ces critères et à mettre en place des programmes personnalisés visant à attirer, intégrer, engager, motiver et fidéliser ces talents.

Le rôle de la fonction RH dans ce domaine consiste à :

- apporter une méthodologie permettant la revue et le façonnement de la culture et des valeurs de l'entreprise, et faciliter cet exercice conduit par le comité exécutif ;
- apporter une méthodologie, basée sur la gestion des compétences, permettant l'identification des talents (d'un seul ou de plusieurs types), et l'appliquer après validation du comité exécutif ;
- vérifier que les politiques et pratiques RH sont en ligne avec les valeurs de l'entreprise et les besoins de fidélisation des talents, développer et mettre en place des programmes personnalisés si besoin est ;
- acquérir un logiciel de gestion des talents (idéalement intégré avec le logiciel de gestion des compétences) capable de faciliter et d'intégrer tous ces processus, en devenir un utilisateur compétent et éclairé.

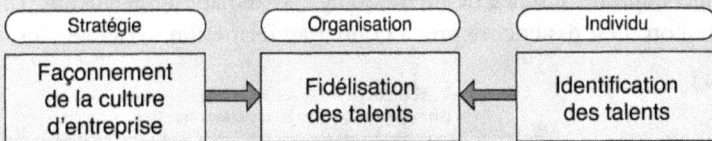

Stratégie	Organisation	Individu
Façonnement de la culture d'entreprise	Fidélisation des talents	Identification des talents

Note

Le façonnement de la culture d'entreprise est l'un des outils fondateurs de la GPEC (voir p. 249).

Largement ignorée il y a encore vingt ans, la **culture d'entreprise** se voit aujourd'hui donner une place de choix dans la GRH. Il est admis et compris que des personnes de qualifications et expériences comparables dans un même poste peuvent ressentir des motivations et produire des performances très diverses, parce qu'elles perçoivent leur environnement différemment. L'adéquation entre les valeurs de la personne et les valeurs et le style de management de l'employeur est

© Groupe Eyrolles

donc un facteur fondamental de la performance et de la fidélisation. Au-delà même de ces observations au niveau de l'individu, on a aussi découvert que, parmi plusieurs entreprises dont les produits et les marchés sont similaires, l'avantage comparatif qui les différencie et permet à certaines de réussir mieux que les autres repose sur (ou se retrouve dans) leurs valeurs et cultures.

Si bien des leaders reconnaissent donc le besoin de comprendre leur culture et, au-delà, de la façonner afin qu'elle soutienne efficacement leur vision et leurs objectifs stratégiques, peu de DRH ont encore les moyens de faciliter cet exercice. Rappelons, par exemple, qu'en l'absence d'un véritable système de gestion des compétences, l'entreprise est privée du meilleur vecteur de communication des valeurs qui soit et du moyen de garantir que tout nouvel embauché sera sur la même longueur d'ondes que l'entreprise ; elles sont également dans l'incapacité d'analyser le niveau d'intégration des valeurs de l'entreprise parmi employés et managers, ou d'évaluer les forces et faiblesses de l'organisation en la matière. Elles ne peuvent donc pas offrir de recommandations qu'elles puissent justifier.

Peu d'entreprises travaillant efficacement sur leur culture et leurs valeurs, il n'est guère surprenant que la notion de talent reste vague alors même que le mot est sur toutes les lèvres. On l'a vu dans les chapitres précédents, un talent peut être tout et n'importe quoi ; on s'accroche aux notions qui nous sont familières comme la performance ou le leadership, en l'absence de méthodologie systématique, et surtout parce que l'on n'est pas encore prêt à donner au terme son véritable sens.

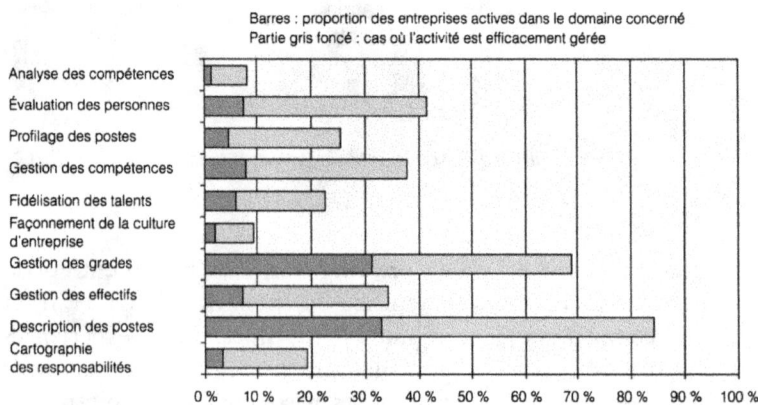

Barres : proportion des entreprises actives dans le domaine concerné
Partie gris foncé : cas où l'activité est efficacement gérée

Analyse des compétences
Évaluation des personnes
Profilage des postes
Gestion des compétences
Fidélisation des talents
Façonnement de la culture d'entreprise
Gestion des grades
Gestion des effectifs
Description des postes
Cartographie des responsabilités

0 %   10 %   20 %   30 %   40 %   50 %   60 %   70 %   80 %   90 %   100 %

Source : Prasena

Efficacité de la gestion de l'organisation en 2009

© Groupe Eyrolles

TEST D'EFFICACITÉ DE LA DRH

Votre conception de la gestion d'organisation est-elle celle d'une entreprise-cerveau ?

Indiquez « A » en face de ce qui est pratiqué et « B » en face de ce qui n'est pas pratiqué dans votre entreprise aujourd'hui :

☐ 1. Les responsabilités sont cartographiées et revues tous les ans.

☐ 2. La cartographie des responsabilités permet l'analyse des processus et flux de travail dans l'entreprise.

☐ 3. Les descriptions de postes montrent la liste des tâches assignées à chaque employé.

☐ 4. Les descriptions de postes sont des rapports automatiques du logiciel de gestion intégrée des responsabilités.

☐ 5. Chaque manager est invité à écrire et à actualiser les descriptions des postes qu'il supervise.

☐ 6. Certains postes sont virtuels.

☐ 7. L'évaluation des postes est faite et régulièrement revue par un comité d'évaluation *ad hoc*.

☐ 8. Le grade d'un poste peut varier en fonction du titulaire.

☐ 9. Les grades sont confidentiels.

☐ 10. Les types d'intitulés de poste sont en ligne avec les grades.

☐ 11. Les lignes hiérarchiques reflètent une vraie réalité en termes d'autorité, pouvoir de décision, communication…

☐ 12. Les restructurations sont décidées par la direction, la DRH est prévenue six mois avant pour l'organiser.

☐ 13. Chaque manager fait une demande de nouveaux effectifs s'il en a besoin, au moment du budget.

☐ 14. Les effectifs budgétés sont le résultat d'un audit systématique de la structure organisationnelle.

☐ 15. Avec l'aide de banques de données intégrées, les mouvements de personnel sont contrôlés en temps réel.

☐ 16. Chaque manager fait part à la DRH de ses postes vacants.

☐ 17. Les compétences sont évaluées chaque année avec la performance.

☐ 18. On utilise plusieurs techniques pour évaluer les compétences de quelqu'un (tests, 360°, interviews, etc.).

☐ 19. Les compétences que l'on évalue sont celles qui sont requises pour le poste actuel.

☐ 20. Chaque poste est associé à un profil détaillé des compétences qu'il requiert.

☐ 21. On a identifié une liste de compétences qui sont requises pour tout une catégorie de postes (ex. : managers).

☐ 22. Un logiciel permet de produire toutes les analyses d'écart de compétences que l'on veut, en temps réel.

…/…

© Groupe Eyrolles

┌─ .../... ──┐

- ☐ 23. Les employés connaissent tous bien les valeurs de l'entreprise.
- ☐ 24. La DG travaille régulièrement à façonner la culture de l'entreprise pour qu'elle soutienne la stratégie.
- ☐ 25. La notion de talent est assez vague dans l'entreprise.
- ☐ 26. Les programmes de fidélisation des talents sont essentiellement centrés sur le « team building ».

└──┘

Grille d'interprétation

**Si votre conception de la gestion d'organisation
est celle d'une entreprise-cerveau :**

Voilà ce qui est pratiqué [A] :   Voilà ce qui a disparu [B] :
1 – 2 – 4 – 6 – 7 – 10 – 14 – 15 –   3 – 5 – 8 – 9 – 11 – 12 – 13 – 16 –
18 – 20 – 22 – 23 – 24   17 – 19 – 21 – 25 – 26

Note

Vous pouvez faire successivement les cinq tests d'efficacité (présentés dans ce chapitre et le suivant) au cours d'une même séance de travail, consolider les résultats et en tirer un diagnostic-efficacité de votre DRH, c'est-à-dire une analyse de la capacité de votre entreprise à utiliser votre fonction RH pour optimiser vos ressources humaines et devenir une « entreprise-cerveau ».

Performance : des problèmes sérieux

Pratiquée depuis au moins dix ans, la **gestion de la performance** a acquis une place prépondérante dans le paysage de la GRH. Qu'importe le but ultime : qu'il soit d'optimiser les profits à court terme, d'obtenir le meilleur positionnement de marché, de maximiser la valeur pour les actionnaires ou de sécuriser une compétitivité durable, « performance » reste le maître mot de la gestion d'entreprise.

Mais un cumulo-nimbus se dessine à l'horizon. Premiers signes : après toutes ces années de pratique, les entreprises observent que la motivation de leurs employés reste volatile, peu stimulée par le système d'évaluation de la performance tel qu'il est mis en place. Les questions commencent à fuser : « Tout ce processus est-il vraiment utile ? » Et les premières volte-face apparaissent : sans aller jusqu'à éliminer l'évaluation, certaines entreprises commencent à la restreindre aux populations « qui peuvent la comprendre » (sic !), c'est-à-dire essentiellement aux managers.

© Groupe Eyrolles

Sans parler de l'effet psychologique que peut avoir l'exclusion des non-managers de ce cadre (« votre performance n'a pas assez d'importance pour que nous nous fatiguions à la mesurer »), ce genre de décision semble d'autant plus contre-productif que la performance de chaque manager repose sur celle de ses subordonnés. Cette nouvelle tendance, plutôt dangereuse, mérite donc un petit aparté, car si la gestion prévisionnelle s'effectue bien au-delà des œillères de la performance, celle-ci constitue tout de même un prérequis important (pas de performance, plus d'entreprise, plus de prévisions à faire !).

Il apparaît que la gestion de la performance, telle qu'elle est pratiquée de nos jours, souffre de sérieux problèmes d'efficacité, les cinq principaux pouvant être résumés comme suit :

- **Pas assez de transparence** : la transparence fut très tôt identifiée comme l'un des principaux facteurs de succès de la gestion de la performance. Personne ne peut travailler dans l'obscurité, particulièrement si l'on est censé prendre des initiatives pour déjouer les obstacles inattendus apportés par les changements de l'environnement ; tout employé a donc besoin de connaître la direction vers laquelle on attend qu'il se dirige. Malheureusement, la manie de la confidentialité a la vie dure. Moins de la moitié des entreprises aujourd'hui communiquent leurs directions stratégiques à leurs employés, les autres se contentant la plupart du temps d'informer les managers (pas étonnant alors que ces derniers « comprennent » les enjeux de la performance !).

- **Pas assez de responsabilisation** : aucune personne n'est vraiment motivée par des objectifs qui lui sont imposés sans discussion, parfois même contre son propre gré. Dans l'environnement actuel de l'entreprise, où le niveau de qualifications moyen augmente sensiblement et où les employés sont censés réfléchir et créer, ceux-ci doivent pouvoir comprendre les objectifs généraux et mettre en œuvre leurs propres objectifs, de façon à les faire leurs. Pourtant, la responsabilisation est lente à venir. La plupart des entreprises continuent à n'impliquer que l'équipe managériale dans les processus de planification à long terme et même annuelle. La visibilité et la proactivité des employées sont très réduites, et leur motivation ne peut qu'en souffrir.

- **Pas assez de clarté** : seules des cibles bien identifiées ont des chances d'être atteintes. Or, un employé a trois sources d'information pour savoir ce qu'on attend de lui : les objectifs individuels spécifiques (projets/progrès) qui lui sont fixés chaque année ; les

© Groupe Eyrolles

visées stratégiques de l'entreprise qui lui donnent la direction vers laquelle il doit travailler quoi qu'il arrive ; et sa description de poste qui lui rappelle ses responsabilités, c'est-à-dire ses objectifs permanents tant qu'il reste dans ce poste. On a vu que les visées stratégiques ne sont pas toujours communiquées, et que les descriptions de poste ne sont pas toujours actualisées. Quant aux objectifs individuels annuels, ils sont souvent assez vagues, et peuvent ne pas être fixés du tout. Finalement, le processus d'évaluation de la performance lui-même peut être assez confus lorsqu'il mélange revue des résultats factuels et jugement des comportements. Ce manque de clarté à tous niveaux est probablement porteur des dommages les plus importants en termes de résultats.

- **Pas assez utilisable** : un système de gestion de la performance n'est pas une mince affaire : il comporte plusieurs composants utilisés à différents moments de l'année et pourtant interdépendants, devant permettre des analyses consolidées. Or, le processus est encore manuel ou semi-manuel dans bien des entreprises, ce qui prive les utilisateurs de la plus grande partie de sa valeur : le temps passé est hors de proportion avec la qualité des résultats, la subjectivité règne dans le processus, et les employés commencent à s'en lasser.

- **Pas assez attractif** : dans une certaine mesure, les facteurs ci-dessus peuvent être relativisés si les récompenses offertes sont vraiment attractives. Certaines entreprises comptent là-dessus et leur culture est suffisamment compétitive pour que les employés mordent à l'hameçon. Mais il y a des limites, assez vite franchies lorsque l'on s'aperçoit que l'approche apparemment systématique cache une attribution très subjective des primes, sur lesquelles les managers ont, en effet, le dernier mot. Dans la pratique, peu d'employés savent en début de période le montant exact des primes qu'ils pourront gagner en fonction de leurs résultats, reconnaissent que ces montants sont attractifs, et ont l'assurance de ne pas avoir de mauvaise surprise (par exemple, la décision de supprimer les primes portant sur les résultats de l'année qui vient de s'écouler sous prétexte que les perspectives de l'année suivante (!) sont mauvaises, une pratique courante fin 2008 à l'arrivée de la crise).

Dans ces conditions, la volatilité de la motivation n'est guère surprenante, et les entreprises désireuses de fidéliser leurs talents ont intérêt à réformer leur méthodologie de gestion de la performance, plutôt que de réduire sa voilure.

© Groupe Eyrolles

L'évaluation de la performance individuelle, avec toutes ses imper-
fections, a tout de même le mérite d'exister dans la grande majorité des
entreprises. Il n'en va pas de même pour l'activité stratégique qui
consiste à consolider les résultats factuels obtenus par tous les employés
en une cartographie dont l'analyse permet de mieux comprendre
comment les résultats de l'entreprise ont été produits. Si ces résultats
sont meilleurs que prévu, d'où vient la bonne surprise ? S'ils sont
moins bons que prévu, où sont les problèmes, et sont-ils de nature
structurelle, conjoncturelle ou accidentelle ? De bons résultats ne
cachent-ils pas des faiblesses structurelles masquées par de bonnes
surprises par ailleurs ? En bref, quel genre d'objectifs peut-on réaliste-
ment fixer pour l'entreprise l'année suivante et quelles sont les mesures
à prendre pour maximiser les résultats ? Ce genre d'analyse, qu'aucun
document comptable ne peut produire, manque cruellement aux
directions générales aujourd'hui. Bien des DRH ne se rendent même
pas compte qu'elles ont les moyens de l'offrir à leurs patrons.

Ainsi, la fameuse gestion de la performance, dont tant d'entreprises
se targuent, n'est en fait encore aujourd'hui qu'un exercice tactique,
voire administratif, qui fait peu pour stimuler la motivation et donc la
performance des employés, et qui n'apporte aucune valeur stratégique
à la direction générale. Contrairement à la gestion des compétences,
pour laquelle les outils manquent encore, il s'agit ici surtout d'un
problème de mentalité, de mise en application des principes et d'utilisation efficace des outils disponibles.

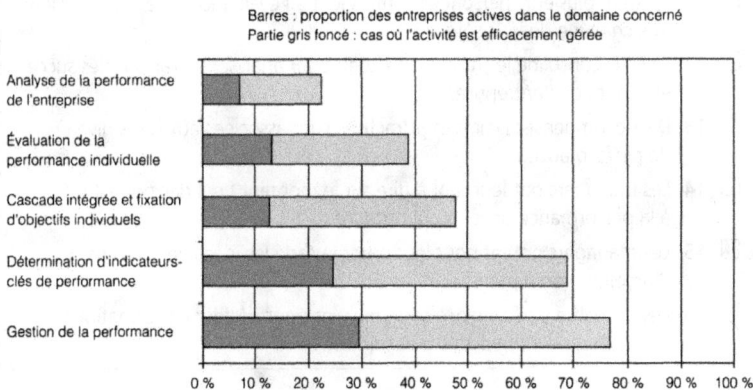

Barres : proportion des entreprises actives dans le domaine concerné
Partie gris foncé : cas où l'activité est efficacement gérée

Source : Prasena

Efficacité de la gestion de la performance en 2009

© Groupe Eyrolles

TEST D'EFFICACITÉ DE LA DRH

Votre conception de la gestion de la performance est-elle celle d'une entreprise-cerveau ?

Indiquez « A » en face de ce qui est pratiqué et « B » en face de ce qui n'est pas pratiqué dans votre entreprise aujourd'hui :

☐ 1. Les objectifs stratégiques à long terme de l'entreprise sont confidentiels ; seule la direction les connaît.

☐ 2. Tous les employés, directement ou indirectement, participent aux plannings et budgets annuels.

☐ 3. Des indicateurs clés de performance ont été déterminés et des chiffres cibles y sont associés chaque année.

☐ 4. Chaque manager est invité chaque année à fixer comme il l'entend les objectifs de ses subordonnés.

☐ 5. Les objectifs sont en fait les indicateurs clés de performance que l'on assigne aux employés.

☐ 6. Les objectifs individuels sont clairement en rapport avec les responsabilités mais sont spécifiques tous les ans.

☐ 7. Les objectifs sont des références, mais le manager considère bien d'autres choses en évaluant la performance.

☐ 8. Les comportements entrent en ligne de compte dans l'évaluation de la performance.

☐ 9. Les résultats sont revus ligne par ligne, la performance globale est un calcul automatique.

☐ 10. L'évaluation de la performance, comme la fixation d'objectifs, se fait en ligne.

☐ 11. Lorsque plusieurs personnes contribuent à l'évaluation, elles écrivent leur avis chacune de leur côté.

☐ 12. La DRH consolide les résultats factuels pour analyser les raisons des succès et échecs de l'entreprise.

☐ 13. Des récompenses claires et attractives sont associées aux bons niveaux de performance.

☐ 14. Les managers ont leur mot à dire sur le montant final des primes à la performance de leurs subordonnés.

☐ 15. Les managers notent pour leur propre usage les idées de mesures d'amélioration à prendre.

☐ 16. Les écarts de performance sont analysés pour décider de formations de rattrapage immédiates si besoin est.

© Groupe Eyrolles

Grille d'interprétation

Si votre conception de la gestion de la performance est celle d'une entreprise-cerveau :

Voilà ce qui est pratiqué [A] :   Voilà ce qui a disparu [B] :

2 – 3 – 6 – 9 – 10 – 12 – 13 – 16   1 – 4 – 5 – 7 – 08 – 11 – 14 – 15

Rémunération : l'analyse du « ROI » humain n'est pas pour demain

Pratiquée depuis toujours, la **gestion de la rémunération** est en train de subir une profonde transformation, visant à standardiser les politiques afin de simplifier et automatiser les processus d'administration des salaires et de se concentrer sur les aspects stratégiques de la rémunération. Mais les progrès sont souvent lents dans ce domaine, les directions générales elles-mêmes ayant du mal à voir en la notion de rémunération autre chose que l'administration de la paie, et considérant généralement encore que le micromanagement y est une nécessité.

Cette lenteur, assez dommageable, mérite donc un autre petit aparté, car si la gestion prévisionnelle a peu de liens avec la rémunération, celle-ci (et particulièrement sa dimension stratégique) contribue largement à déterminer la réputation de l'entreprise et sa capacité à attirer, satisfaire et retenir ses talents sans pour autant dépenser plus que ses moyens – donc la possibilité de bâtir efficacement sur une main-d'œuvre loyale et motivée.

La stratégie de la rémunération comporte cinq composants : la philosophie de la rémunération, le mix de rémunération, le positionnement de marché, le budget du personnel, et l'évaluation du retour sur investissement humain.

La **philosophie de la rémunération** clarifie la façon dont l'entreprise voit ses ressources humaines, ce qu'elle attend d'elles et ce qu'elle est prête à leur donner en retour ; la part de la valeur ajoutée qui sera dévolue au personnel sera déterminée sur cette base. Or, les entreprises qui passent tant de temps à élaborer leurs stratégies marketing ou financière prennent rarement la journée qu'il faudrait pour revoir leur philosophie de rémunération. Résultat : beaucoup d'incohérences, entre ce qui est attendu des employés et ce qui leur est payé, entre les pratiques de rémunération et la réputation d'employeur que

© Groupe Eyrolles

l'entreprise dit désirer… N'en déduisons pas pour autant que les entreprises s'efforcent toutes de payer le minimum pour leur personnel ; la majorité est bien consciente du besoin d'investir dans des qualifications, voire des talents. Et de fait, même face à la crise, les budgets du personnel par employé continuent d'augmenter dans bien des entreprises. Ironiquement toutefois, ces coûts additionnels sont mal placés et, trop souvent, les employés n'en ressentent pas le bienfait.

Le **mix de rémunération** poursuit la réflexion et y intègre la culture de l'entreprise, fournissant des principes directeurs quant à la façon dont les fonds disponibles devraient être distribués entre salaires, paie à la performance, avantages et formation, de façon à assurer l'alignement avec les valeurs de l'entreprise et ses priorités. Moins de la moitié des entreprises prennent la peine de se donner ces principes directeurs et, même lorsqu'ils existent, ils sont souvent copiés sur ce que fait le marché plutôt qu'élaborés en fonction de leur culture propre. Ainsi, les rémunérations sont encore très largement basées sur le salaire ; quelle que soit la nature des activités de l'entreprise (production, services, ventes) et le point focal de rémunération (salaires, performance, avantages), celui-ci représente en moyenne entre 65 et 75 % de la rémunération totale. Sans grande signification donc, le mix de rémunération – lorsqu'il existe – est rarement contrôlé dans son application, privant la DRH de l'outil qui lui permettrait de contrôler l'équité interne. D'où les légions d'employés surpayés ou sous-payés par rapport au grade de leur poste.

Le **positionnement de la rémunération** complète le processus de réflexion avec l'adoption de principes directeurs sur la compétitivité externe, alignés avec la philosophie de la rémunération. Cet aspect-ci s'avère beaucoup plus populaire, tant il est vrai qu'en bons enfants de l'ère industrielle, nous préférons encore avoir tort ensemble que raison tout seuls. Ainsi, la quasi-totalité des entreprises participent à des enquêtes de salaires, plus ou moins formelles, plus ou moins professionnelles, dont les résultats forment la base de leurs politiques salariales. Or, l'absence de réflexion stratégique préliminaire et le manque d'analyse critique de la part des DRH (et, de plus en plus souvent, la pauvreté du soutien professionnel offert par les enquêteurs) peuvent conduire à des situations absurdes. Par exemple, l'entreprise continue de se comparer à ses concurrents commerciaux directs, alors même que ses employés la quittent pour des entreprises très différentes, dans d'autres industries. Elle continue aussi d'agir comme si le salaire était le principal facteur de fidélisation de ses

© Groupe Eyrolles

employés, oubliant les budgets nécessaires à la formation et au développement. Enfin, elle oublie qu'elle se réfère dans ces enquêtes à des données vieilles de plusieurs mois et à des tendances qui ont pu changer entre-temps.

> Lors d'un séminaire d'urgence en novembre 2008 réunissant à Bangkok les chefs d'entreprise inquiets de la montée de la crise, on parlait de gel des salaires, voire de la suppression des primes de 2008. Une DRH présente prit la parole… pour rappeler que les enquêtes de salaires mentionnaient 6 % d'augmentation et qu'il fallait s'y conformer pour rester compétitif ! Sans qu'elle le réalisât, une aussi mauvaise compréhension de la réalité économique et un manque aussi visible de réflexion stratégique ne pouvaient que desservir les intérêts des employés qu'elle tentait pourtant de protéger…

Le **budget du personnel** traduit toute cette réflexion en chiffres concrets pour l'année à venir. Un montant global fourni par les calculs de capacité à payer, est divisé en salaires, paie à la performance, avantages et formation selon le mix de rémunération, et la compétitivité externe du tout est vérifiée par voie d'enquête comparative. Dans la réalité toutefois, les choses ne se passent pas toujours ainsi. Pour commencer, la DRH n'a pas toujours la haute main sur le budget du personnel (ce qui semblerait pourtant la moindre des choses considérant le rôle de « partenaire stratégique » qu'on attend d'elle !) ; il est encore parfois placé, en tout ou partie, dans le giron des finances. Du coup, la définition même du budget du personnel varie : s'il est préparé par la DRH, il inclura (ou devrait inclure) tous les coûts qui sont liés de près ou de loin au personnel. S'il est préparé par les finances, il sera plutôt défini comme l'ensemble des coûts enregistrés dans les comptes sous la ligne « Personnel », et certains avantages et activités sociales, considérés comme dépenses de l'entreprise, n'y apparaîtront pas. Sera peut-être aussi exclu le budget formation, soumis à un régime fiscal spécifique. Il sera alors beaucoup plus difficile à l'entreprise d'avoir une vision holistique de ses coûts de personnel : plus question, par exemple, d'analyser les surcoûts ou les économies que peut représenter le télétravail, ou de préparer l'évaluation du retour sur investissements humains…

Par ailleurs, le budget du personnel est encore le plus souvent déterminé par ajout d'un pourcentage d'augmentation négocié chaque année entre les différentes parties en présence (direction générale, managers, DRH, représentants du personnel) sans référence directe à la capacité à payer de l'entreprise. Les résultats peuvent être catastrophiques : privés de références stratégiques, les employés et la DRH négocient sur la base de la pratique du marché et/ou de ce qu'ils estiment

© Groupe Eyrolles

juste par rapport à leur vision nécessairement parcellaire de leurs contributions. Si leurs arguments portent, le pourcentage d'augmentation peut s'avérer irréaliste, auquel cas l'organisation a le choix entre se mettre en danger et décevoir ses employés en revenant sur ses promesses. La seule façon d'éviter ce genre de dilemme est d'établir son budget sur la base de ce que l'entreprise peut se permettre, d'abord et avant tout, et de produire diverses simulations sur la façon de le distribuer afin d'arriver à un scénario satisfaisant pour toutes les parties en présence. Mais cela requiert une transparence que les dirigeants ont encore un peu de mal à accepter et des outils de simulation budgétaire adéquats dont encore bien peu de DRH bénéficient. Du coup, un exercice qui devrait prendre quelques heures demande souvent des semaines si ce n'est des mois et il est généralement illusoire de vouloir rencontrer un directeur RH pendant la période budgétaire – alors même que la valeur de sa contribution est encore trop souvent minime.

L'évaluation du retour sur investissements humains, à l'autre bout du spectre des activités de gestion de la rémunération, constitue l'une des contributions de la DRH les plus attendues par la direction générale et, dans certains cas, l'un des indicateurs clés de performance pour l'organisation entière. Cette évaluation, toutefois, exige non seulement que les coûts du personnel soient tous identifiés, budgétés de façon intégrée, gérés et contrôlés à tous les niveaux, mais aussi qu'une méthodologie soit en place pour mesurer la valeur des contributions de chaque employé aux résultats globaux. Des exigences rarement satisfaites aujourd'hui.

* Si toutes les entreprises ont un système de paie (même s'il s'agit d'un simple tabulateur), rares sont celles qui ont un logiciel de gestion de la rémunération.

* Tous les coûts du personnel ne sont pas forcément identifiés comme tels et/ou ne sont pas forcément enregistrés ensemble dans une même banque de données.

* Les DRH ont du mal à catégoriser clairement ces coûts, ne serait-ce que parce que certaines récompenses de la performance se retrouvent dans les salaires (voir la désastreuse « augmentation au mérite »), ou parce que certains éléments de salaire sont déguisés sous forme d'avantages en espèces.

* La budgétisation est un exercice douloureux car le micromanagement est encore tellement présent que les calculs de coûts moyens par grade sont peu représentatifs ; comment alors effectuer des simulations ?

© Groupe Eyrolles

Bref, bien des DRH en sont encore à micro-manager (manuellement !) des données individuelles desquelles il est impossible de tirer des analyses de scénarios ou de tendances. Impossible aussi de calculer les coûts indirects ou cachés, comme ceux que représentent le départ d'un employé et son remplacement. Du coup, les DRH, assez logiquement, ne voient pas l'utilité de se lancer dans la mesure de la valeur générée par les employés, d'autant qu'en l'absence d'une véritable gestion stratégique de la performance, elles ne savent pas par où commencer. L'analyse du retour sur investissements humains relève donc encore de la science-fiction, ou – soyons optimistes – de l'anticipation.

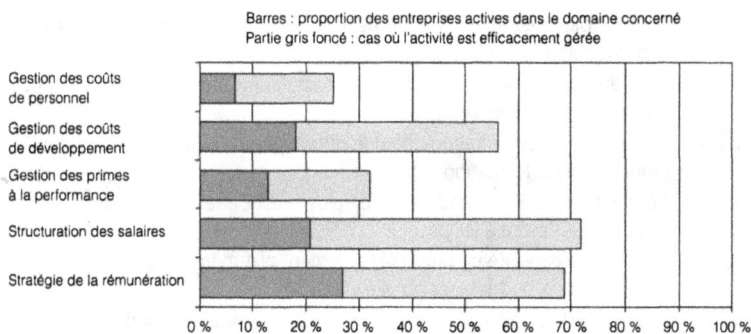

Barres : proportion des entreprises actives dans le domaine concerné
Partie gris foncé : cas où l'activité est efficacement gérée

Gestion des coûts de personnel	
Gestion des coûts de développement	
Gestion des primes à la performance	
Structuration des salaires	
Stratégie de la rémunération	

0 % 10 % 20 % 30 % 40 % 50 % 60 % 70 % 80 % 90 % 100 %

Source : Prasena

Efficacité de la gestion de la rémunération en 2009

TEST D'EFFICACITÉ DE LA DRH

Votre conception de la gestion de la rémunération est-elle celle d'une entreprise-cerveau ?

Indiquez « A » en face de ce qui est pratiqué et « B » en face de ce qui n'est pas pratiqué dans votre entreprise aujourd'hui :

☐ 1. Les salaires représentent l'essentiel de la rémunération et leur but est polyvalent.

☐ 2. Le salaire d'un employé dépend beaucoup de ce qu'il a négocié à l'embauche.

☐ 3. Les salaires dans un même poste dépendent du type de contrat, ou du genre/âge/nationalité du titulaire.

☐ 4. Les vendeurs n'ont pas même structure salariale que les ingénieurs et/ou que les employés de bureau.

☐ 5. Un certain nombre de salaires se trouvent hors de l'échelle déterminée pour le grade concerné.

.../...

© Groupe Eyrolles

┌─ .../...

- [ ] 6. Les augmentations de salaires sont données au mérite ; elles dépendent de l'attitude et/ou de la performance.
- [ ] 7. Les managers ont leur mot à dire sur les augmentations de salaires de leurs subordonnés.
- [ ] 8. Deux personnes dans un même poste peuvent avoir des salaires très différents.
- [ ] 9. Toute une panoplie d'incitations est disponible pour que chaque employé puisse être motivé.
- [ ] 10. Certains employés sont éligibles à un ou des programmes d'incitation à la performance, d'autres non.
- [ ] 11. La performance est récompensée avec des primes et/ou des avantages, mais n'a rien à voir avec le salaire.
- [ ] 12. On contrôle sévèrement les frais généraux, on partage généreusement et démocratiquement les profits.
- [ ] 13. Le budget du personnel est établi sur bases comptables : avantages et/ou formation n'y figurent pas.
- [ ] 14. La DRH évalue systématiquement le retour sur investissement de chaque programme de formation.
- [ ] 15. Ce que l'entreprise attend de ses employés est clairement en ligne avec ce qu'elle est prête à les payer.
- [ ] 16. La DRH a la capacité de produire facilement elle-même toutes les simulations budgétaires qu'elle veut.
- [ ] 17. Le budget du personnel est déterminé chaque année par addition d'un pourcentage au précédent.
- [ ] 18. La DRH gère une structure de rémunération qui, au-delà des salaires, intègre la rémunération totale.
- [ ] 19. L'équité est soigneusement vérifiée à tous les niveaux de rémunération.
- [ ] 20. La compétitivité externe ne se limite pas à un alignement du salaire sur la pratique de marché pour le poste.
- [ ] 21. Tous les employés sont payés en ligne avec le positionnement de marché désiré.
- [ ] 22. La gestion de la paie représente une proportion significative des activités et des effectifs de la DRH.
- [ ] 23. Tous les coûts de personnel sont contrôlés par la DRH en temps réel.
- [ ] 24. La DRH tente d'évaluer le retour sur investissements humains.

Grille d'interprétation

Si votre conception de la gestion de la rémunération est celle d'une entreprise-cerveau :

Voilà ce qui est pratiqué [A] :

9 – 11 – 12 – 14 – 15 – 16 – 18 – 19 – 20 – 21 – 23 – 24

Voilà ce qui a disparu [B] :

1 – 2 – 3 – 4 – 5 – 6 – 7 – 08 – 10 – 13 – 17 – 22

© Groupe Eyrolles

Intégration : une philosophie nébuleuse

La **gestion de l'intégration** consiste à clarifier la philosophie de l'entreprise vis-à-vis de ses ressources humaines, à vérifier que toutes les politiques et pratiques RH sont bien cohérentes dans cette perspective et à les présenter comme un tout harmonieux aux nouveaux employés aussi bien qu'aux employés en poste.

Le rôle de la fonction RH dans ce domaine consiste à :

- clarifier avec le comité exécutif le positionnement de l'entreprise en tant qu'employeur, c'est-à-dire la façon dont l'entreprise voit ses ressources humaines, ce qu'elle attend d'elles et ce qu'elle est prête à faire pour elles ;
- développer, actualiser et communiquer le « Manuel de l'employé » ainsi que les autres plates-formes de communication éventuelles (radio/TV interne, magazines et bulletins d'informations, tableaux d'affichage sur murs et en ligne, site Web, page intranet-RH…) ;
- préparer les grandes lignes du programme d'orientation pour les nouveaux embauchés, faciliter le développement des contenus détaillés fait par l'équipe de management, contrôler leur actualisation en temps réel, organiser les sessions, vérifier que les contenus sont facilement accessibles à tous les employés et écouter l'opinion de tous sur le programme pour l'adapter en fonction ;
- acquérir les applications capables de faciliter la communication et l'échange d'informations et d'opinions en ligne, en devenir un utilisateur compétent et éclairé.

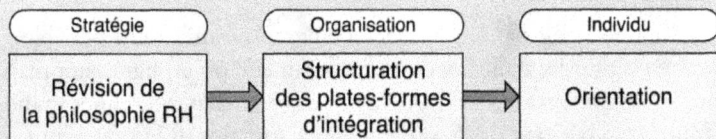

Stratégie	Organisation	Individu
Révision de la philosophie RH	Structuration des plates-formes d'intégration	Orientation

Si la plupart des entreprises adorent (ou adoreraient) se voir attribuer le titre du « meilleur employeur de l'année », elles semblent souvent laisser aux enquêteurs le soin de définir ce que l'on entend par là. Lorsqu'on leur demande de décrire le genre d'employeur qu'elles veulent être, il est rare que la réponse fuse spontanément, et, devant plusieurs réponses préparées, elles sélectionnent souvent la plus neutre (du genre « nous voulons être une entreprise qui réussit, car

© Groupe Eyrolles

tout le monde est attiré par le succès »). Nous avons déjà mentionné cette absence de réflexion stratégique au niveau de la rémunération et, de fait, tout se passe comme si le comité exécutif attendait paisiblement que la DRH fasse son travail et pose ces vraies questions. Mais celle-ci étant encore distraite par les tâches administratives qui la dévorent et souvent exclue des discussions stratégiques, les politiques RH semblent souvent venir de nulle part, incohérentes et sans lien visible avec les valeurs et la culture de l'entreprise…

Quelle qu'en soit la nature, ces politiques changent relativement souvent, pour s'aligner sur de nouvelles réglementations, pour intégrer les conséquences d'une fusion, acquisition ou restructuration et/ou pour revitaliser des pratiques obsolètes. Il est donc très important d'avoir un ou plusieurs vecteurs de communication permettant de s'assurer que tous les employés sont tenus au courant des changements et connaissent leurs droits et devoirs dans l'organisation.

Le plus officiel et le plus universel de ces vecteurs est le manuel de l'employé, la « bible » comme l'appellent certains. Or, ces manuels ne sont pas toujours mis à jour au fur et à mesure des changements et facilement accessibles aux employés. Ils insistent souvent plus sur les devoirs des employés, les règles de discipline et de sécurité, que sur leur appartenance à une communauté unique et leurs droits en tant que membres de cette communauté. La quantité (et la qualité) de leurs contenus varie considérablement et, au final, assez peu contiennent ce que l'on devrait en attendre, c'est-à-dire une présentation de l'entreprise, de sa culture, de ses valeurs et de sa philosophie d'emploi, les règlements intérieurs et les règles d'éligibilité et formules de calcul des composants de rémunération.

Le manuel n'est pas le seul vecteur de communication possible ; le choix est large, des tableaux d'affichage sur site ou en ligne, aux magazines, radios, télévisions et sites Web à usage interne. Certaines grandes entreprises n'hésitent pas à intégrer à leur fonction RH une équipe de communication audiovisuelle et multimédia. Même les PME aux moyens plus réduits sont aujourd'hui en mesure d'utiliser leur intranet et autres plates-formes de communication pour faciliter l'intégration de leurs employés à peu de frais.

L'un des plus importants outils d'intégration est le programme d'orientation, car il est le premier auquel les employés tout nouvellement embauchés ont accès, et peut soit confirmer leur motivation et les fidéliser d'emblée, soit renforcer leurs inquiétudes et les déstabiliser pour longtemps. Or, si la quasi-totalité des entreprises aujourd'hui

© Groupe Eyrolles

offrent un programme d'orientation assez structuré à leurs nouveaux employés, ceux-ci attendent parfois trop longtemps pour en bénéficier. Certains de ces programmes sont structurés comme une séance de formation conventionnelle, sans personnalisation, sans interactivité ; le ton ainsi donné n'est pas forcément celui que l'on voudrait. Par ailleurs, les entreprises tendent à dédaigner une réutilisation possible, oubliant que ces programmes, nécessairement actualisés, peuvent constituer une référence inestimable pour les employés en poste, qui ont eux aussi fort besoin de se tenir au courant. Comme souvent, ce ne sont pas les moyens qui manquent, mais la pensée alternative, la créativité.

Relations : on revient enfin au dialogue

La **gestion des relations** consiste à établir un dialogue avec les représentants des employés (syndicats ou autres), mais aussi et surtout avec les employés eux-mêmes, à écouter leurs opinions et suggestions et à s'efforcer d'atteindre l'harmonie entre le point de vue de l'entreprise et les aspirations des employés.

Le rôle de la fonction RH dans ce domaine consiste à :

- apporter et utiliser une méthodologie permettant d'évaluer régulièrement et de comprendre le niveau de satisfaction des employés ;
- encourager le dialogue (direct et indirect) entre employés et avec le management et développer des plates-formes de dialogue synchrone et asynchrone ;
- développer un questionnaire de soutien aux interviews d'employés démissionnaires, consolider et analyser les résultats ;
- consolider régulièrement les informations provenant de sources variées, analyser les facteurs d'attraction, de satisfaction, de motivation et de fidélisation des employés et proposer des mesures d'amélioration au comité exécutif ;
- acquérir des applications capables de faciliter et d'intégrer les retours d'opinions des employés, en devenir un utilisateur compétent et éclairé.

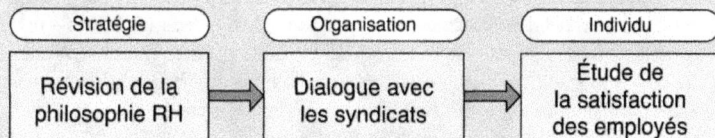

Stratégie	Organisation	Individu
Révision de la philosophie RH	Dialogue avec les syndicats	Étude de la satisfaction des employés

© Groupe Eyrolles

Dans le cadre des relations au sein de l'entreprise, il convient de faire la différence entre le dialogue avec « les partenaires sociaux », c'est-à-dire avec les syndicats et autres représentants officiels des employés, et le dialogue avec les employés eux-mêmes.

Lorsque l'on y pense, sur le principe, il devrait être de l'intérêt de tous qu'un dialogue multilatéral et continu, formel, non formel et/ou informel, existe en tout temps au sein de l'organisation. Du reste, il existe bien dans la plupart des TPE et des PME du monde entier. Mais les choses se gâtent à mesure que l'entreprise grossit et que le management s'éloigne de sa base. Des gens qui trouvaient normal de s'adresser à leur patron au détour d'un couloir, pour lui faire part de leurs petits problèmes, sont bien embarrassés de le faire par écrit et en passant par un ou plusieurs intermédiaires. Quant au patron, il est peut-être toujours disponible dans le couloir, mais les gens qu'il y rencontre ne sont plus les mêmes. Quand la communication se raréfie, les malentendus se multiplient. La communication formelle est plus rare, plus acérée, moins subtile, plus agressive. Et quand le patron finit par associer remontée des employés avec risque de conflits, il a tendance à essayer d'éviter ces remontées. Le droit du travail s'en est mêlé dans la plupart des pays et voilà les représentants des employés légitimés dans ce qui n'est plus un « dialogue », ni même un *feedback* (remontée d'opinion), mais des « revendications ».

Dans certains pays, la spirale s'est heureusement arrêtée là. Les syndicats, constitués à l'échelle de l'organisation, sont fort conscients du fait que la sécurité de l'emploi des individus passe par la pérennité de l'entreprise. Ils agissent en partenaires de l'entreprise et leurs éclats en cas d'abus manifeste ont d'autant plus d'impact qu'ils sont rares.

Rappelons, par exemple, ce qui se passa en 1995 en Thaïlande, lorsque les industries du textile, mises en échec par le Vietnam et la Chine plus compétitifs, durent se restructurer, voire fermer plusieurs usines. Des centaines de personnes employées depuis vingt ou trente ans se retrouvèrent à la rue du jour au lendemain, à une époque où la loi du travail ne leur offrait aucune protection. Elles se révoltèrent et, par solidarité, des centaines de milliers de manifestants défilèrent devant le Parlement. Dans la soirée, le Premier ministre déclara alors que, responsables de troubles de l'ordre public, les entreprises incriminées devaient réintégrer, sur l'heure et sans condition, toutes les personnes qu'elles avaient licenciées ! Du coup, ces entreprises qui n'avaient pas voulu penser à leur personnel d'elles-mêmes durent par force reconsidérer les choses – un peu tard malheureusement pour certaines, qui durent déclarer faillite. Peu de temps après, la loi du travail était modifiée, introduisant le principe de notification à l'avance en cas de licenciement et celui d'indemnités en fonction de l'ancienneté.

© Groupe Eyrolles

Dans d'autres pays, la politisation de syndicats nationaux changea la donne, surtout lorsque, dans les années 1970, ils se positionnèrent en apporteurs de modèles économiques alternatifs au capitalisme industriel qui se pratiquait alors en Occident. Ainsi déplacé dans la sphère idéologique, le débat se durcit tout en s'éloignant de plus en plus de la réalité quotidienne des employés et de leurs patrons. Sur fond des graves conflits sociaux qui s'ensuivirent, les directions générales et les DRH des grandes entreprises raffinèrent l'art de « négocier » avec leurs « partenaires sociaux » sans vraiment porter attention au tort qu'elles faisaient à leurs propres organisations. Quant aux employés, tout le monde les avait oubliés. Le dialogue n'existait plus.

Mieux éduqués, plus qualifiés, plus informés, plus autonomes, les employés d'aujourd'hui retrouvent toutefois la parole, la leur, au niveau individuel. La vague de conflits sociaux qui accompagne la crise actuelle à travers le monde est clairement liée à l'exigence d'un véritable dialogue au sein de l'entreprise, hurlée dans toutes les langues de la Terre. Ayant intégré la notion d'interconnectivité véhiculée par les e-mails, les téléphones portables et Internet, les employés n'acceptent plus la distanciation et demandent à pouvoir reprendre leurs conversations avec le patron au détour d'un couloir, fût-il virtuel.

Les directions générales, peu aidées par des DRH plus dociles qu'actives, réagissent avec un temps de retard. Elles hésitent encore à rétablir un dialogue dont elles ne savent pas si elles pourront le contrôler. Alors, dans un premier temps, elles se mettent à l'écoute. Elles sont de plus en plus nombreuses à conduire, ou à faire conduire, des enquêtes de satisfaction parmi leurs employés (même si, un peu hypocrites, elles évitent parfois les questions qui risqueraient d'ouvrir une boîte de Pandore). Lorsque l'environnement y est propice, certaines DRH ont intelligemment mis en place des réseaux informels par lesquels elles se font remonter toute information susceptible de leur faire mieux comprendre l'état d'esprit des employés et de les alerter en cas de problème potentiel (rôle que remplissent aussi les syndicats partenaires). La plupart s'efforcent également de conduire des interviews de sortie avec les employés démissionnaires, pour comprendre non seulement ce qui les a motivés à partir, mais aussi ce qui les motivait à rester jusqu'alors.

Timidement, certaines organisations finissent même par se lancer dans le dialogue direct, via leur DRH. Remarquablement, c'est avec leurs talents qu'elles choisissent de dialoguer – peut-être parce que,

© Groupe Eyrolles

dans leur acception du terme, la plupart des talents aujourd'hui sont des managers, peut-être aussi parce que les talents recevant des traitements privilégiés, on s'attend à ce qu'ils soient « raisonnables » dans leur communication… C'est tout de même un début prometteur : via entretiens professionnels, *hot line* et/ou sondages d'opinions, la démarche a pour but de fidéliser ces talents, et la DRH ne peut se permettre de faire semblant ; il faut qu'elle s'intéresse pour de vrai et s'assure de mesures concrètes lorsque les talents font des suggestions. La qualité de ce dialogue, aussi limité soit-il encore, est sans doute supérieure à ce que l'on a connu depuis des lustres, dans les grandes entreprises en tout cas…

Reporting RH : des statistiques encore incomplètes et non actualisées

La **gestion du reporting RH** consiste à déterminer et à actualiser en temps réel les indicateurs clés qui donnent une bonne idée de la situation du personnel, à intégrer ces données dans des rapports facilitant la prise de décisions stratégiques et à produire des analyses régulières des forces, faiblesses, risques et opportunités du personnel de l'entreprise.

Le rôle de la fonction RH dans ce domaine consiste à :

- déterminer les indicateurs clés qui permettent ensemble de donner une image complète et fidèle de la situation du personnel et s'assurer que les banques de données et les logiciels de gestion disponibles (et les générateurs de rapports associés) sont en mesure de générer automatiquement les statistiques requises à n'importe quel moment ;
- administrer les banques de données et sources d'information RH de façon à s'assurer que toutes les statistiques produites sont actualisées au fur et à mesure des changements ;
- préparer et actualiser des modèles de tableaux de bord et rapports dont le format est standardisé mais les contenus peuvent être personnalisés ;
- produire ces tableaux de bord et rapports, y compris l'analyse globale annuelle des forces, faiblesses, opportunités et risques du personnel (ou « *SWOT* » pour « Strengths, Weaknesses, Opportunities and Threats ») et les communiquer en temps utile.

© Groupe Eyrolles

Stratégie	Organisation	Individu
Analyse SWOT des ressources humaines	⬅ Production des tableaux de bord RH	⬅ Maintenance des statistiques RH

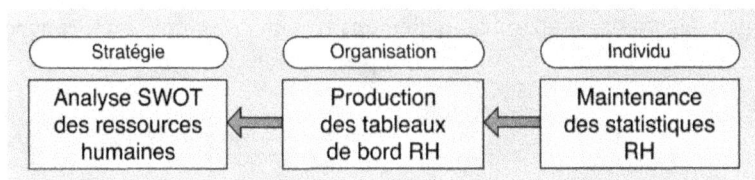

Si la gestion de l'intégration se préoccupe de la communication du haut vers le bas de l'organisation et de la gestion des relations du dialogue multidirectionnel en son sein, la gestion du *reporting* concerne les remontées formalisées de l'information vers le sommet de la hiérarchie. De grosses faiblesses dans ce domaine ont longtemps contribué au manque de crédibilité de la DRH au sein du comité exécutif, sceptique face aux rapports vagues, intuitifs et anecdotiques qu'elle fournissait en l'absence d'outils capables de produire des statistiques fiables et actualisées.

L'amélioration de cette situation est directement dépendante de la mise en place (et de l'efficace utilisation) des outils informatiques, banques de données et applications professionnelles de gestion, adaptées aux politiques et pratiques de l'entreprise, intégrées et surtout équipées de fonctionnalités statistiques et *reporting*. Notons d'ailleurs que cette dernière condition constitue le plus gros problème pour les DRH dont l'entreprise a décidé d'introduire l'une de ces solutions géantes qui dominent le marché à l'heure actuelle, car ces dernières, essentiellement constituées de grosses banques de données, sont peu flexibles et peu utilisables au-delà de fonctionnalités de transactions administratives. Pour que leur valeur soit optimisée, elles doivent être associées à des satellites permettant de véritables activités de gestion ainsi qu'à des générateurs de rapports et statistiques ; or, l'établissement des interfaces nécessaires n'est pas une mince affaire. Bien des DRH se trouvent coincées entre la mauvaise volonté des informaticiens concernés, le prix prohibitif de ces adaptations et l'incompréhension des directions générales persuadées que, vu leur prix, ces solutions devraient être parfaites telles quelles.

Parmi les DRH qui bénéficient d'outils informatiques de gestion RH, beaucoup font également face au problème de leur non-intégration. Ainsi, chaque outil produit peut-être ses statistiques, mais il faut ensuite consolider les chiffres manuellement et les retraiter afin d'obtenir les tableaux de bord globaux à l'échelle de l'organisation. Mais la majorité des entreprises sont encore privées de ces outils, intégrés ou non. Résultat : le temps passé à produire les statistiques RH

© Groupe Eyrolles

manuellement ou quasi manuellement est sans commune mesure avec la valeur de chiffres souvent incomplets, obsolètes, voire erronés.

Barres : proportion des entreprises actives dans le domaine concerné
Partie gris foncé : cas où l'activité est efficacement gérée

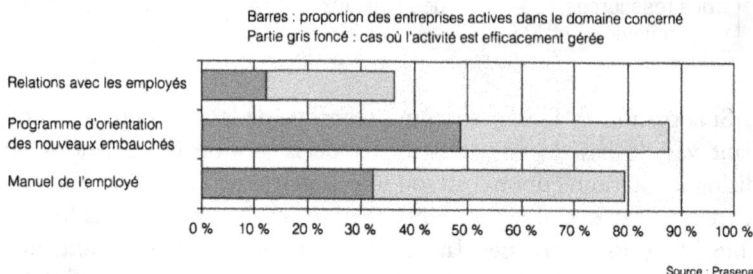

Source : Prasena

Efficacité de la gestion de la communication RH en 2009

TEST D'EFFICACITÉ DE LA DRH

Votre conception de la communication RH est-elle celle d'une entreprise-cerveau ?

Indiquez « A » en face de ce qui est pratiqué et « B » en face de ce qui n'est pas pratiqué dans votre entreprise aujourd'hui :

☐ 1. La philosophie de l'emploi de l'entreprise est claire et bien communiquée.

☐ 2. Les politiques de gestion RH sont immuables.

☐ 3. Le « Manuel de l'employé » est accessible, actualisé, agréable à lire et rédigé de façon positive et motivante.

☐ 4. Le programme d'orientation est réservé aux nouveaux entrants dans l'entreprise.

☐ 5. Un véritable dialogue multilatéral existe à tous les niveaux dans l'entreprise.

☐ 6. Seules les revendications syndicales sont traitées par la direction générale.

☐ 7. N'importe quel employé peut se faire entendre individuellement par le patron.

☐ 8. Les enquêtes de satisfaction se restreignent aux questions « politiquement correctes ».

☐ 9. Des mesures concrètes sont mises en place en lien direct avec les résultats de chaque enquête de satisfaction.

☐ 10. Les employés démissionnaires sont interviewés, et les informations recueillies sont consolidées et analysées.

☐ 11. La DRH produit des statistiques manuellement.

☐ 12. La DRH analyse régulièrement les forces, faiblesses, risques et opportunités de la main-d'œuvre de l'entreprise.

☐ 13. La direction générale a accès à des tableaux de bord RH actualisés en temps réel.

.../...

© Groupe Eyrolles

┌─ .../... ───

☐ 14. Seule la direction générale a accès aux tableaux de bord RH.

☐ 15. La fonction RH travaille sans outil informatique spécifiquement dédié
à la GRH.

☐ 16. La fonction RH doit faire appel à des techniciens spécialisés pour produire
ses statistiques et rapports.

Grille d'interprétation

Si votre conception de la gestion de la communication RH est celle d'une entreprise-cerveau :

Voilà ce qui est pratiqué [A] :   Voilà ce qui a disparu [B] :

1 – 3 – 5 – 7 – 9 – 10 – 12 – 13   2 – 4 – 6 – 8 – 11 – 14 – 15 – 16

© Groupe Eyrolles

Chapitre 19

Préparer l'avenir

Contrairement aux gestions de l'organisation, de la performance et de la rémunération qui parlent au présent, voire au passé (on gère ce que l'on a en résultat de ce qui a été fait), la gestion du développement s'inscrit résolument dans l'avenir. De fait, si l'on veut faire changer quelque chose, il faut regarder dans l'avenir, visualiser ce vers quoi l'on aimerait tendre, puis prendre les mesures de développement idoines. Aussi, une gestion du développement (quel qu'il soit) repose-t-elle sur une planification préliminaire, processus d'exploration de notre futur et de mise en place des balises qui nous guideront sur le chemin.

La planification stratégique RH comporte sept composants catégorisés ainsi :

- préliminaires : pour pouvoir se lancer dans la planification stratégique RH, il faut que le comité exécutif se soit **plongé dans l'avenir**, ait élaboré des **scénarios futurs**, en ait tiré des **objectifs stratégiques** à cinq ans ou plus et une **stratégie pour les atteindre** ; ce ou ces scénarios futurs doivent ensuite être traduits en un **profil d'organisation future**. Or, si la plupart des directions générales travaillent effectivement au développement de leur stratégie commerciale, il est beaucoup plus rare qu'elles poussent la réflexion jusqu'à l'établissement d'un profil d'organisation future. Et si elles s'y attellent, très peu pensent à utiliser les outils de cartographie du management et de gestion des compétences pour donner de la substance à ce profil. Ainsi, même les DRH qui disent avoir une assez bonne visibilité au moins sur les cinq ans à venir la traduisent rarement en références concrètes (futur organigramme, future carte des responsabilités, futur dictionnaire des compétences, etc.) ;

composant principal : le principal composant de la planification stratégique RH est le **plan de migration**, qui montre la façon dont

l'organisation actuelle devrait évoluer année après année afin
d'atteindre le profil voulu au moment voulu. De simplement partir
de l'organisation existante et de la faire évoluer en fonction de mots
d'ordre généraux ne suffit pas : c'est cette évolution linéaire et à
petits pas qui place tant d'entreprises devant l'obligation de licencier,
de fermer des usines sans aucune préparation. Elles sont semblables
à une flotte qui navigue sans plan de route, en se disant qu'elle finira
bien par toucher terre quelque part. Est-il surprenant qu'elle perde
quelques bateaux et une partie de ses matelots en chemin ? C'est
bien cela que les employés reprochent à leurs patrons aujourd'hui.
Fini le temps où ils pensaient que le bateau coulerait sans son capitaine, ils savent maintenant qu'ils sont tout à fait capables de le maintenir à flot. Mais le capitaine est celui qui devrait avoir le plan de
route et le sextant pour vérifier que l'on est sur la bonne voie. S'il
ne sait pas où il va, quelles sont les chances de survie sur son rafiot ?
Terminons la métaphore en imaginant que le bateau finit par couler
et que les matelots, à qui l'on s'est contenté de donner une simple
bouée en leur souhaitant bonne chance, voient leur patron s'éclipser
à bord d'un confortable hélicoptère et l'on aura une idée des
sentiments qui grondent chez bien des employés en nos temps de
crise… ;

- composants secondaires : au cours du processus visant à développer
le plan de migration par référence au profil de l'organisation future,
apparaît souvent le besoin d'introduire des **changements** relativement drastiques : par exemple, le besoin d'investir (acquisitions,
fusions, diversifications), le besoin de désinvestir (séparations, exter-
nalisations, réductions de taille), et/ou le besoin de se restructurer.
Ces changements étant tous porteur de gros risques de traumatisme,
ils doivent être soigneusement planifiés et préparés. D'où la nécessité
d'avoir une méthodologie de « *due diligence* RH » (audit RH préliminaire à une fusion ou acquisition) pour optimiser les chances de
succès d'un investissement, un plan de désinvestissement pour minimiser les licenciements, des programmes d'« *outplacement* » (aide à la
transition vers un nouvel emploi) pour accompagner en douceur les
désinvestissements et un plan de restructuration pour assurer l'efficacité des processus. Inutile de préciser que plus ces plans et prépa-
rations sont faits à l'avance, plus la DRH augmente ses chances
d'éviter les erreurs, les volte-face et les décisions traumatiques de
dernière minute qui foisonnent dans les entreprises aujourd'hui.

En effet, ces exercices de première importance sont les grands absents
de nos organisations – et particulièrement des grandes entreprises. Si

© Groupe Eyrolles

due diligence il y a, elle se focalise sur les aspects financiers et commerciaux et oublie les aspects humains ; il est pourtant reconnu que la plupart des échecs de fusions ces dernières années furent dus à l'incompatibilité des cultures ! Les plans de désinvestissement, hypocritement rebaptisés « plans sociaux » en France, sont le plus souvent à courte vue, préparés trop peu de temps à l'avance pour éviter ou même minimiser les licenciements et ne sont donc guère plus que des programmes d'*outplacement* plus ou moins généreux. En outre, en l'absence de gestion des compétences, les méthodologies manquent pour identifier intelligemment les personnes qui doivent partir ; les décisions pèsent sur le jugement subjectif de managers stressés et les conséquences en sont parfois très lourdes : il n'est pas rare que dans les « charrettes » disparaissent ainsi des employés dont les compétences auraient en fait été vitales pour le développement de l'entreprise. Dans presque tous les cas, un licenciement est un échec de management.

Développement de l'organisation : succession et recrutement

La **gestion du développement de l'organisation** consiste à visualiser l'organisation telle qu'elle pourrait ou devrait être dans l'avenir pour atteindre ses objectifs stratégiques à long terme, et à guider l'évolution de l'organisation actuelle, via une planification des recrutements et des successions, dans la direction du profil futur désiré.

Le rôle de la fonction RH dans ce domaine consiste à :

- traduire les objectifs à long terme de l'entreprise en plans stratégiques RH (profil de l'organisation future, plan de migration, plan de restructuration...) et assurer une visibilité sur trois-cinq ans au moins ;
- apporter une méthodologie, basée sur la gestion des compétences, permettant l'identification de successeurs possibles pour chaque poste, faciliter le processus de sélection conduit par l'équipe de management et vérifier que chaque poste est bien associé à une liste de successeurs possibles ;
- établir un plan de recrutement à long terme, apporter et appliquer une méthodologie, basée sur la gestion des compétences, permettant de chercher, filtrer et présélectionner les meilleurs candidats à l'embauche ;

© Groupe Eyrolles

- acquérir un logiciel de gestion du recrutement (idéalement intégré avec le logiciel de gestion des compétences) capable de faciliter et d'intégrer tous ces processus, en devenir un utilisateur compétent et éclairé.

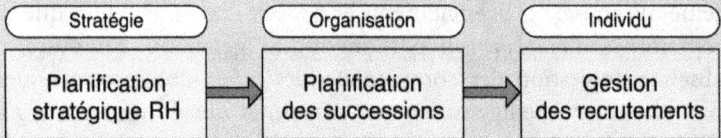

Note

Le profil de l'organisation future, le plan de migration, le plan des successions et la gestion des recrutements sont des outils clés de la GPEC (voir p. 261 et s.).

À première vue, la planification des successions semble être, contrairement à la planification stratégique, une notion assez familière aux DRH… même si, conceptuellement, il est assez difficile d'imaginer comment on peut préparer des successeurs pour des postes dont on ne sait pas à quoi ils vont ressembler (ou même s'ils existeront toujours) au moment où les successeurs seront prêts à les prendre…

De fait, la conception qu'ont les DRH de la gestion des successions est souvent assez particulière : la plupart d'entre elles la voient comme un outil d'identification des « hauts potentiels » focalisé exclusivement sur les postes clés de management et sur les personnes qui pourraient les prendre en main à plus ou moins longue échéance. Le terme « outil » est du reste inapproprié, car il s'agit généralement d'une procédure plus ou moins structurée par laquelle chaque manager, et/ou l'équipe de management entière, désigne tous les ans les successeurs possibles aux postes concernés sur la base de leurs opinions subjectives. Dans certains cas, les successeurs ne sont même pas au courant de leur nomination ! Enfin, bien peu d'entreprises pensent à déterminer des postes encore inexistants mais qu'il va falloir créer dans l'avenir et à identifier les personnes qui pourraient éventuellement y être placées – ce qui, en l'absence de profil d'organisation future, n'est guère étonnant. Résultat : la DRH est prise au dépourvu lorsqu'on lui annonce la création d'un nouveau poste et n'a d'autre choix que de recruter à l'extérieur, privant ainsi des employés fidèles d'une chance de promotion.

© Groupe Eyrolles

L'exercice tel qu'il est conçu actuellement est donc tellement limité qu'il devrait être facile pour les DRH de repartir d'une feuille vierge pour mettre en place une planification des successions véritablement professionnelle. Toutefois, elles doivent tout d'abord s'assurer que deux conditions sont remplies :

- d'une part, il leur faut acquérir les outils de planification stratégique qui leur permettent de produire un organigramme de l'organisation future, puisque c'est cet organigramme qui fournira la base de travail de la planification des successions ;
- d'autre part, il leur faut un système de gestion des compétences digne de ce nom, permettant l'analyse comparative entre les compétences exigées par un poste existant ou futur et celles qui sont démontrées par n'importe quelle personne employée ou non par l'entreprise, puisque c'est l'analyse des écarts de compétences qui fournira la possibilité de sélectionner les successeurs possibles sur une base objective.

L'autre outil majeur de la gestion du développement de l'organisation est l'une des plus inévitables des activités de GRH, le recrutement. Ironiquement, c'est aussi le domaine dans lequel le plus grand nombre de DRH admettent humblement n'avoir aucune méthodologie de gestion à proprement parler. De fait, en l'absence de plan de migration et de plan de succession à grande échelle, les recrutements, rarement planifiés au-delà de l'année budgétaire, s'effectuent sans visibilité. Cette situation génère une pression de plus en plus forte dans un environnement où il s'avère globalement fort difficile de trouver les profils de plus en plus précis que l'on recherche. Or, la multiplication des partenaires de recrutement (en particulier en ligne) n'arrange pas les choses, car le secteur des services de recrutement est en plein bouleversement et n'a pas encore bien trouvé ses marques dans le paysage cybernétique. Il est considéré qu'actuellement les partenaires de recrutement les plus efficaces sont les employés eux-mêmes et les banques de données de candidats en ligne. Mais lorsque ce genre de canal est utilisé, l'identification de candidats idoines prend beaucoup de temps. Dans certaines entreprises, des postes clés restent vacants pendant dix-huit mois, voire deux ans, en attendant la perle rare.

Dans un tel environnement, les activités de recrutement tendent à se recentraliser au sein de la DRH, qui leur voue souvent beaucoup plus de ressources qu'elle peut se le permettre (surtout lorsque le taux de roulement est important ou lorsque l'entreprise grandit vite) et finit par délaisser ses autres responsabilités.

© Groupe Eyrolles

Il s'agit donc pour elle de recruter plus vite, et surtout recruter mieux.

- Chercher et attirer de bons candidats sans perdre de temps demande une information appropriée : une description du poste (responsabilités) et un profil du poste (compétences) complets et à jour, et un tableau exhaustif de la rémunération associée (en espèces, en avantages et en crédits de formation).

- Assurer une présélection efficace des candidats requiert un formulaire de candidature formaté selon les besoins de l'entreprise et permettant l'automatisation du filtrage initial. Le système de gestion des compétences permet ensuite de vérifier de façon objective et cohérente l'adéquation entre le candidat et les valeurs de l'entreprise ainsi que les exigences du poste. Les candidatures internes et externes devraient être acceptées et traitées de la même façon.

- L'optimisation du processus passe par son informatisation. Si le formulaire de candidature est posté sur des plates-formes grand public (website, intranet…), intégré avec la banque de données administratives des employés, et interfacé avec le logiciel de gestion des carrières, les informations recueillies sont disponibles pour de multiples usages sans que l'on ait besoin de les resaisir.

Développement de la personne : carrières et promotions

La **gestion du développement de la personne** consiste à comprendre les besoins évolutifs de l'organisation en termes de personnes et de compétences, à analyser les aspirations personnelles et les potentiels de développement de chaque employé et à s'efforcer de maintenir la meilleure adéquation entre les besoins de chaque partie afin d'assurer la fidélité et une contribution optimale des employés sur la durée.

Le rôle de la fonction RH dans ce domaine consiste à :

- apporter une méthodologie, basée sur la gestion des compétences, permettant l'identification de futurs postes possibles pour chaque employé, conduire le processus de sélection avec l'employé et vérifier que chaque employé a toujours au moins un poste futur possible ;
- intégrer les postes futurs possibles dans les plans de carrières qui montrent pour chaque employé leur évolution professionnelle depuis l'obtention de leur diplôme jusqu'à trois-cinq ans dans l'avenir ;

© Groupe Eyrolles

- acquérir un logiciel de gestion de la planification (idéalement intégré avec les logiciels de gestion des compétences et de gestion du recrutement) capable de faciliter et d'intégrer les processus de planification des carrières, des successions et des promotions ; en devenir un utilisateur compétent et éclairé.

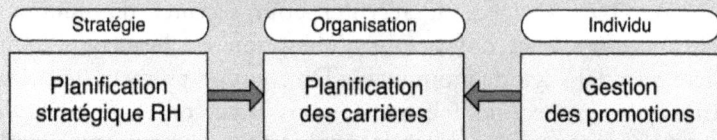

Stratégie	Organisation	Individu
Planification stratégique RH	Planification des carrières	Gestion des promotions

Note

Le plan de promotions est l'un des outils clés de la GPEC (voir p. 270).

La situation de la planification des carrières est relativement similaire à celle de la planification des successions. En apparence assez familière aux DRH, elle est l'objet d'un énorme malentendu : la plupart d'entre elles la voient comme un outil de fidélisation des talents, focalisé exclusivement sur les personnes considérées comme précieuses pour l'organisation et sur les opportunités de développement que l'on peut leur faire miroiter. Le terme « outil » est du reste inapproprié, car il s'agit généralement d'une procédure plus ou moins structurée par laquelle chaque manager et/ou l'équipe de management entière identifient (avec ou sans l'employé !) le ou les postes qui pourraient constituer la prochaine étape et même aussi l'étape suivante de sa carrière.

Comme pour la gestion des successions, les DRH qui désirent mettre en place une planification des carrières véritablement professionnelle doivent tout d'abord s'assurer que deux conditions sont remplies :

- d'une part, il leur faut acquérir les outils de planification stratégique qui leur permettent de produire un organigramme de l'organisation future et un dictionnaire des futures compétences, puisque ce sont eux qui fourniront la base de travail pour la planification des carrières ;
- d'autre part, il leur faut un système de gestion des compétences digne de ce nom, permettant l'analyse comparative entre les compétences d'une personne et celles qui sont requises par n'importe quel

© Groupe Eyrolles

poste existant ou futur, puisque c'est l'analyse des écarts de compétences qui fournira la possibilité de sélectionner les postes futurs possibles sur une base objective.

De façon similaire à ce qui se passe pour le recrutement, les entreprises ont beau ne pas planifier, elles finissent quand même par offrir des promotions à leurs employés. À une différence majeure près : si elles sont bien obligées de recruter pour s'assurer du minimum d'effectifs dont elles ont besoin, l'obligation est beaucoup moins stricte quand il s'agit de promouvoir. Du coup, on promeut beaucoup moins qu'on ne recrute. Tellement moins même que la pratique des « employés-boomerang » en Asie fut longtemps nourrie par le fait qu'il était plus rapide de démissionner, trouver un travail ailleurs, puis revenir à un poste plus élevé, que d'attendre une promotion aléatoire ! Une autre différence entre les promotions et les recrutements est que si le processus de recrutement est clairement en voie de recentralisation au sein de la fonction RH, cette dernière, peu proactive, se voit encore le plus souvent exclue des décisions touchant les promotions et réduite à en administrer les procédures.

Cela n'empêche pas la pratique des promotions d'évoluer, mais elle reste pauvre en qualité. Ironiquement, le problème ne réside pas vraiment dans l'absence de méthode de gestion comme c'est le cas pour le recrutement, mais plutôt dans l'utilisation d'outils inappropriés. En particulier, la promotion repose encore sur la performance : il est ainsi apparemment considéré que si une personne est bonne dans un poste, elle sera automatiquement bonne ailleurs et que si une personne a été mal recrutée dans son poste, elle ne pourra être bonne nulle part ailleurs. L'avancement dans ou autour du poste actuel est trop souvent négligé. Tant qu'un véritable système de gestion des compétences n'est pas mis en place, certaines promotions se révèlent être des erreurs douloureuses. Il est donc grand temps que la DRH prenne pleine possession de ce domaine de GRH. Mais elle ne pourra le gérer que lorsqu'elle se sera assurée de la disponibilité d'outils de planification stratégique RH et d'une véritable gestion des compétences.

Formation : suivez le guide

La **gestion de la formation** consiste à évaluer les besoins dans chaque catégorie de formation, à développer les plans et budgets appropriés et à s'assurer concrètement que tous les besoins sont efficacement satisfaits à l'interne ou avec une aide extérieure.

© Groupe Eyrolles

Le rôle de la fonction RH dans ce domaine consiste à :

- distinguer clairement les différentes opportunités d'apprendre accessibles aux employés dans l'environnement de l'entreprise et développer un dictionnaire des expériences d'apprentissage (formelles, non formelles et informelles, individuelles et en groupe, face à face et en ligne, avec et sans instructeur, avec intervenants internes et externes, etc.) ;
- apporter et utiliser une méthodologie, basée sur la gestion des compétences, permettant l'évaluation des besoins en formation, que ce soit pour rattraper un retard, actualiser une expertise, changer les mentalités et/ou développer une personne, et l'identification, par référence au dictionnaire des expériences d'apprentissage, des programmes capables de satisfaire chaque type de besoin ;
- développer, négocier, actualiser et exécuter un plan de formation continu sur deux-trois ans et l'associer à un budget détaillé ;
- mettre en place et contrôler l'évaluation du retour sur investissement de chaque programme de formation, quels qu'en soient la nature et le format ;
- acquérir un logiciel de gestion de la formation (idéalement intégré avec les logiciels de gestion des compétences, gestion de la planification et gestion du développement individuel) capable de faciliter et d'intégrer tous ces processus, en devenir un utilisateur compétent et éclairé.

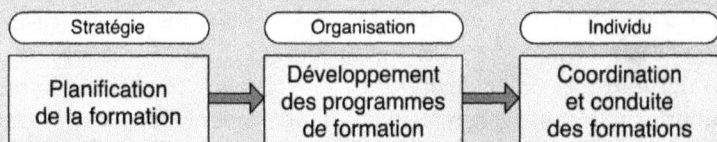

Stratégie	Organisation	Individu
Planification de la formation	Développement des programmes de formation	Coordination et conduite des formations

Note

La formation est l'un des outils clés de la GPEC (voir p. 273).

La formation rejoint le recrutement et la promotion parmi les activités traditionnellement universelles dans le monde des entreprises. En fait, il y a longtemps déjà, la formation (même restreinte aux domaines techniques) représentait un tel volume d'activités que nombre d'entreprises choisirent d'y consacrer une ressource permanente. Ces ressources n'étaient pas forcément liées à la DRH ; elles

© Groupe Eyrolles

ont plutôt été positionnées à proximité de leurs principaux clients, les opérations. Au fil du temps, ces ressources ont parfois évolué en centres de formation dont certains sont devenus des centres de profit. Le cycle ainsi complété, les entreprises réalisèrent que la responsabilité de formation dans l'environnement de l'entreprise devait être comprise moins comme la prestation elle-même (une profession spécifique à laisser aux spécialistes) que comme l'évaluation des besoins et la coordination des efforts visant à satisfaire ces besoins.

Pendant quelque temps, la fonction de formation se contenta de s'occuper des aspects purement logistiques. Mais les choses commencent à bouger depuis que les compétences, les connaissances, les expertises se révèlent étroitement associées à la compétitivité. S'il fut un temps où le besoin de contrôler les coûts se traduisait systématiquement par l'élimination du budget formation, les entreprises reconsidèrent la question lorsqu'elles réalisent que l'obsolescence des compétences limite sérieusement leur performance et leurs perspectives de développement et que l'absence de formation est l'une des principales raisons des démissions non désirées. Aujourd'hui, on a donc tendance à (ré)-intégrer la formation dans la fonction RH, tandis que les « opportunités de développement » deviennent la friandise favorite des petites annonces.

Les entreprises n'ayant bien sûr pas toutes suivi cette évolution de la même façon et au même rythme, la situation est plutôt confuse. La plupart des DRH disent avoir une méthodologie de gestion de la formation, mais les différences, quantitatives et qualitatives, sont énormes. Pour commencer, la gestion de la formation consistant surtout (au-delà des aspects logistiques purs) en l'évaluation des besoins et la mesure du retour sur investissement, il importe de vérifier que l'entreprise ait bien compris qu'il existe différents types de formation. Or, pour les deux tiers des entreprises, « la formation, c'est la formation ». Les besoins sont estimés à la louche et les programmes sont donnés sans grand espoir de retour sur investissement.

La **formation de « rattrapage »** est une formation individuelle, intensive et urgente, focalisée sur l'apprentissage d'un outil ou d'une technique à défaut de laquelle la performance de l'employé n'a pu atteindre le niveau attendu.

Les besoins sont identifiés par voie d'évaluation de la performance et la formation doit être organisée rapidement pour que l'employé ait une chance de rattraper son retard avant la prochaine évaluation, qui sera du reste utilisée pour mesurer le retour sur investissement.

© Groupe Eyrolles

La **formation de « développement individuel »** est un programme personnalisé à multiples composantes, organisé sur plusieurs années et visant à préparer la personne pour d'autres responsabilités que celles qui sont les siennes actuellement.

Les besoins sont identifiés par voie d'évaluation des compétences et d'analyse des écarts avec les exigences du poste futur possible. La formation doit être organisée sur et au-delà du temps de travail en prenant garde de ne pas mettre en danger la performance dans le poste actuel. Les progrès doivent être suivis par un coach interne ou externe et une nouvelle évaluation des compétences sert à mesurer le retour sur investissement.

La **formation de « changement des mentalités »** est un ensemble de programmes de groupe organisé sur plusieurs mois, visant à aider les employés à prendre conscience du changement et à se préparer à de nouvelles idées, de nouveaux concepts, de nouvelles valeurs.

Les besoins sont identifiés soit par la direction générale, soit par voie d'évaluation des compétences (niveau d'intégration des valeurs). C'est une nouvelle évaluation des compétences qui mesurera les progrès et donc le retour sur investissement.

Enfin, la **formation d'« actualisation des expertises »** est un programme individuel ou de groupe visant à actualiser et à développer les savoir et savoir-faire des employés afin qu'ils restent employables et opérationnels.

Toute personne ayant et utilisant une expertise devrait être automatiquement inscrite au programme d'actualisation, avec au moins une session par an. Les progrès (et donc le retour sur investissement) sont contrôlés par les évaluations de compétences.

La solution la plus ingénieuse que l'auteur ait pu voir dans une grande entreprise fut le résultat du travail herculéen produit par l'équipe de formation (50 personnes pour 22 000 employés). En l'absence d'un outil de gestion des compétences, celle-ci avait pris tous les postes de l'entreprise un par un ; elle en avait analysé les responsabilités et avait identifié avec l'aide des managers tous les domaines d'expertise et les comportements qui devaient être maîtrisés par les titulaires (développant ainsi une sorte de profil de poste intuitif). Elle avait ensuite lié chaque domaine d'expertise, chaque comportement, à un programme de formation adapté et avait pris la peine de les classer par ordre chronologique : ceux qui s'appliquaient au mois précédant la promotion ou la mise en poste, ceux pour les trois premiers mois en poste, ceux pour les neuf mois suivants et ceux qui seraient offerts après deux ou trois ans dans le poste. Chaque poste avait donc son « passeport de formation » que l'on n'avait plus qu'à suivre.

© Groupe Eyrolles

Toutes les formations étant regroupées dans un catalogue général, il était facile de s'y référer pour actualiser les passeports ou en créer un nouveau.

Confirmons que la disponibilité d'un système de gestion des compétences, loin de rendre cette brillante initiative obsolète, l'aurait au contraire accompagnée, facilitée et finalement l'aurait rendue possible avec moitié moins d'efforts. Mais cette courageuse équipe ne s'est pas heurtée à ce seul problème et à l'époque où l'auteur s'est penchée sur ses activités, cet important travail était quasiment réduit à néant par deux facteurs : le caractère trop conventionnel des programmes de formation (qui en réduisait terriblement l'efficacité) et surtout l'absence d'un système de programmation automatique ; les managers désignaient eux-mêmes ceux de leurs subordonnés qui participeraient à chaque session. Résultat : moins d'un tiers des employés était à jour sur son « passeport » !

L'absence d'un système de planification (et donc de budgétisation) de la formation est un problème quasi universel dans les entreprises aujourd'hui. En effet, tant qu'elle est dépourvue du système qui lui permettrait d'évaluer les besoins et d'y répondre rapidement de façon personnalisée, la DRH ne peut que s'effacer derrière les managers, qui décident de qui devrait être formé, quand et sur quoi. Elle est donc bien en peine d'établir un vrai plan et budget de formation. Quand on le lui demande, elle se contente de prendre le budget de l'année précédente, de négocier un pourcentage d'augmentation et de préparer des plannings mensuels sur la base de ce que lui disent les managers en vérifiant que leurs coûts ne dépassent pas le budget.

Même lorsqu'elle a les moyens d'évaluer les besoins et d'y répondre, la DRH se doit encore d'acquérir un logiciel de programmation interfacé avec la banque de données des employés, capable d'assigner automatiquement chaque employé aux programmes désirés. Cette assignation automatique nourrit un calendrier perpétuel, et si le dictionnaire d'expériences d'apprentissage contient une indication de coût par personne, un budget détaillé est alors disponible en temps réel, par mois, par personne, sur l'année. Bonus : comme tous les coûts sont justifiés et transparents, il devient très difficile à la direction générale de réduire le budget formation.

Tant que ces conditions ne sont pas remplies, comment peut-on espérer un retour sur investissements ? Pourtant, la formation est le premier domaine de GRH dans lequel les directions générales ont commencé à exiger un retour sur investissement et sa vérification. La plupart des DRH se doivent donc de faire quelque chose, mais les techniques employées – et les résultats obtenus – correspondent aux moyens dont elles disposent : on se contente en général du formulaire d'appréciation rempli par les participants en fin de session, on demande

© Groupe Eyrolles

quelquefois ce qu'en pense le manager un peu plus tard. Bref, des opinions subjectives sur des questions vagues, rarement consolidées et analysées. La véritable évaluation et le retour sur investissement effectif devront attendre la mise en place des outils idoines.

Développement des talents : gare aux imposteurs !

La **gestion du développement des talents** consiste à utiliser l'évaluation des compétences pour identifier les potentiels des employés et les domaines dans lesquels ils doivent se développer avant de pouvoir assumer d'autres responsabilités, et à développer des plans de développement personnalisés en fonction, en s'assurant que ces plans comportent des expériences et opportunités d'apprendre diverses et variées.

Le rôle de la fonction RH dans ce domaine consiste à :

- utiliser la méthodologie d'évaluation des compétences pour évaluer les écarts entre les compétences actuellement démontrées par une personne et celles qui sont requises par son ou ses postes futurs possibles ;
- établir un planning de programmes variés sur les deux ou trois ans dont la personne dispose avant d'être promue, afin qu'elle comble ses écarts de compétences et soit donc opérationnelle au jour J ;
- intégrer ce planning dans les plans et budgets de formation et contrôler son exécution ;
- acquérir un logiciel de gestion du développement individuel (idéalement intégré avec les logiciels de gestion des compétences, gestion des recrutements, gestion des talents et gestion de la formation) capable de faciliter et d'intégrer tous ces processus, en devenir un utilisateur compétent et éclairé.

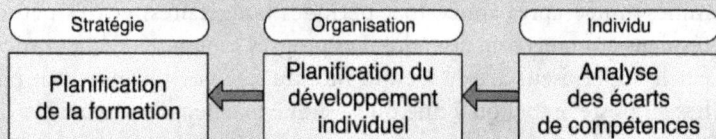

Stratégie	Organisation	Individu
Planification de la formation	← Planification du développement individuel	← Analyse des écarts de compétences

Note

Le plan de développement individuel est l'un des outils clés de la GPEC (voir p. 277).

© Groupe Eyrolles

L'un des instruments les plus valorisants de la gestion du développement, la planification du développement individuel est aussi l'un des plus sophistiqués. Ce processus consiste, en effet, à identifier avec l'employé concerné un ou plusieurs futurs postes possibles, valider ces choix avec une analyse des écarts de compétences (entre celles que démontre l'employé et celles qui sont requises par le futur poste possible) et identifier les compétences que la personne devra développer au cours des deux-trois années à venir afin d'être opérationnelle au moment où la promotion s'effectuera. Un ensemble varié d'expériences d'apprentissage est ensuite sélectionné pour combler chacun des écarts identifiés. Ces expériences sont classées en ordre chronologique et planifiées. Le planning détaillé des expériences d'apprentissage par lesquelles la personne doit passer au cours des deux-trois ans à venir, incluant les tests de contrôle, les conditions d'activation de chaque nouvelle expérience et les modalités de suivi, constitue le plan de développement individuel.

Ces plans sont non seulement des outils de développement très efficaces, mais aussi des instruments de motivation et de fidélisation extrêmement puissants. Pourtant, en l'absence de la gestion des compétences, de la gestion des promotions et du dictionnaire des expériences d'apprentissage qui sont des conditions préalables à leur existence, ils sont encore rares. Plus grave, sous leur nom se cachent des imposteurs qui en affaiblissent la crédibilité au point que les employés finissent par ne plus s'attendre à grand-chose.

- Certains « plans de développement individuel » ne sont pas conçus par référence à un poste précis ni sur la base d'une analyse de besoins spécifiques ; ce sont plutôt des plans génériques incluant des programmes dont on pense qu'ils peuvent être utiles à la personne.
- N'étant pas liés à une cible particulière, ces plans ne sont pas structurés sur une période de deux-trois ans avec des étapes et des attentes de résultats intermédiaires ; leurs contenus sont en général déterminés année après année (par périodes budgétaires) et très peu de résultats concrets sont attendus. Les progrès sont généralement suivis par le superviseur actuel (ce qui montre que ces « plans » sont plus liés au poste actuel qu'à une quelconque perspective d'avenir).
- Lorsque la valeur de ces « plans » est si faible, les efforts dévolus à leur conception sont minimes. Pas de référence à un catalogue d'expériences d'apprentissage ; la formation conventionnelle en salle de classe représente plus de la moitié des programmes.

© Groupe Eyrolles

Beaucoup reste à faire

La gestion du développement, dernière-née de la GRH, en est encore à ses balbutiements. Bien sûr, tout le monde dit être actif dans ce domaine, ne serait-ce que parce tous recrutent et donnent un peu de formation à leurs employés. Mais un fait est révélateur : recrutement, formation, promotion et succession sont souvent confiés à des personnes différentes qui communiquent à peine et n'intègrent pas leurs activités. Le recrutement est encore communément considéré comme une procédure visant à pourvoir les postes vacants, la formation consiste à placer des groupes d'employés dans une salle de classe pour leur parler quelques heures de sujets d'intérêt général. La planification des promotions et des successions est si limitée qu'elle mérite à peine son nom. L'attraction, la fidélisation et le développement des « talents », de même que l'identification et la préparation des « hauts potentiels », sont des notions très populaires (quoique souvent confondues les unes avec les autres), mais rarement encore traduites en actions concrètes. Restent le développement de plans de carrières, la planification du développement individuel, le façonnement de la culture d'entreprise et surtout la planification stratégique RH, qui sont encore du domaine des théories et le resteront tant que la gestion des compétences ne sera pas mature.

Soyons réalistes : des années, des décennies peut-être, risquent de passer avant que les DRH maîtrisent ce domaine énorme et vital de la GRH, même si les besoins sont déjà criants, même si les partenaires sociaux réclament des résultats à cor et à cri, même si les lois s'en mêlent comme la GPEC en France. Leur vitesse d'évolution dépendra sans doute de trois facteurs :

- le niveau de compréhension et de compétence de la DRH ;
- la vision de la direction générale et son orientation vers l'avenir ;
- la disponibilité en Asie d'une filiale ou d'un partenaire proche qui pourrait montrer la voie.

Rappelons, en effet, que si la gestion de l'organisation est un concept très européen et si la gestion de la performance nous vient d'Amérique, ce sont les Asiatiques qui, culturellement, sont le mieux préparés à la gestion des compétences et du développement. Du reste, les cas se multiplient déjà de groupes au sein desquels le DRH régional Asie est nommé chef de projet dans ce domaine. Cela peut paraître surprenant à certains lecteurs, mais il faut qu'ils s'habituent à l'idée que la compétitivité future des entreprises dépend maintenant en partie du niveau de confiance et de liberté qu'elles accordent à leur équipe asiatique.

© Groupe Eyrolles

Barres : proportion des entreprises actives dans le domaine concerné
Partie gris foncé : cas où l'activité est efficacement gérée

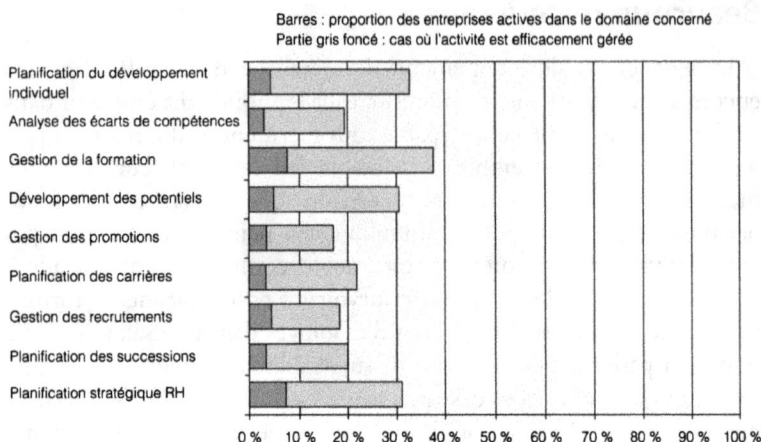

Source : Prasena

Efficacité de la gestion du développement en 2009

TEST D'EFFICACITÉ DE LA DRH

Votre conception de la gestion du développement est-elle celle d'une entreprise-cerveau ?

Indiquez « A » en face de ce qui est pratiqué et « B » en face de ce qui n'est pas pratiqué dans votre entreprise aujourd'hui :

- ☐ 1. La DRH traduit les objectifs stratégiques en un profil de l'organisation telle qu'elle devrait être dans cinq ans.
- ☐ 2. La DRH produit des plans de migration, d'investissement, de désinvestissement et de restructuration.
- ☐ 3. Les licenciements (plans sociaux) sont le moyen le plus commun de réduire les coûts en cas de crise.
- ☐ 4. La DRH est informée d'une fusion-acquisition quelques semaines à l'avance.
- ☐ 5. L'entreprise peut se restructurer plusieurs fois en l'espace d'un an.
- ☐ 6. Les restructurations s'accompagnent généralement de licenciements.
- ☐ 7. Les créations de poste sont planifiées et on identifie des futurs titulaires potentiels un-deux ans à l'avance.
- ☐ 8. Des successeurs possibles ont été identifiés pour tous les postes dans l'entreprise.
- ☐ 9. Les successeurs sont identifiés intuitivement par l'équipe de management.
- ☐ 10. Un successeur potentiel peut ne pas savoir qu'il a été désigné tel jusqu'à sa promotion.

.../...

© Groupe Eyrolles

…/…

☐ 11. La DRH est responsable de tout le processus de recrutement jusqu'à (mais excluant) la sélection finale.

☐ 12. La présélection des candidats se fait sur la base de leurs qualifications.

☐ 13. La DRH s'assure que tous les candidats présélectionnés ont des valeurs compatibles avec celles de l'entreprise.

☐ 14. Toutes les candidatures sont standardisées et enregistrées dans une banque de données intégrée.

☐ 15. Chaque employé a un plan de carrière écrit qui couvre au moins les trois années à venir.

☐ 16. Certains employés n'ont aucune idée de ce que pourrait être leur prochain poste dans l'entreprise.

☐ 17. Ce sont les managers qui suggèrent la promotion de leurs subordonnés.

☐ 18. On peut ne pas être manager et pourtant être payé autant qu'un cadre supérieur.

☐ 19. La décision de promouvoir un employé n'est pas liée à sa performance dans son poste actuel.

☐ 20. Les employés sont promus à l'ancienneté.

☐ 21. La DRH a développé un dictionnaire des expériences d'apprentissage.

☐ 22. Ce sont les managers qui décident de l'à-propos d'envoyer leurs subordonnés en formation.

☐ 23. L'entreprise planifie ses formations sur l'année budgétaire.

☐ 24. La DRH utilise un logiciel de budgétisation et planification de la formation.

☐ 25. Les différentes catégories de formation sont différenciées et les besoins évalués différemment.

☐ 26. Chaque employé reçoit au moins trois programmes de formation par an.

☐ 27. La majorité des formations offertes suivent le format de l'apprentissage en salle de classe.

☐ 28. On évalue le retour sur investissement pour chaque programme.

☐ 29. Chaque programme de formation est considéré comme du développement individuel.

☐ 30. Des plans de développement individuel sont personnalisés sur la base de l'analyse des écarts de compétences.

☐ 31. Les plans de développement individuel sont continus.

☐ 32. Les progrès des employés dans leurs plans de développement sont suivis par des coaches externes.

☐ 33. Seuls les managers ont droit à un plan de développement individuel.

☐ 34. Un jeu éducatif est considéré comme une expérience d'apprentissage.

© Groupe Eyrolles

Grille d'interprétation

**Si votre conception de la gestion du développement
est celle d'une entreprise-cerveau :**

Voilà ce qui est pratiqué [A] :

1 – 2 – 7 – 8 – 11 – 13 – 14 – 15 –
18 – 19 – 21 – 25 – 26 – 28 – 30 –
32 – 34

Voilà ce qui a disparu [B] :

3 – 4 – 5 – 6 – 9 – 10 – 12 – 16 –
17 – 20 – 22 – 23 – 24 – 27 – 29 –
31 – 33

© Groupe Eyrolles

Chapitre 20

Prendre des mesures urgentes

Une DRH en plein désarroi

Face à l'énorme fossé qui les sépare de ce que l'on attend d'elles aujourd'hui, bien des DRH sont plongées dans la confusion la plus complète. Elles se rendent compte qu'avant de pouvoir se lancer dans des domaines de GRH sophistiqués, il leur faut consolider et renforcer leur base, se doter d'outils professionnels et passer de la simple administration à la véritable gestion opérationnelle et stratégique des domaines fondateurs (gestion de l'organisation, gestion de la performance, gestion de la rémunération). Mais la pression qui s'exerce sur elles les renvoie inexorablement sur les sujets à la mode, « urgents », « prioritaires » : gestion du développement et, particulièrement, gestion des talents. Que faire ? Par où commencer ?

Sous cette avalanche de responsabilités et de mesures à prendre, tout devient prioritaire, ou plus rien ne l'est. Symptomatique, l'enquête menée par l'APEC auprès de 1 000 responsables RH français en 2007 distingue cinq catégories d'entreprises :

– les « Immobiles » (7 %) : elles déclarent l'ensemble des problématiques RH « pas du tout prioritaires » et n'envisagent pas de mettre en place d'outil de GRH ;

– les « Réservées » (13 %) : dans ces entreprises on relève l'existence de quelques outils, mais pas de priorité déclarée ;

– les « Opportunistes » (14 %) : cette catégorie cite des problématiques « plutôt prioritaires » mais sans plus. Ces entreprises ne semblent pas chercher à se projeter vers l'avenir. Elles n'envisagent aucun outil ou dispositif de GRH ;

– les « Volontaristes » (29 %) : tout est prioritaire pour ces entreprises qui annoncent vouloir développer tous les projets ; elles apparaissent floues, entre volonté et hésitation. De nombreux chantiers y sont à l'œuvre ;

– les « Engagées » (29 %) : au sein de cette dernière catégorie, toutes les problématiques sont « très prioritaires » et plusieurs outils ou dispositifs sont déjà en place.

© Groupe Eyrolles

« J'organise réunion sur réunion à propos de n'importe quoi pour avoir l'air utile », avouait à l'auteur le directeur RH d'une entreprise pharmaceutique européenne en février 2009, en plein désarroi. Certaines DRH se voient déposséder du pouvoir de décision qu'elles avaient récemment acquis, et celui-ci se redéploie vers le haut (P-DG), voire vers les managers d'opérations. Ce sont eux qui décident, au nom du directeur RH, que celui-ci devrait faire partie de l'association des praticiens RH du coin, eux encore qui décident de faire participer leur entreprise à des enquêtes ou des centres de ressources RH, eux toujours qui décident d'investir dans tel et tel outil de GRH… Dans ces conditions, il n'est guère étonnant que la fonction RH souffre d'un taux de roulement élevé, en fait souvent beaucoup plus élevé que le taux moyen dans l'entreprise. Le directeur RH lui-même se retrouve ironiquement celui des membres du comité exécutif qui va et vient le plus, alors que son rôle est précisément de fidéliser le personnel ! En un mot, il devient patent que la fonction RH doit se remettre en question.

La fonction RH doit se restructurer

Nous avons vu que, tout autour du monde, les entreprises, conscientes de l'importance des responsabilités de GRH, trouvent un moyen de les assigner au sein de leur équipe dirigeante. Dans les petites structures, ces responsabilités naviguent entre la DAF et le P-DG lui-même, mais, dans les autres cas, une fonction RH spécifique a été mise en place et le directeur RH, qui rapporte la plupart du temps directement au sommet, siège au comité exécutif.

Le nombre d'employés RH varie, mais une tendance nette se dessine en termes de ratio par rapport au nombre total d'employés. D'une part, on reconnaît le besoin d'une masse critique capable de prendre en main le large éventail de responsabilités de GRH, ce qui explique un ratio assez élevé dans les petites structures. D'autre part, la pression qui s'exerce universellement sur les frais généraux affecte la fonction RH comme les autres et, dans les grandes structures, celle-ci est invitée à augmenter son efficacité plutôt que ses effectifs. Ainsi, plus l'entreprise est grande, plus le ratio diminue, atteignant environ 1 personne RH pour 100, voire 150 employés dans les organisations de 1 000 employés ou plus.

La tendance est donc à des équipes RH relativement petites composées de personnes hautement qualifiées sur les aspects stratégiques de

© Groupe Eyrolles

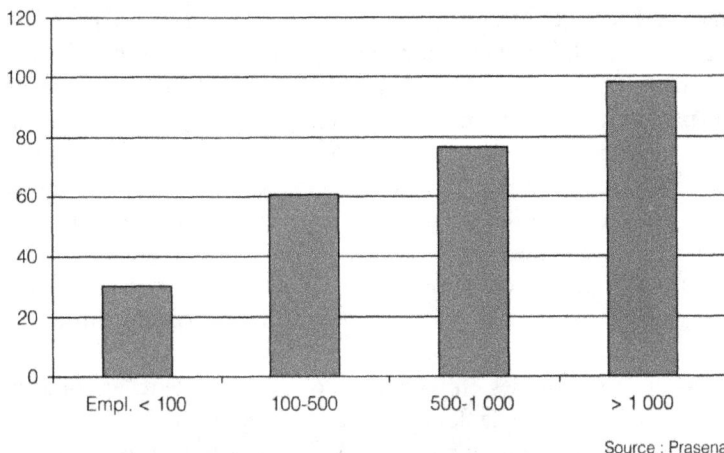

Source : Prasena

Ratio RH/Employés dans l'entreprise en 2009

GRH, dont elles seules peuvent s'occuper efficacement, et sur lesquelles leur valeur est la plus haute, tandis que les autres aspects sont délégués comme suit :

- les tâches administratives sont automatisées autant que possible (gestion intégrée de la compensation et de la paie, systèmes de self-service des avantages, systèmes d'enregistrement automatique de la présence, etc.) et le travail manuel restant est délégué à une équipe administrative soit dans l'entreprise soit externalisée ;
- les responsabilités de management des hommes sont confiées aux managers de proximité, c'est-à-dire aux superviseurs directs qui, directement et continuellement en contact avec les employés, sont les mieux placés pour écouter chaque individu et personnaliser les encouragements et la motivation. Ils sont également les seuls à pouvoir résoudre les problèmes quotidiens et détecter les signes de frustration ou d'insatisfaction, donc prévenir les conflits ou départs intempestifs. Grâce à ce transfert latéral de responsabilités, ce qui était « gestion des conflits » devient « gestion de la diversité », ce qui s'appelait « relations avec les employés » devient « motivation et rétention des talents », le « contrôle de la discipline » fait place au « leadership » et une partie de ce qu'on appelait « formation en savoir-faire » se transforme en « coaching et mentoring ».

Pourtant, même si ce nouveau schéma de distribution des responsabilités est adopté, la tâche reste lourde pour l'équipe RH. Or, ce qui frappe le plus les observateurs de la fonction RH aujourd'hui est la

© Groupe Eyrolles

solitude dans laquelle elle opère, malgré la complexité des problématiques qu'elle doit traiter. Ce ne sont pas les ressources possibles qui manquent, mais celles-ci sont peu ou pas utilisées. Les fonctions RH ont par exemple rarement recours aux ressources temporaires extérieures que constituent intérimaires, travailleurs saisonniers, stagiaires et consultants free-lance. Par ailleurs, l'externalisation de responsabilités permanentes à des prestataires de services, dont on parla beaucoup il y a quelques années, semble faire l'objet d'une relecture critique aujourd'hui, en raison, d'une part, de son coût et, d'autre part, de la qualité très variable des prestations. Enfin, les consultants RH ne semblent pas constituer les partenaires qu'ils devraient pourtant être ; moins de la moitié des entreprises y font appel et leurs apports sont sporadiques. À l'interne, lorsque la taille de l'entreprise permet une large structure RH à multiples niveaux, la situation n'est pas beaucoup plus brillante : les équipes RH dans les filiales disent ne recevoir que très peu d'aide utile de leur siège.

Il ne fait aucun doute qu'une meilleure utilisation de toutes ces ressources contribuera pour beaucoup à la maturation de la fonction RH. Dans le cas des petites structures, c'est même probablement la solution à adopter sans attendre. Au sein des grosses structures toutefois, on parle d'abord du besoin de « transformer » la fonction RH ; un mouvement qui recouvre l'intégration de deux tendances majeures :

• **la concrétisation de la notion de « partenaire business »** : tandis que le directeur RH devient (ou est censé devenir) partenaire stratégique en siégeant au comité exécutif, de nouveaux postes RH sont spécifiquement chargés de dialoguer avec les équipes d'opérations et leurs managers et de représenter leurs intérêts. Cette dimension vient donc compléter le tableau déjà constitué par la fonction RH centrale et les « RH locaux » représentant les intérêts de chaque entité géographique. Ce faisant, la DRH se donne les moyens de vraiment comprendre tous les aspects de l'entreprise et donc d'assurer à la fois des politiques globales et des pratiques adaptées à chaque unité de travail ;

• **la standardisation des processus et procédures RH** : la rationalisation des activités RH passe par la standardisation des procédures, facilitée et amplifiée par l'introduction de systèmes informatiques de GRH partagés par toutes les entités du groupe. D'où la forte réduction des postes administratifs, mais aussi la création de postes RH spécifiquement chargés de la gestion de ces systèmes (notons que ce sont des postes RH et non pas informatiques ; il ne s'agit pas

© Groupe Eyrolles

de développement, d'encodage ou de maintenance technique, mais d'identification et de suivi des fonctionnalités requises et de soutien aux utilisateurs).

En conséquence, on observe la formation de plusieurs groupes de postes RH :

- les postes « **stratégiques** », capables de contribuer à l'élaboration des stratégies de l'entreprise : ce sont généralement les directeurs RH siégeant au comité exécutif et les postes qui les assistent en produisant statistiques, analyses et plannings ;
- les postes « **experts** », chargés d'un ou plusieurs instruments de GRH et des outils informatiques qui les supportent ;
- les postes « **avocats** », chargés de représenter les intérêts d'entités géographiques ou des différents métiers opérant dans l'entreprise ;
- les postes « **services** », qui administrent registres, banques de données, coûts et transactions.

Reste à savoir comment distribuer ces postes de la façon la plus rationnelle et efficace possible. Si l'on parle beaucoup actuellement de la mise en place de « services partagés », cette tendance recouvre un très large éventail d'options dont certaines s'avèrent plutôt extrémistes.

Citons l'exemple de ce groupe américain qui décida d'éliminer *entièrement* les équipes RH de chaque filiale à l'exception d'un unique « business RH » (probablement chargé alors de représenter à la fois les intérêts géographiques et ceux des métiers). Les activités stratégiques devaient être centralisées au siège, tandis que toutes les activités transactionnelles étaient regroupées en centres régionaux de services partagés. On imagine aisément la confusion régnante au sein des filiales : « Je dois recruter plusieurs personnes chaque mois et chaque recrutement demande des semaines de travail ; mais lorsque j'appelle les services partagés, ils me répondent qu'ils pourront me donner quatre heures dans un mois ! » constate amèrement le directeur général de l'une des filiales, en ajoutant que « côté stratégie, j'ai encore moins de soutien qu'avant, car le siège est très éloigné de ma réalité et ne m'aide certainement pas dans ma réflexion stratégique locale ».

Plus généralement, il est probable que les postes « stratégiques » et « services » vont raisonnablement garder leur place au sein des entités locales. La notion de services partagés semble toutefois très pertinente lorsqu'il s'agit des postes « experts ».

Quant à l'externalisation, elle aussi doit être réfléchie.

Citons l'exemple de ce groupe nord-européen qui décida d'externaliser toutes ses activités administratives RH à un seul prestataire de services global. Il comprit vite que les quelques prestataires à échelle mondiale sont tellement gros qu'ils en ont perdu

© Groupe Eyrolles

toute flexibilité, et ne connaissent pas bien les réalités de chaque marché. Résultat :
les services ne sont pas adaptés, ils sont très chers et le retour d'information est assez
lent et mal formaté.

La solution passera sans doute par le choix d'un seul système, confié
à un réseau de prestataires flexibles et proches de leurs clients.

La plupart des entreprises aujourd'hui observent les expérimentations tentées par les plus audacieuses et attendent de voir quelles solutions viables en ressortiront. Mais l'attentisme présente l'inconvénient
de faire prendre un retard certain à l'entreprise, au sein de laquelle les
problèmes – et les coûts inutiles – s'accumulent au point d'aggraver la
crise lorsqu'elle se présente…

JEU-OUTIL DE STRUCTURATION

Comment structurer votre département RH ?

- Photocopiez et découpez les étiquettes montrant chacune
  des 126 responsabilités de GRH ci-après.
- Réunissez le comité exécutif et la DRH et disposez toutes les étiquettes sur
  la table.
- Prévoyez un grand tableau blanc ou une feuille blanche fixée au mur.
- Passez en revue chacune des 126 responsabilités de GRH et décidez d'abord
  de sa pertinence dans le cadre de votre entreprise ; si elle n'est pas pertinente,
  placez-la dans une « poubelle » préalablement dessinée en bas à droite de
  votre tableau.
- Si la responsabilité est pertinente, réfléchissez au type de poste le mieux à même
  de l'assumer dans votre entreprise ; ce poste peut être un poste RH ou non
  (par exemple, le P-DG, le comité exécutif, les managers peuvent être concernés ;
  la DAF, la direction informatique aussi dans certains cas ; dans les groupes,
  n'oubliez pas les différentes dimensions du siège, de la direction régionale, de
  la filiale et éventuellement des lignes métiers) ; le poste peut être interne ou
  externalisé (prestataire de service, consultant…).
- Dessinez le poste identifié sur le tableau et fixez l'étiquette à son côté ; au fur
  et à mesure que vous procéderez, un organigramme se formera.
  Cet organigramme montre les postes existants pour les non-RH ; en ce qui
  concerne les postes RH, vous pouvez dessiner les postes existants (auquel cas
  vous ne questionnez pas la structure existante mais seulement l'allocation
  des responsabilités) ou bien partir d'une page blanche (ce qui vous permet de
  questionner à la fois l'allocation des responsabilités et la structure elle-même).
- Procédez de cette façon jusqu'à ce que toutes les responsabilités soient fixées
  sur le tableau.
- Passez le tableau en revue pour vous assurer que l'allocation des responsabilités
  fait du sens en termes de logique opérationnelle mais aussi de culture.

…/…

© Groupe Eyrolles

_ .../... _

- Recopiez le contenu du tableau et convertissez-le en organigramme de la fonction RH, d'une part, et en descriptions des postes RH, d'autre part.
- Comparez les résultats avec la situation actuelle et développez un plan d'action capable d'assurer une transition réaliste entre les deux scénarios, puis assurez-vous de sa mise en place effective.

Suggestion

Vous pouvez utilement faire suivre cet exercice des deux autres jeux-outils de structuration contenus dans ce chapitre au cours d'une même séance de travail, consolider les résultats et en tirer le profil que vous désirez pour votre département RH, en termes de structure, de compétences, et d'outils de support.

Cet exercice est tiré de la collection des jeux-outils de formation de management conçus par Prasena. Voir http://www.prasena.com

Gestion des responsabilités	Analyse des rôles	Stratégie	Logiciel de gestion des responsabilités	Ergonomie
	Cartographie des responsabilités	Opérations	Adaptation des rôles à la réalité locale	Géographie
	Description des postes	Tactique	Adaptation des rôles à la réalité du métier	Métiers

Gestion des grades	Analyse des rôles	Stratégie	Logiciel de gestion des responsabilités	Ergonomie
	Cartographie des responsabilités	Opérations	Adaptation des rôles à la réalité locale	Géographie
	Description des postes	Tactique	Adaptation des rôles à la réalité du métier	Métiers

Gestion des effectifs	Planification des effectifs	Stratégie	Logiciel de gestion des effectifs	Ergonomie
	Contrôle des effectifs	Opérations	Adaptation des effectifs à la réalité locale	Géographie
	Maintenance des codes personnels	Tactique	Adaptation des effectifs à la réalité du métier	Métiers

© Groupe Eyrolles

Gestion des compétences

Analyse des compétences (Stratégie)	Logiciel de gestion des compétences (Ergonomie)
Profilage des postes (Opérations)	Adaptation des compétences à la réalité locale (Géographie)
Évaluation des personnes (Tactique)	Adaptation des compétences à la réalité du métier (Métiers)

Gestion des talents

Façonnement de la culture d'entreprise (Stratégie)	Logiciel de gestion des talents (Ergonomie)
Fidélisation des talents (Opérations)	Adaptation de la notion de talent à la réalité locale (Géographie)
Identification des talents (Tactique)	Adaptation de la notion de talent à la réalité du métier (Métiers)

Gestion des objectifs

Identification des objectifs stratégiques et des KPI (Stratégie)	Logiciel de gestion de la performance (Ergonomie)
Intégration des objectifs (Opérations)	Adaptation des objectifs à la réalité locale (Géographie)
Fixation des objectifs individuels (Tactique)	Adaptation des objectifs à la réalité du métier (Métiers)

Gestion des résultats

Analyse de la performance (Stratégie)	Logiciel de gestion de la performance (Ergonomie)
Consolidation des résultats (Opérations)	Adaptation des résultats dans une perspective locale (Géographie)
Évaluation de la performance individuelle (Tactique)	Adaptation des résultats dans une perspective métier (Métiers)

Gestion des salaires

Analyse stratégique de la rémunération (Stratégie)	Logiciel de gestion de la rémunération (Ergonomie)
Structuration des salaires (Opérations)	Adaptation des salaires à la réalité locale (Géographie)
Administration des salaires individuels (Tactique)	Adaptation des salaires à la réalité du métier (Métiers)

© Groupe Eyrolles

Gestion de la paie à la performance	Analyse stratégique de la rémunération	Stratégie	Logiciel de gestion des primes	Ergonomie
	Programmation des primes de rendement	Opérations	Adaptation des primes à la réalité locale	Géographie
	Récompense de la performance	Tactique	Adaptation des primes à la réalité du métier	Métiers

Gestion des avantages	Analyse stratégique de la rémunération	Stratégie	Logiciel d'administration des avantages	Ergonomie
	Programmation des avantages	Opérations	Adaptation des avantages à la réalité locale	Géographie
	Administration des avantages	Tactique	Adaptation des avantages à la réalité du métier	Métiers

Gestion du coût du personnel	Évaluation du retour sur investissement humain	Stratégie	Logiciel d'administration de la paie	Ergonomie
	Contrôle des coûts du personnel	Opérations	Adaptation du budget personnel à la réalité locale	Géographie
	Administration de la paie	Tactique	Adaptation du budget personnel à la réalité du métier	Métiers

Gestion de l'intégration	Révision de la philosophie RH	Stratégie	Plates-formes de communication RH en ligne	Ergonomie
	Structuration des plates-formes d'intégration	Opérations	Adaptation de la communication à la réalité locale	Géographie
	Orientation	Tactique	Adaptation de la communication à la réalité du métier	Métiers

Gestion des relations	Révision de la philosophie RH	Stratégie	Logiciel de gestion des Relations	Ergonomie
	Dialogue avec les syndicats	Opérations	Adaptation de l'écoute à la réalité locale	Géographie
	Études de la satisfaction des employés	Tactique	Adaptation de l'écoute à la réalité du métier	Métiers

© Groupe Eyrolles

Gestion du reporting RH	Analyse SWOT des ressources humaines	Stratégie	Banque de données et générateur de rapports RH	Ergonomie
	Production des tableaux de bord RH	Opérations	Adaptation des statistiques à la réalité locale	Géographie
	Maintenance des statistiques RH	Tactique	Adaptation des statistiques à la réalité du métier	Métiers

Gestion du personnel local	Réglementation de l'administration du personnel	Stratégie	Logiciel d'administration du personnel	Ergonomie
	Consolidation des dossiers	Opérations	Adaptation des dossiers à la réalité locale	Géographie
	Administration des dossiers individuels	Tactique	Adaptation des dossiers à la réalité du métier	Métiers

Gestion des expatriés	Réglementation de la mobilité	Stratégie	Logiciel de gestion de la mobilité	Ergonomie
	Planification de la mobilité internationale	Opérations	Adaptation des étrangers à la réalité locale	Géographie
	Support aux employés étrangers	Tactique	Adaptation des étrangers à la réalité du métier	Métiers

Gestion des aspects juridiques	Veille juridique RH	Stratégie	Logiciel de gestion de la discipline	Ergonomie
	Gestion disciplinaire	Opérations	Veille juridique locale	Géographie
	Traitement des conflits	Tactique	Veille juridique métier	Métiers

Gestion du développement de l'organisation	Planification stratégique RH	Stratégie	Logiciel de gestion du recrutement	Ergonomie
	Planification des successions	Opérations	Adaptation du recrutement à la réalité locale	Géographie
	Gestion des recrutements	Tactique	Adaptation du recrutement à la réalité du métier	Métiers

© Groupe Eyrolles

Gestion du développement de la personne	Planification stratégique RH	Stratégie	Logiciel de gestion de la planification	Ergonomie
	Planification des carrières	Opérations	Adaptation des plans de carrière à la réalité locale	Géographie
	Gestion des promotions	Tactique	Adaptation des plans de carrière à la réalité du métier	Métiers

Gestion de la formation	Planification de la formation	Stratégie	Logiciel de gestion de la formation	Ergonomie
	Développement des programmes de formation	Opérations	Adaptation de la formation à la réalité locale	Géographie
	Coordination et conduite des formations	Tactique	Adaptation de la formation à la réalité du métier	Métiers

Gestion du développement des talents	Planification de la formation	Stratégie	Logiciel de gestion du développement individuel	Ergonomie
	Planification du développement individuel	Opérations	Adaptation du développement individuel à la réalité locale	Géographie
	Analyse des écarts de compétences	Tactique	Adaptation du développement individuel à la réalité du métier	Métiers

La fonction RH doit actualiser ses compétences

Au vu des retards pris dans l'introduction des instruments majeurs de GRH, des problèmes d'inefficacité dans l'utilisation des instruments disponibles, et des atermoiements face à l'évidente nécessité de changer, il ne fait aucun doute que l'un des principaux défis auquel fait face la fonction RH est celui de ses compétences.

Après deux décennies de changements aussi rapides qu'inattendus, d'expérimentations et d'erreurs, les équipes RH, plus que n'importe quelles autres équipes fonctionnelles dans l'entreprise, regroupent un ensemble de gens extrêmement variés, de toutes provenances et horizons. D'anciennes secrétaires devenues administratrices côtoient ainsi des techniciens nantis de diplômes en GRH, des diplômés de psychologie, des économistes et même des cadres émanant de n'importe quel autre département, puisque dans certains cas (de plus en plus nombreux

© Groupe Eyrolles

d'ailleurs), les entreprises considèrent la DRH comme une étape de carrière obligatoire avant d'atteindre la direction générale.

Bien que cette diversité offre un trésor potentiel de compétences à une fonction qui en a besoin de beaucoup, elle peut aussi constituer un vrai défi lorsqu'elle n'a été ni planifiée ni équilibrée. Fort occupés à découvrir et clarifier leurs rôles en rapide évolution, beaucoup de départements RH sont en pleine restructuration et les DRH jonglent avec les compétences qui leur sont disponibles, mais planifient rarement leurs recrutements sur la base des compétences qui leur manquent. En outre, dans leur processus de sélection des candidats, peu de tests spécifiquement conçus pour vérifier les compétences techniques et comportementales requises par la fonction RH sont utilisés – ce qui n'aide évidemment pas l'entreprise à recruter des spécialistes dans les domaines où personne n'est expert en interne.

Ajoutons aussi que les équipes RH, pourtant responsables de la formation, sont souvent les dernières à en recevoir (« les cordonniers sont les plus mal chaussés », dit-on fort justement). Il n'est donc guère étonnant que l'un des premiers résultats de l'introduction d'un système d'évaluation des compétences est souvent la mise en évidence d'écarts de compétence significatifs au sein de la fonction RH.

Donner à la fonction RH une chance de prendre en main son véritable rôle au sein de l'entreprise revient donc, en priorité, à s'assurer que tout recrutement dans cette fonction apporte réellement les compétences qui lui manquent. Mais attention ! L'entreprise se doit de comprendre qu'établir une liste de compétences génériques ne sert à rien – au mieux – et, au pire, peut être contre-productive. Rappelons qu'une compétence n'a de valeur et d'importance que par rapport à un environnement stratégique et culturel spécifique. Il est par exemple inutile – voire dangereux – de recruter un expert en GRH stratégique si l'entreprise n'est pas prête à considérer la DRH comme un partenaire stratégique.

Avant même de recruter, il importe donc que l'entreprise se pose un certain nombre de questions, parmi lesquelles :

- Quelle est notre philosophie RH ? Que sont nos employés pour nous ?
- Quel est le rôle de notre fonction RH ? Qu'en attendons-nous ?
- Quels objectifs prioritaires voulons-nous donner à la DRH ?
- Voulons-nous que notre DRH gère l'« ici et maintenant » et/ou qu'elle prépare notre avenir ?

© Groupe Eyrolles

- Quel est le livrable RH qui a le plus de valeur pour nos managers ? Pour notre DG ?
- Désirons-nous que notre directeur RH soit constamment à son bureau ou non ? Quelle devrait être sa disponibilité ?
- Notre directeur RH devrait-il faire partie de réseaux RH externes ?
- Notre directeur RH devrait-il collaborer avec son collègue de la direction informatique ?
- Quel profil de personne voudrions-nous pour notre directeur RH ?
- Jusqu'à quel point nos managers devraient-ils être impliqués dans la GRH ?
- Quel niveau de transparence sommes-nous prêts à accepter ?
- Quelle sorte de reconnaissance voulons-nous offrir à nos employés ?
- Que recouvre la notion de rémunération dans notre perception ?
- Comment les employés très performants devraient-ils être récompensés ?
- Les employés fraîchement embauchés devraient-ils être payés la même chose que les anciens dans le même poste ou non ? Pourquoi ?
- Les étrangers, les femmes, les handicapés, les autodidactes devraient-ils être payés la même chose que les autres dans le même poste ? Pourquoi ?
- Sommes-nous intéressés par la notion de talent ? Si oui, qui sont nos talents ?
- Quels sont les facteurs d'attraction et de motivation dans notre entreprise ?
- Que recouvrent les notions de « formation », de « développement » dans notre perception ?
- Idéalement, combien de temps chacun de nos employés devrait rester avec nous ? Quelle est notre opinion sur le licenciement ?
- Voulons-nous connaître notre retour sur investissements humains ? Sommes-nous prêts à approuver les mesures nécessaires pour que ce calcul soit possible ?
- Etc.

Lorsque ces questions auront des réponses claires et cohérentes avec la culture et la stratégie de l'entreprise, elles pourront être posées aux candidats. Il n'existe pas de réponse correcte ou fausse ; c'est l'adéquation entre les réponses du candidat avec celles de l'entreprise qui déterminera la valeur de ce candidat dans ces circonstances spécifiques.

En une deuxième étape, il convient de vérifier si les connaissances techniques du candidat sont cohérentes avec l'état d'esprit, les valeurs et les principes qui ont été établis. Des questions peuvent être posées, telles que :

- Quelle est la meilleure façon de surveiller la satisfaction des employés ?
- Comment calculez-vous le taux de roulement du personnel ?
- Comment une description de poste devrait-elle être produite ?
- Qu'est-ce qu'un indicateur clé de performance ?
- Quels composants doit inclure un système de gestion de la performance ?
- Quels types de compétences doivent être évalués chez tous les employés ?
- Quand et comment doit-on évaluer les compétences ?
- Quels sont les différents types de formation et comment évaluer les besoins de chacun ?
- Quelles sont les meilleures façons d'attirer les talents ?
- Que veut dire compétitivité externe dans le domaine de la rémunération ?
- Comment peut-on vérifier l'équité interne ?
- Combien l'entreprise devrait dépenser en formation ?
- Comment peut-on évaluer le retour sur investissements humains ?
- Quelles sont les meilleures techniques pour fidéliser les talents ?
- Comment acquérir une visibilité sur les cinq prochaines années en termes d'organisation ?
- Etc.

Une fois de plus, les réponses à ces questions peuvent être multiples sans être fausses pour autant ; c'est leur adéquation avec les priorités de l'entreprise qui va déterminer si l'entreprise a raison de recruter ce candidat ou non.

La même approche devrait être adoptée pour tous les postes au sein de la fonction RH, car la multiplicité des choix stratégiques et culturels possibles est telle qu'aucun poste RH aujourd'hui ne peut être considéré comme universel. Qu'une personne ait eu cinq ans d'expérience dans un poste RH au sein de l'entreprise A ne veut pas dire qu'elle sera qualifiée pour remplir le même poste dans l'entreprise B.

© Groupe Eyrolles

JEU-OUTIL DE STRUCTURATION

Quelles sont les compétences requises pour vos postes RH ?

- Faites le premier jeu-outil de structuration proposé dans ce chapitre et produisez les descriptions des postes RH.

- Pour chaque poste, référez-vous aux responsabilités mentionnées et identifiez les compétences dont le titulaire a besoin pour assumer ces responsabilités au mieux.

- Assurez-vous que les compétences identifiées incluent : 1. les valeurs de votre entreprise (elles sont requises de tous vos employés) ; 2. les compétences techniques (savoirs et savoir-faire) idoines ; et 3. les compétences comportementales (savoir être) nécessaires.

- Après avoir noté toutes les compétences qui vous semblent pertinentes, passez la liste en revue et établissez les priorités.

- Éliminez les compétences les moins importantes jusqu'à ce que la liste totale atteigne 20 compétences maximum pour un poste.

- Procédez de cette façon jusqu'à ce que vous ayez produit un profil de compétences requises pour chaque poste RH.

- Consolidez toutes les compétences de tous les postes en une cartographie des compétences RH.

Suggestion

Vous pourrez ensuite évaluer chaque employé RH sur la totalité des compétences RH identifiées, ce qui vous permettra de vérifier l'adéquation de chaque personne avec votre organisation en général et avec leur poste en particulier, de déterminer dans quel poste chaque personne serait la mieux placée, d'évaluer les forces et faiblesses de l'équipe entière et donc de connaître quelles devraient être vos priorités lors des prochaines embauches.

Ce exercice est tiré de la collection des jeux-outils de formation de management conçus par Prasena. Voir http://www.prasena.com

La fonction RH doit mettre les TIC à son service

« Depuis plusieurs années, on constate un éclatement des fonctions de management qui a favorisé la multiplication d'outils centralisés de gestion RH, notamment par le biais d'une extraction des fichiers opérationnels RH vers des tableurs Excel pour réaliser des tableaux croisés dynamiques de gestion RH. Encore très répandue, faute de moyens suffisants, cette méthode de traitement artisanale montre cependant aujourd'hui ses limites face à la vision 360° que peuvent

© Groupe Eyrolles

être en mesure de proposer les solutions décisionnelles RH. Car s'il est possible de générer quelques indicateurs de gestion RH sous Excel comme ceux relatifs aux bilans sociaux individualisés ou aux suivis des augmentations, certains deviennent beaucoup trop complexes à gérer, liés à la gestion et au suivi des compétences ou au recrutement. Alors qu'elles étaient réservées au management et top management jusqu'à il y a encore quatre ou cinq ans, les solutions décisionnelles RH commencent à franchir le seuil des directions des ressources humaines qui doivent cependant faire face à un changement culturel profond », explique le consultant informatique Laurent Puype.

> « L'outil technologique prend incontestablement une place croissante dans l'exercice de la fonction RH, qu'il soit employé à des fins d'anticipation, de pilotage, de reporting ou de communication », mentionnait l'observatoire des DRH de Novamétrie en 2008, en ajoutant : « Les DRH se l'approprient de plus en plus, puisqu'ils sont même un sur trois à se considérer comme décisionnaires finaux dans les choix technologiques. De plus, les directeurs RH interrogés pour l'enquête jugent les technologies à 96 % comme un moteur de changement et à 85 % comme de la création de valeur. Certes ils les associent parfois à une complexification des process (35 %) ou à une augmentation des coûts (35 %). Mais l'argument principal reste que l'innovation permet à tous de gagner temps et autonomie. »

Pourtant, des opinions à la pratique, il y a encore un pas de géant. L'approche des entreprises vis-à-vis des outils informatiques RH a, jusqu'à présent, été très variée, bien qu'il soit probablement juste de dire que peu y ont porté réellement beaucoup d'attention. Cela ne veut pas dire que la fonction RH n'est jamais informatisée : elle est au contraire parfois complètement submergée et certains des logiciels utilisés sont pachydermiques ! Mais la plupart de ces grosses applications ont été développées soit directement pour but d'administration du personnel, soit comme un « module RH » d'une banque de données intégrée couvrant plusieurs – ou tous les – aspects de l'entreprise. Ces grosses solutions sont souvent lourdes, peu faciles d'utilisation, chères et peu adaptables aux besoins spécifiques de l'entreprise. Quant aux solutions plus légères, elles se concentrent, elles aussi, pour la plupart sur les dossiers administratifs de l'employé, l'enregistrement de la présence, des congés, des heures supplémentaires et des heures de formation, l'administration des avantages sociaux et autres sujets ayant un impact sur la paie et sur la gestion de la paie elle-même.

Il est impossible d'identifier des schémas clairs d'évolution des outils informatiques dans les fonctions RH. Dans certaines des plus grandes

© Groupe Eyrolles

multinationales, celles-ci essaient encore de gérer leurs ressources manuellement, alors que d'autres se débattent avec un, voire plusieurs énormes systèmes. D'autres encore, dans des entreprises de grande ou moyenne taille, ont tout un éventail de logiciels RH qui ne sont ni intégrés si même interfacés, ce qui les oblige à de multiples entrées des mêmes données, avec le haut risque d'erreur, sans parler du temps perdu que cela comporte. Mais dans leur majorité, les entreprises n'ont encore mis en place de véritables outils informatiques de gestion opérationnelle et stratégique dans aucun des domaines de GRH.

- Certains outils sont disponibles pour la gestion des effectifs et la gestion des grades, mais rien n'existe pour la gestion des responsabilités, ce qui empêche l'entreprise de produire une cartographie des rôles et maintient les descriptions de poste dans leur état de documents statiques et non intégrés.

- La gestion des compétences est le domaine dans lequel on trouve le plus facilement un outil idoine, peut-être parce que c'est l'instrument de GRH le plus récent et qu'il a tout de suite été digitalisé, sans doute aussi parce qu'une évaluation de compétences qui se respecte est impossible à faire manuellement. Mais, en absolu, ce sont probablement moins du quart des entreprises qui en sont équipées.

- La proportion d'entreprises équipées d'un véritable système informatique de gestion de la performance est faible, alors même que cet instrument de gestion est la coqueluche du monde des affaires depuis vingt ans. Si beaucoup s'efforcent actuellement d'introduire au moins un système d'évaluation de la performance individuelle en ligne, le système intègre rarement tous les composants de l'instrument.

- Dans le domaine de la gestion de la rémunération, l'inévitable système d'administration de la paie est évidemment omniprésent ; il cache pourtant l'absence de système de gestion de la rémunération en tant que telle.

- Quant à la gestion du développement, elle est souvent accompagnée dans sa dimension administrative par les modules « recrutement » et « formation » de grosses banques de données RH, mais une fois encore rien n'est disponible pour faciliter la gestion opérationnelle et stratégique et particulièrement les activités de simulation, de planification et de budgétisation.

Tout reste donc à faire dans le domaine des outils informatiques de GRH et il s'agit de se rappeler que, sans ces outils, la DRH ne sera tout simplement pas capable de fournir les livrables que l'on attend d'elle. Un certain nombre d'obstacles expliquent la lenteur des progrès dans

© Groupe Eyrolles

ce domaine pourtant vital. Tout d'abord, l'équipe RH n'est pas et n'a jamais été grande spécialiste de l'informatique. Très mal à l'aise face à des logiciels lourds, complexes et difficiles à utiliser, elle a d'autant plus de mal à expliquer ses besoins et à imposer ses vues aux informaticiens que les RH figurent souvent tout au bas de la liste des priorités de ces derniers.

En outre, dans les grandes entreprises, les fonctions RH utilisatrices de ces logiciels (dans les filiales) voient souvent leurs suggestions d'introduction de nouveaux systèmes rejetées d'emblée ; elles sont censées attendre que le siège arrive à une solution puis la déploie dans le groupe à son rythme (généralement fort lent). Du coup, la plupart des équipes RH adoptent une mentalité passive-réactive ; elles sont résignées à attendre, puis à accepter ce qui viendra du siège, dût-ce la solution offerte se révéler lourde, chère, inflexible et inadaptée aux besoins locaux. Dans les entreprises de taille plus humaine, l'aspect financier est de première importance ; le comité exécutif doit être convaincu pour approuver l'acquisition d'un système, quel qu'il soit. Et s'il est assez facile d'expliquer à quoi sert un logiciel d'administration du personnel ou de la paie, il n'en va pas de même pour des solutions de GRH stratégique – surtout lorsque les contributions de la DRH ont jusqu'alors été si limitées que la direction générale a du mal à visualiser ce qu'elles pourraient être une fois optimisées.

Enfin, n'oublions pas que la standardisation des processus RH requiert ou provoque la disparition des traitements exceptionnels, des pratiques de micromanagement et, dans une certaine mesure aussi, de la marge de manœuvre subjective accordée jusqu'à présent aux managers. Certains peuvent se sentir attaqués dans leurs prérogatives et résister à une évolution qui, perçoivent-ils, les dévalorisent ou réduisent leur autorité.

Ces obstacles n'existent évidemment pas partout. Certains employés RH sont des utilisateurs puissants et éclairés des logiciels de GRH ; certains directeurs RH ont un esprit stratégique très développé ; certaines grandes entreprises ont la sagesse d'utiliser leurs filiales comme des laboratoires d'innovation ; certaines directions générales encouragent systématiquement leurs fonctions RH à produire des livrables stratégiques et leur en donnent les moyens… mais ces cas ne constituent pas encore la majorité.

L'acquisition d'outils informatiques adéquats fut la priorité numéro 1 des départements finance dans les années 1990. Le tour des départements RH est venu. Leur capacité à atteindre cet objectif conditionne

© Groupe Eyrolles

leur capacité à s'aventurer dans la GRH stratégique et donc à devenir un véritable partenaire de la direction générale.

JEU-OUTIL DE STRUCTURATION

De quels outils informatiques RH avez-vous besoin ?

- Faites le premier jeu-outil de structuration proposé dans ce chapitre.
- Pour chaque famille de six étiquettes, vérifiez ce que vous avez fait de la carte nantie de l'icône « ergonomie » ; si vous l'avez placée dans la « poubelle », confirmez que vous ne ressentez pas le besoin d'outil informatique dans ce domaine de GRH (note : la confirmation est facile si vous avez placé la famille entière à la « poubelle », mais si ce n'est pas le cas, une reconsidération est probablement pertinente).
- Analysez plus en détail vos besoins attachés à chaque étiquette « ergonomie » ; ces besoins dépendent du nombre et de la nature des autres étiquettes de la même famille que vous avez allouées à un poste dans l'organigramme. Pour chacune de ces étiquettes, posez-vous la question : « De quel outil cette personne a-t-elle besoin pour produire efficacement les livrables que l'on attend d'elle ? »
- Prenez note, étiquette après étiquette, des outils nécessaires (note : n'essayez pas de mentionner un logiciel spécifique à ce stade ; ce qui compte est la liste de fonctionnalités dont l'utilisateur a besoin).
- Lorsque vous avez passé en revue l'éventail complet des fonctionnalités requises, passez la liste en revue et tentez d'identifier les besoins d'intégration : « Lesquelles de ces fonctionnalités devraient aller ensemble ? » ; « Comment éviter les saisies redondantes ? »
- Transmettez ce document à votre direction informatique et/ou à un consultant et demandez-leur de vous présenter les solutions les plus intégrées, les plus légères, les plus flexibles, les moins chères et les plus faciles à utiliser possibles (note : votre direction informatique devrait tout d'abord vérifier si des logiciels déjà disponibles dans l'entreprise ne peuvent pas satisfaire certains de ces besoins).

© Groupe Eyrolles

De l'entremetteuse
à la technicienne

C'est un tableau bien mitigé que nous venons de brosser et les couleurs qui parent la fonction RH sont loin d'être toutes roses. Le vert de l'espoir y figure certes en bonne place, car les potentiels sont immenses et enthousiasmants, mais il y a tant à faire pour les exploiter ! Il va falloir investir du temps, de l'énergie, de l'argent, il va falloir trouver des gens qui sachent prendre le processus de transformation en main...

L'auteur vous voit soupirer et vous comprend.

Mais, d'expérience, elle peut vous promettre que ce n'est pas aussi difficile que cela en a l'air. Votre conviction du besoin de changer est un point de départ solide et précieux. Sur cette base, la meilleure façon de procéder est souvent de prendre ce que l'on a et de commencer à progresser à son rythme, en prenant soin d'assurer que tout le monde avance ensemble. La plupart du temps, les premières améliorations permettent, d'une part, de dégager des économies qui seront utilisées pour financer les étapes suivantes et, d'autre part, de prouver à tous qu'ils sont sur la bonne voie. Pour peu que ces progrès améliorent le sort de toutes les parties, même un tout petit peu, il n'en faut pas plus pour générer une spirale vertueuse en vertu de laquelle les améliorations sont exponentielles et intègrent le changement à la satisfaction de tous.

Le meilleur moyen de commencer est généralement de faire le point (un point honnête et exhaustif) sur votre situation présente afin d'établir ce qui reste à faire et de prioriser ces mesures nécessaires en fonction des urgences, mais aussi de ce qui sera le plus visiblement profitable à tous. Cet audit interne vous servira aussi à identifier les

© Groupe Eyrolles

forces de votre entreprise, ce sur quoi elle peut bâtir pour s'améliorer :
rappelons, en effet, qu'il est plus motivant – et donc en fin de compte
plus efficace – de construire sur vos forces que de vous concentrer sur
les problèmes créés par vos faiblesses.

Il est fort possible que votre audit vous amène à réaliser que votre
entreprise recèle déjà bien des richesses en compétences, en instruments de gestion, en outils informatiques ou autres, que vous n'utili-
siez que peu, pas efficacement ou pas du tout. Dans ce cas, votre
première priorité devrait être d'optimiser ce que vous avez, d'en
assurer le retour sur investissement, avant de même considérer d'autres
dépenses majeures.

Si ce que vous avez est déjà optimisé (réfléchissez bien à deux ou
trois fois avant de confirmer que vous en êtes là !), il est sans doute
temps d'introduire un nouvel instrument de gestion qui vous permette
de passer à la vitesse supérieure.

« D'accord, dites-vous, mais lequel ? » Pour vous aider dans votre
sélection, le chapitre suivant vous propose une série d'instruments de
gestion présentés sous forme de fiches techniques faciles à utiliser, qui,
ensemble, vous permettront de mettre en place votre gestion prévisionnelle des emplois et des compétences.

© Groupe Eyrolles

Partie 5

L'ENTREPRISE
DOIT S'OUTILLER

Introduction

La gestion prévisionnelle des emplois et des compétences repose sur neuf instruments, dont la mise en place devrait idéalement suivre un ordre logique et surtout garantir leur intégration ou, à tout le moins, leur interconnexion.

Parmi ces instruments, trois posent les fondations de la GPEC : il s'agit du **façonnement de la culture d'entreprise**, suivie (chronologiquement) de la **cartographie du management** puis de l'**évaluation des compétences**. Ces instruments sont interdépendants : le meilleur moyen d'intégrer de nouvelles valeurs dans les mentalités est d'utiliser le système d'évaluation des compétences et le dictionnaire des compétences ne sera pas complet s'il ne reflète pas les valeurs de l'entreprise. De même, la clarification des rôles et l'allocation des responsabilités est une condition préliminaire à l'établissement du dictionnaire des compétences, tandis que l'évaluation des compétences ne sert à rien si elle ne peut se référer aux exigences des postes. Tous trois peuvent être (et sont souvent) utilisés dans une perspective purement présente, mais les méthodologies sous-jacentes sont adaptables à l'étude de l'avenir.

Deux autres instruments permettent à l'entreprise de se projeter dans l'avenir et de se donner les références dont elle a besoin pour guider son développement : il s'agit du **profilage de l'organisation future** (basé sur les méthodologies de la cartographie du management et de l'évaluation des compétences) et de la **planification de la migration** (reliant la situation présente à celle que l'on s'est fixé comme objectif pour les cinq ans à venir).

Les quatre derniers instruments permettent une gestion plus quotidienne des activités de développement : il s'agit du **recrutement**, de la **planification des successions et des promotions**, de la **formation** et de la **planification du développement individuel**. Toutes ces activités réfèrent au plan de migration et sont fondées sur la méthodologie de

© Groupe Eyrolles

l'évaluation des compétences. Elles sont toutes très étroitement interdépendantes.

Ces instruments ne nécessitent pas tous un outil informatique
dédié. En fait, leur interdépendance est si grande qu'il suffit d'acquérir
trois outils majeurs :

- un logiciel de gestion des compétences (incluant modules de recrutement et de gestion des carrières) ;
- un logiciel de cartographie du management ;
- un logiciel de gestion de la formation.

Bien entendu, ces logiciels devraient être interfacés entre eux et
avec les banques de données contenant les données « employés » et les
données « postes » de l'entreprise.

© Groupe Eyrolles

Chapitre 21

Poser les pierres angulaires de la GPEC

Instrument 1
Façonnement de la culture d'entreprise

Qu'est-ce que c'est ?

L'instrument de façonnement de la culture d'entreprise intègre la vision, la mission, les valeurs, les engagements et les priorités de l'entreprise en un ensemble cohérent qu'il s'agit de faire partager par tous les employés. Il constitue un prérequis pour assurer la cohérence de toutes les politiques et pratiques de GRH. En découlent la philosophie d'emploi et de la rémunération ainsi que les critères d'identification des talents.

Comment ça marche ?

Pour commencer, il vous faut :

- l'histoire de votre entreprise, ses fondateurs, ses leaders successifs et leurs choix stratégiques ;
- le profil de la main-d'œuvre et son évolution ;
- les avantages comparatifs et les facteurs de compétitivité de votre entreprise, tels qu'ils sont perçus par la DG, par les employés, par les partenaires extérieurs ;
- toute autre information susceptible d'aider à comprendre la personnalité de votre entreprise.

Définir les valeurs clés de votre entreprise

Personnes impliquées en interne : le P-DG, les membres du comité exécutif, le directeur RH.

© Groupe Eyrolles

- Définissez la vision, la mission et les engagements de votre entreprise, s'ils n'ont pas été clairement définis auparavant, et comparez-les avec la façon dont vos employés et vos partenaires extérieurs la perçoivent.
- Déterminez les 3 à 6 valeurs qui, non seulement reflètent l'unicité et les forces de votre entreprise aujourd'hui, mais devraient aussi vous permettre d'atteindre vos objectifs stratégiques et de remplir vos engagements auprès de vos partenaires internes et externes dans l'avenir ; donnez-en une définition concise et claire.
- Vérifiez que ces valeurs ainsi définies répondent ensemble à la question : « Pourquoi nos clients, nos fournisseurs, nos employés, choisissent-ils (et continueront-ils de choisir) de travailler avec nous plutôt qu'avec nos concurrents ? »
- Traduisez ces valeurs en compétences humaines majeures ; toute personne employée dans votre entreprise devra les connaître et les accepter, en comprendre l'importance, les posséder et les appliquer dans son travail quotidien ; vos partenaires extérieurs devront les connaître et les reconnaître, les apprécier et les soutenir.

Évaluer le niveau d'intégration de vos valeurs parmi vos employés

Personnes impliquées en interne : la fonction RH.

- Si vous avez un système d'évaluation des compétences (voir p. 256), intégrez les compétences majeures reflétant les valeurs de votre entreprise dans votre dictionnaire des compétences et dans tous les profils de poste, et lancez une campagne d'évaluation des personnes.
- Au cas où ce genre de système ne vous est pas disponible, développez un questionnaire visant à comprendre si les employés de votre entreprise (à tous les niveaux) possèdent et utilisent ces compétences majeures et mettez en œuvre un exercice d'évaluation 360° (ou autre technique d'évaluation) pour obtenir l'information désirée.
- Analysez les données reçues pour identifier d'éventuelles faiblesses, et déterminez si ces faiblesses peuvent être traitées individuellement ou si la situation nécessite une campagne à l'échelle de l'entreprise.

Mener une campagne d'intégration des valeurs

Personnes impliquées en interne : la fonction RH.

- Passez en revue les canaux de communication et médias disponibles dans votre entreprise ainsi que les événements internes qui pourraient être utilisés pour communiquer et promouvoir les valeurs et

© Groupe Eyrolles

les compétences majeures. Concevez, budgétisez et planifiez une campagne de déploiement et d'intégration à travers l'organisation entière. Note : l'ampleur et la durée de cette campagne dépendent de la taille de votre entreprise, de la diversité de votre main-d'œuvre, ainsi que de l'ampleur des faiblesses identifiées. Il est à noter que, même dans une petite structure, l'intégration de nouvelles valeurs ne peut se faire en quelques jours par le biais d'une ou deux réunions tenues par le patron. Le processus doit agir en profondeur et sur plusieurs mois dans tous les cas.

- Organisez et coordonnez la campagne de déploiement. Celle-ci peut comporter des programmes de formation de type « changement des mentalités » ; un site de référence (sur l'intranet) sur la culture et les valeurs de l'entreprise, avec matériels de vulgarisation si possible interactifs ; un ou des jeux éducatifs sur les valeurs à intégrer, avec tests, concours et prix ; des réunions tenues par le management de proximité, qui par ailleurs est invité à faire jouer l'exemplarité ; des outils d'évaluation permettant de mesurer les progrès de la campagne, etc.
- Suivez les progrès de la campagne et, en cas de besoin, mettez en œuvre des mesures complémentaires au niveau individuel.

Les points de vigilance

Assurez-vous que les compétences majeures constituent un important critère de sélection lors du recrutement ; sinon, votre culture et vos valeurs risquent de se diluer au fur et à mesure des nouvelles arrivées !

Retour d'expérience

Dans beaucoup d'entreprises, l'opinion des employés et des managers de proximité sur ce genre d'exercice est qu'il représente un gros effort, en ressources et en temps passé, pour des résultats trop abstraits. Il est donc souvent bénéfique de mener ce projet en intégration avec l'introduction (ou la refonte) du système de gestion des compétences, dont les résultats sont beaucoup plus concrets à tous les niveaux et qui constitue d'ailleurs l'un des meilleurs moyens de répandre et d'intégrer les valeurs de l'entreprise.

© Groupe Eyrolles

Instrument 2
Cartographie du management

Qu'est-ce que c'est ?

> **L'instrument de cartographie du management** est une matrice constituée par les rôles, responsabilités et processus nécessaires aux activités de l'entreprise d'une part, les postes d'autre part. Cette matrice permet d'établir des cartographies intégrées, comme celle des responsabilités (ressources humaines), celle des outils informatiques (ressources technologiques), celle des connaissances utiles (ressources intellectuelles) et celle des coûts (ressources financières) et donc d'établir les principes directeurs à la gestion de chacune des ressources de l'entreprise.

Comment ça marche ?

> **Pour commencer, il vous faut :**
> - une information précise sur les activités de votre entreprise et la façon dont elles se traduisent en processus et flux de travail ;
> - la liste de tous les postes internes et externalisés, comités, entités partenaires et prestataires de services d'externalisation qui assument des responsabilités permanentes pour votre entreprise.

Clarifier l'allocation des responsabilités dans votre entreprise

Personnes impliquées en interne : le P-DG, les membres du comité exécutif, le directeur RH.

- Établissez la liste de tous les processus conduits dans votre entreprise et classez-les dans le cadre de responsabilités, elles-mêmes catégorisées sous des rôles majeurs (exemple : la clôture des comptes mensuels est un processus placé sous la responsabilité de « comptabilité générale », elle-même placée sous le rôle « finance et comptabilité »).
- Intégrez ces informations en un tableau matriciel dont elles constituent les lignes ; placez en tête des colonnes chacun des postes, comités et entités actifs pour votre entreprise.
- Préparez une liste de 5 à 8 verbes qui reflètent adéquatement les différentes étapes d'un processus dans votre entreprise (par exemple, planifier/concevoir, réviser/valider, décider/approuver, suivre/superviser, conduire/exécuter, conseiller/assister, vérifier/contrôler, rapporter/communiquer).

© Groupe Eyrolles

- Complétez le tableau matriciel préparé : pour chaque processus, attribuez chacun des verbes choisis à l'un ou à plusieurs des postes.
- Relisez et analysez le tableau : ligne par ligne, vérifiez que l'allocation des responsabilités permet un processus fluide et efficace ; colonne par colonne, vérifiez que les responsabilités assignées à chaque poste forment un ensemble cohérent et réaliste.

Identifier les connaissances dont a besoin votre entreprise

Personnes impliquées en interne : le directeur RH, les managers.

- Partez du tableau montrant l'allocation des responsabilités : à chaque fois qu'un verbe indique l'implication d'un poste dans un processus, identifiez les données, informations et connaissances dont le titulaire a besoin pour faire ce travail le plus efficacement possible ; localisez la source de ces connaissances et décrivez comment le titulaire peut/ pourrait y avoir accès le plus rapidement et facilement possible.
- Analysez aussi les données, informations et connaissances que chaque titulaire produit dans son travail, devenant ainsi une source de connaissances pour d'autres, et la façon dont elles devraient être communiquées et partagées le plus efficacement possible.
- Consolidez la liste de toutes les données, informations et connaissances mentionnées et suggérez une classification et un ordre de priorité ; produisez un rapport montrant le rôle de chaque employé concerné en tant que source et/ou utilisateur de connaissances (ces rapports constitueront une base de travail pour la gestion des connaissances).
- Dans le cadre, ou en parallèle de l'établissement de cette cartographie des connaissances, portez votre attention sur le *reporting* de management ; inventoriez tous les rapports qui sont produits, par qui et pour qui ; analysez cette liste de rapports pour identifier ceux qui pourraient être redondants et/ou inutiles, et pour déterminer des mesures d'optimisation possibles (via automatisation et/ou intégration par exemple).

Identifier les outils nécessaires à la fluidité des processus

Personnes impliquées en interne : le directeur RH, les managers.

- Partez du tableau montrant l'allocation des responsabilités : à chaque fois qu'un verbe indique l'implication d'un poste dans un processus, déterminez les outils informatiques et bureautiques dont le titulaire a besoin pour faire ce travail le plus efficacement possible

© Groupe Eyrolles

(en tenant compte de ses activités transactionnelles et du flux de connaissances associé), et décrivez-en les fonctionnalités.

• Consolidez la liste de toutes les fonctionnalités mentionnées ; suggérez une classification et un ordre de priorité et soulignez les besoins d'intégration ; produisez aussi un rapport montrant les besoins consolidés de chaque employé (ces rapports constitueront une base de travail pour la gestion informatique).

Calculer les effectifs qui seraient optimaux pour votre organisation

Personnes impliquées en interne : le directeur RH, les managers.

• Partez du tableau montrant l'allocation des responsabilités : à chaque fois qu'un verbe indique l'implication d'un poste dans un processus, estimez aussi précisément que possible le temps de travail que cette implication requiert par an, considérant les outils et connaissances à disposition.

• En analysant le tableau colonne par colonne, additionnez le nombre de jours de travail total requis pour que chaque poste remplisse toutes ses responsabilités, et divisez ce total par le nombre moyen de jours travaillés par an dans votre entreprise. Le résultat obtenu vous montrera combien de titulaires (à temps plein ou partiel) ce poste nécessite.

• Produisez un rapport montrant les effectifs requis par le scénario étudié, comparez avec les effectifs actuels et analysez les variances (ces rapports constitueront une base de travail pour la GRH).

Analyser vos coûts sous une nouvelle perspective

Personnes impliquées en interne : le P-DG, les membres du comité exécutif, le directeur RH.

• Estimez les coûts (investissements et dépenses régulières) afférant aux personnes, à leur environnement de travail, à leurs équipements et outils, aux informations et connaissances qu'elles utilisent, etc. Déduisez-en une estimation de coût par personne et par jour, et utilisez-la pour associer un chiffre à chacun des verbes mentionnés sur la cartographie des responsabilités.

• Produisez des rapports d'analyse des coûts et du temps passé pour chaque processus, et du coût total annuel de chaque employé et des ressources qui lui sont (ou devraient lui être) allouées pour qu'il travaille efficacement. Ces rapports constitueront un apport précieux à la gestion financière, en offrant un point de vue « *business* » et non pas comptable de la situation.

© Groupe Eyrolles

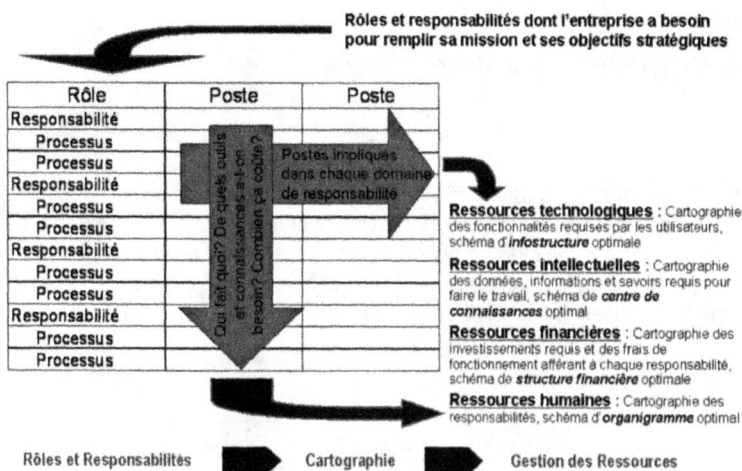

Principes de la cartographie du management

Les points de vigilance

À moins que vous ne fassiez cet exercice pour préparer la création d'une nouvelle entreprise, vous vous trouverez sans doute face à une question pertinente : le tableau matriciel d'allocation des responsabilités doit-il refléter la situation actuelle ou l'organisation telle qu'elle devrait être – ou les deux ? En fait, il est souvent utile de commencer à le construire sur la base de ce qui est et d'en profiter pour identifier les redondances, les écarts et tout ce qui fait obstacle à un processus fluide et efficace. Une version améliorée du tableau pourra constituer la base d'un plan de restructuration plus ou moins drastique.

Retour d'expérience

Dans le cas de grandes entreprises multinationales, il est conseillé de conduire ce projet en plusieurs étapes. Dans une première étape, le projet devrait être fait par chaque filiale (ou au minimum par des filiales représentatives de chaque schéma d'opérations). Dans une deuxième étape, les cartes ainsi produites devraient être consolidées par le siège pour établir la cartographie au niveau du groupe sur la base d'informations déjà structurées et confirmées. Cette approche permet de réduire significativement la durée du projet tout en améliorant l'exactitude des informations. En outre, elle permet à chaque patron de filiale d'avoir son propre instrument de gestion stratégique adapté.

© Groupe Eyrolles

Instrument 3
Évaluation des compétences

Qu'est-ce que c'est ?

> **L'instrument d'évaluation des compétences** est un inventaire de ressources, incluant d'abord les compétences qui contribuent à la compétitivité de l'entreprise, puis celles de ces compétences qui sont respectivement requises pour chaque poste dans l'organigramme, puis enfin celles de ces compétences qui sont respectivement démontrées par chaque employé dans l'entreprise.

Comment ça marche ?

Pour commencer, il vous faut :

- les valeurs de votre entreprise, et les compétences humaines majeures qui en découlent, clairement définies (voir l'instrument de façonnement de la culture d'entreprise p. 249) ;
- la liste de tous les postes internes et externalisés, comités, entités partenaires et prestataires de services d'externalisation qui assument des responsabilités permanentes pour votre entreprise ;
- la liste de tous les employés de l'entreprise.

Construire votre dictionnaire de compétences

Personnes impliquées en interne : le P-DG, les membres du comité exécutif, le directeur RH.

- Établissez la liste de toutes les compétences (compétences majeures, savoirs, savoir-faire et savoir être) qui ensemble reflètent la compétitivité durable de l'entreprise ; typiquement, le dictionnaire devrait comporter 3 à 6 compétences majeures reflétant les valeurs, 20 à 80 savoirs et savoir-faire reflétant les expertises et 20 à 50 savoir être reflétant les comportements désirables, regroupés en familles.
- Définissez ces compétences en utilisant la terminologie de l'entreprise, et associez-les à des échelles d'évaluation sur 5 niveaux.

Identifier les compétences requises pour chaque poste

Personnes impliquées en interne : l'équipe RH, les managers.

- Pour chaque poste, passez le dictionnaire entier en revue et sélectionnez les compétences qui sont les plus importantes pour le poste, sachant que toutes les compétences majeures sont sélectionnées

© Groupe Eyrolles

automatiquement et que le profil ne devrait pas contenir plus de 20 à 25 compétences en tout (typiquement, il se compose de 5 compétences majeures, 5 savoir-faire et/ou savoirs, et 10 savoir être).

- Pour que le profil soit d'utilisation plus facile en recrutement et formation, établissez un ordre de priorité dans le profil par tiers : un tiers de compétences critiques, un tiers de compétences très importantes et un tiers de compétences utiles mais moyennement importantes pour le poste.

- Enfin, pour chaque compétence sélectionnée, identifiez le niveau requis sur l'échelle d'évaluation (niveau 2, 3, 4 ou 5). Note : le niveau d'importance et le niveau de compétence sont deux notions différentes : il est peut-être très important pour un poste d'avoir une compétence donnée, mais il se peut qu'il ne requière que le niveau 2.

Évaluer les compétences des employés

Personnes impliquées en interne : l'équipe RH, les employés.

- Organisez une campagne d'évaluation des compétences, en fonction de la ou des techniques choisies : par exemple, les compétences techniques peuvent être évaluées par voie de tests ; les compétences comportementales peuvent être évaluées par voie psychométrique ; les compétences critiques peuvent être évaluées par voie d'interview par un expert externe, etc. La technique qui a la couverture la plus large et le meilleur rapport qualité/prix est l'évaluation à 360°, qui consiste à recueillir un certain nombre de témoignages sur les compétences démontrées par la personne. Si plusieurs techniques sont choisies, il est recommandé de considérer les résultats de chacune comme une évaluation, toutes les évaluations devant être ensuite consolidées.

- Assurez-vous que les employés sont bien évalués par rapport à toutes les compétences contenues dans le dictionnaire, quel que soit leur poste actuel ; cela est une condition essentielle à la bonne utilisation de l'instrument.

Analyser les forces et faiblesses de votre entreprise en termes de compétences

Personnes impliquées en interne : l'équipe RH.

- Produisez le profil de chaque personne, et le profil de chaque poste.
- Analysez les écarts de compétences entre chaque personne et son poste actuel.

© Groupe Eyrolles

- Par consolidation, analysez les forces et faiblesses démontrées par le personnel de votre entreprise par rapport à celles qui en sont attendues et identifiez les mesures correctives nécessaires via recrutement, formation, etc.

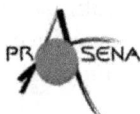

Profil de Poste

	Importance	Required Level of Competency				
		1	2	3	4	5
1- ENTREPRISE PROFESSIONNELLE						
ANALYSE	Haute	○	○	○	○	◉
SENSIBILITÉ AUX COÛTS	Critique	○	○	○	○	◉
2- ENTREPRISE PERFORMANTE						
GESTION DES RESSOURCES	Critique	○	○	◉	○	○
3- ENTREPRISE GLOBALE						
CONNAISSANCES D'ANGLAIS	Haute	○	○	○	◉	○
4- ENTREPRISE UNIQUE						

Profil de Personne

	Acquired Level of Competency				
	1	2	3	4	5
1- ENTREPRISE PROFESSIONNELLE					
RÉSOLUTION DE PROBLÈMES	○	○	◉	○	○
ORGANISATION	○	○	◉	○	○
SENSIBILITÉ AUX COÛTS	◉	○	○	○	○
RELATIONS INTER-PERSONNELLES	○	◉	○	○	○
SENSIBILITÉ À LA SÉCURITÉ	○	○	◉	○	○
COMMUNICATION	○	○	◉	○	○
ANALYSE	◉	○	○	○	○
PRISE DE DÉCISION	○	○	○	◉	○
2- ENTREPRISE PERFORMANTE					
FLEXIBILITÉ	○	○	○	◉	○
RESPONSABILITÉ	○	○	◉	○	○
GESTION DES RESSOURCES	◉	○	○	○	○
ÉCOUTE	○	◉	○	○	○
RÉSEAU DE RELATIONS	◉	○	○	○	○

Exemples de profils de poste et de personne

Les points de vigilance

Les échelles d'évaluation des compétences sont les documents les plus difficiles à produire et leur qualité détermine celle de l'instrument tout entier. Si les utilisateurs ne les trouvent pas assez claires, pas assez précises, pas assez concrètes, leurs évaluations risquent de ne pas être

© Groupe Eyrolles

fiables. Rappelez-vous que chaque niveau doit être associé à une définition concrète et que l'évolution entre le niveau 2 et le niveau 5 doit être linéaire, progressive et logique ; le niveau 5 doit non pas représenter le plus haut niveau de compétence possible, mais le plus haut niveau utile dans votre entreprise ; la définition du niveau 1 est toujours « aucun des précédents ».

Il est fondamental de séparer l'évaluation des compétences de l'évaluation de la performance, ces deux exercices ayant des natures, périodicités, utilisations et objectifs très différents. La confusion des deux exercices s'avère systématiquement contre-productive.

Les compétences démontrées devraient être évaluées assez souvent pour suivre l'évolution des personnes. L'entreprise peut choisir d'actualiser ces évaluations au cas par cas, ou bien par département, par niveau hiérarchique, ou encore via des campagnes au niveau de l'organisation entière. En général, il est conseillé d'évaluer une personne au moins une fois tous les deux ans.

Retour d'expérience

La technique de l'évaluation à 360° est reconnue comme la plus efficace dans le milieu de l'entreprise pour évaluer les compétences des employés. Mais pour assurer sa fiabilité, elle exige au minimum 5 évaluateurs, dont la personne elle-même, son superviseur direct, un pair interne, un pair externe et un subordonné. En fonction de la situation, ces trois derniers peuvent être remplacés par d'autres collègues assez proches pour bien connaître la personne. Afin d'assurer la crédibilité et la popularité de l'exercice (et une attitude sérieuse et honnête des employés face aux questionnaires d'évaluation), il est conseillé de laisser aux employés le choix de leurs évaluateurs (à l'exception d'eux-mêmes et de leur superviseur direct) ; les études montrent que des évaluateurs sympathisants, en nombre suffisant, produisent des évaluations plutôt moins biaisées que des évaluateurs imposés.

© Groupe Eyrolles

Chapitre 22

Développer sa planification stratégique RH

Instrument 4
Profilage de l'organisation future

Qu'est-ce que c'est ?

Le **profilage de l'organisation future** consiste à appliquer la cartographie du management à l'organisation future pour allouer les responsabilités en son sein et en dessiner l'organigramme, puis à appliquer l'évaluation des compétences à l'organisation future pour inventorier les compétences qui lui seront nécessaires.

Comment ça marche ?

Pour commencer, il vous faut :

- un scénario décrivant la situation de votre entreprise dans cinq ans et ses objectifs stratégiques à cinq ans ;
- la carte du management de votre entreprise (voir l'instrument de cartographie du management p. 252) ;
- les valeurs de votre entreprise, et les compétences humaines majeures qui en découlent, clairement définies (voir l'instrument de façonnement de la culture d'entreprise p. 249).

Dessiner l'organigramme de votre organisation telle qu'elle sera dans cinq ans

Personnes impliquées en interne : le P-DG, les membres du comité exécutif, le directeur RH.

© Groupe Eyrolles

- Analysez vos objectifs stratégiques et déduisez-en les activités que devra avoir votre entreprise dans cinq ans.
- En utilisant la méthodologie de cartographie du management, traduisez les activités de l'organisation future en rôles et responsabilités (sans forcément aller jusqu'aux processus) ; sans vous référer à l'organisation actuelle, déterminez progressivement les postes qu'il vous sera nécessaire d'avoir pour remplir les responsabilités identifiées.
- Construisez une carte des responsabilités qui vous permette d'avoir une bonne idée de votre future organisation, des postes qui la composeront et, idéalement, des effectifs dont vous aurez besoin.
- Analysez cette carte et traduisez-la en un organigramme montrant la structure la mieux à même de rationaliser l'organisation par rapport aux activités qu'elle aura.
- Éventuellement (surtout dans le cas où vous prévoyez une évolution significative sur les cinq ans à venir), poursuivez votre cartographie du management en analysant vos futurs besoins en connaissances et en outils.

Construire votre dictionnaire de compétences futures

Personnes impliquées en interne : le P-DG, les membres du comité exécutif, le directeur RH.

- Sur la base de la carte des responsabilités futures et en utilisant la méthodologie d'évaluation des compétences, listez toutes les compétences (compétences majeures, savoirs, savoir-faire et savoir être) qui ensemble refléteront les activités et la compétitivité de l'entreprise future.
- Définissez ces compétences et associez-les à des échelles d'évaluation sur 5 niveaux selon la même méthodologie que pour le dictionnaire des compétences actuelles.

Les points de vigilance

Au cas où vous avez déjà établi votre profil d'organisation future lorsque vous mettez en place votre instrument d'évaluation des compétences, vous devriez fusionner les dictionnaires des compétences actuelles et futures en un seul. Cela donnera à votre gestion des compétences la dynamique qui optimise sa valeur et invitera clairement votre direction générale à placer les compétences dans une perspective d'avenir : ainsi, par exemple, si vous déterminez qu'une compétence cruciale aujourd'hui ne vous sera plus nécessaire d'ici deux ans, il est

© Groupe Eyrolles

inutile – voire dangereux – de la considérer comme un critère de recrutement, ou de dépenser de l'argent à former quiconque dans ce domaine. En revanche, une compétence non encore requise mais qui s'avérera cruciale dans deux ou trois ans doit absolument commencer à être intégrée et développée aujourd'hui pour qu'elle soit disponible en suffisance le moment venu.

Retour d'expérience

Comme pour la cartographie du management, dans le cas de grandes entreprises multinationales, il est conseillé de conduire ce projet en plusieurs étapes, en commençant par les filiales puis en consolidant leurs réflexions au siège. Cette approche offre à chaque patron de filiale son propre instrument de gestion prévisionnelle adapté et permet aussi de faire remonter au siège la vision stratégique de ses filiales et la façon dont elles voient l'avenir dans leur marché – une information très précieuse rarement disponible actuellement.

© Groupe Eyrolles

Instrument 5
Planification de la migration

Qu'est-ce que c'est ?

> La **planification de la migration** consiste à déterminer la façon dont l'organisation devrait évoluer pour passer de la situation décrite par sa carte du management et à celle décrite par son profil d'organisation future. Elle inclut ou s'associe à un plan de restructuration, un plan de désinvestissement et un outil de « due diligence RH » en fonction des besoins.

Comment ça marche ?

> ### Pour commencer, il vous faut :
>
> - la carte du management de votre entreprise (voir l'instrument de cartographie du management p. 252) ;
> - votre dictionnaire des compétences (voir l'instrument d'évaluation des compétences p. 256) ;
> - le profil de votre organisation future (voir l'instrument de profilage de l'organisation future p. 261).

Mesurer l'ampleur de l'évolution qui attend votre entreprise

Personnes impliquées en interne : le P-DG, les membres du comité exécutif, le directeur RH.

- Comparez les organigrammes et les cartes des responsabilités de vos organisations actuelle et future ; identifiez les différences et, en intégrant les éléments de votre stratégie commerciale, réfléchissez à la meilleure façon d'évoluer votre organisation de l'un vers l'autre scénario, sachant que cinq ans les séparent.
- Déterminez les besoins de changements majeurs (désinvestissements massifs, fermetures, investissements massifs, acquisitions, restructurations massives, fusions, etc.) et établissez des plans spécifiques pour ces changements lourds en assurant un temps adéquat de préparation pour minimiser les traumatismes et maintenir la motivation du personnel.
- Évaluez les besoins d'évolution normale (élimination et/ou création de certains postes, petites restructurations de départements,

© Groupe Eyrolles

etc.) et décidez du moment (période budgétaire) où cette évolution devrait s'effectuer, afin qu'elle soit efficacement préparée.

- Consolidez tous ces plans en un plan de migration de votre structure organisationnelle sur cinq ans.

Identifier les besoins d'évolution de votre main-d'œuvre

Personnes impliquées en interne : l'équipe RH.

- Comparez les dictionnaires des compétences actuelles et futures ; identifiez les compétences actuelles qui vont disparaître et les compétences futures qui ne sont pas requises actuellement.
- Intégrez les nouvelles compétences futures dans le prochain exercice d'évaluation de façon à déterminer si elles sont disponibles parmi les employés en suffisance ou non.
- En fonction des besoins d'évolution des compétences d'une part, et du plan de migration de la structure organisationnelle d'autre part, établissez des lignes directrices destinées à guider la formation et le développement de l'organisation et des personnes, le recrutement, et les mesures d'externalisation et/ou d'internalisation sur les cinq ans à venir.
- Établissez un plan de migration de votre main-d'œuvre sur cinq ans.

Les points de vigilance

Du point de vue de la direction générale, la valeur de cet exercice de planification tient dans le fait qu'il assure un alignement constant de la structure organisationnelle et la main-d'œuvre avec la stratégie de développement commercial. Mais gardez à l'esprit que les employés le voient surtout comme un moyen d'éviter les chocs traumatiques causés par des mesures d'urgence mal préparées. Il s'agit donc autant que possible d'utiliser le temps offert par la planification à l'avance pour, au cas où un désinvestissement serait nécessaire, substituer au licenciement des alternatives plus favorables à toutes les parties en présence.

Les compétences identifiées comme bientôt inutiles à l'entreprise devraient être assez rapidement éliminées du système d'évaluation de compétences, de façon à ne plus mettre l'accent dessus et à ne plus les rechercher chez les candidats.

© Groupe Eyrolles

Retour d'expérience

Le plan de migration est l'un des résultats concrets les plus importants et visibles des exercices de cartographie du management et profilage de l'organisation future. Sans lui, ces deux exercices fondateurs risquent d'être considérés comme une charge de travail supplémentaire sans grande utilité et donc d'être abandonnés assez vite. À son tour, pour que ce plan soit pérenne, il doit être complètement intégré à la revue stratégique annuelle ; le comité exécutif mais aussi les managers doivent s'habituer à établir leurs plans et budgets dans une perspective non plus d'un an, mais de cinq ans.

© Groupe Eyrolles

Chapitre 23

Gérer son développement

Instrument 6
Recrutement

Qu'est-ce que c'est ?

Le recrutement consiste à évaluer les besoins en nouveaux titulaires (de postes existants ou nouveaux) le plus à l'avance possible, à détecter et attirer des candidats appropriés de l'intérieur et/ou de l'extérieur de l'organisation et à présélectionner ces candidats de façon à assurer la meilleure adéquation possible entre poste et personne.

Comment ça marche ?

Pour commencer, il vous faut :

- les valeurs de votre entreprise, et les compétences humaines majeures qui en découlent, clairement définies (voir l'instrument de façonnement de la culture d'entreprise p. 249) ;
- les compétences que votre entreprise doit acquérir en priorité (voir l'instrument d'évaluation des compétences p. 256 et l'instrument de planification de la migration p. 264) ;
- la liste de tous les postes, comités et entités qui assument des responsabilités permanentes pour votre entreprise, ainsi que les descriptions de poste et profils de postes s'y afférant ;
- la liste de tous les employés de l'entreprise, ainsi que leurs compétences démontrées.

© Groupe Eyrolles

Clarifier les besoins en recrutement

Personnes impliquées en interne : l'équipe RH, les managers.

- Vérifiez que les membres de votre équipe RH et les managers de votre entreprise ont accès à la liste de tous les postes, comités et entités qui assument des responsabilités permanentes dans l'organisation, ainsi qu'aux descriptions de postes et profils de postes s'y afférant ; assurez-vous aussi que les managers puissent à tout moment marquer l'un de ces postes comme « vacant », indiquer la date à partir de laquelle il sera vacant, le nombre de titulaires requis, la date à partir de laquelle le ou les nouveaux titulaires devraient être disponibles et celle à partir de laquelle ils devraient être opérationnels dans le poste.
- Traduisez le plan de migration en besoins en recrutement à moyen et long terme.
- Établissez les paramètres de base du recrutement, c'est-à-dire les conditions que tout employé de l'entreprise doit remplir (adéquation avec les valeurs de l'entreprise, éventuellement conditions d'exclusion liées à l'éducation, à la nationalité, etc.) ; ces paramètres serviront à une première élimination automatique des candidats ne remplissant pas ces conditions préliminaires.

Standardiser les candidatures

Personnes impliquées en interne : l'équipe RH, les managers.

- Développez un formulaire de candidature standard enregistrant toutes les informations administratives requises mais aussi celles qui permettront le classement des candidats par rapport aux paramètres de base ; ce formulaire en ligne doit être utilisé par tout candidat quels que soient son origine, sa nature et le média utilisé pour soumettre sa candidature.
- Vérifiez que vous pouvez à tout moment marquer l'un des employés comme « candidat », indiquer le poste pour lequel il se porte candidat et la date à partir de laquelle, au vu de ses compétences, il pourrait être opérationnel dans ce nouveau poste.
- Si vous avez des instruments de planification des promotions et/ou des successions, enregistrez les mouvements potentiels et/ou planifiés tels qu'identifiés par ces instruments.

© Groupe Eyrolles

Fluidifier les étapes du recrutement

Personnes impliquées en interne : l'équipe RH.

- Développez une batterie d'outils permettant l'évaluation des candidats extérieurs : tests, psychométrie, guides d'interviews, etc. Les résultats doivent pouvoir être intégrés dans l'outil principal en tant qu'évaluation des compétences d'importance critique pour le poste concerné ; en fonction des priorités de votre entreprise, ces évaluations peuvent également couvrir les compétences dont l'entreprise a particulièrement besoin à ce moment-là.

- Sélectionnez un poste marqué « vacant », et identifiez immédiatement parmi les candidats les personnes (extérieures ou déjà employées) dont les compétences correspondent le mieux aux exigences du poste, en tenant en compte les dates de disponibilité par rapport aux besoins.

- Produisez un résumé des points essentiels permettant aux managers de soutenir leur décision lors de l'interview de sélection finale.

- Produisez régulièrement des statistiques sur les postes vacants, les candidats et les activités de recrutement de l'entreprise.

Les points de vigilance

S'il est informatisé, cet instrument de recrutement est extrêmement rapide et facile d'utilisation. Néanmoins, son efficacité dépend de son actualisation. N'oubliez donc pas de mettre à jour les valeurs de l'entreprise ainsi que les compétences qui lui sont urgentes d'acquérir ; doivent aussi être actualisés les postes et les compétences qu'ils requièrent, ainsi que les employés et leurs compétences démontrées ; enfin, la liste des candidats doit être « nettoyée » régulièrement de ceux qui n'ont pas rempli les conditions préliminaires et de ceux qui ne sont plus disponibles.

Retour d'expérience

Il est fondamental de considérer le recrutement comme une activité de développement de l'entreprise, en se rappelant que l'on ne recrute pas pour aujourd'hui mais bien pour demain. Cette activité devrait donc être sous l'autorité de l'équipe responsable du développement RH et intégrée ou étroitement associée avec la gestion des compétences ; de cette façon, il devient beaucoup plus naturel d'aligner la planification des promotions et des successions avec le recrutement et donc de considérer les employés comme dans candidats comme les autres (tout en leur donnant priorité quand c'est possible afin de dynamiser l'équipe).

© Groupe Eyrolles

Instrument 7
Planification des successions et des promotions

Qu'est-ce que c'est ?

La **planification des successions et des promotions** consiste à identifier, d'une part, les employés qui pourraient devenir, à plus ou moins long terme, titulaires d'un poste donné et, d'autre part, les postes qui pourraient constituer la prochaine affectation d'un employé donné.

Comment ça marche ?

Pour commencer, il vous faut :

- la liste de tous les postes, comités et entités qui assument des responsabilités permanentes pour votre entreprise (y compris les nouveaux postes à créer dans les trois à cinq ans à venir) et les compétences qu'ils requièrent (voir l'instrument d'évaluation des compétences p. 256 et l'instrument de planification de la migration p. 264) ;
- la liste de tous les employés de l'entreprise, ainsi que leurs compétences démontrées.

Trouver des successeurs potentiels pour chaque poste

Personnes impliquées en interne : l'équipe RH, les managers, les employés.

- Vérifiez que vous avez accès à la liste de tous les postes, comités et entités qui assument des responsabilités permanentes dans l'organisation, ainsi qu'aux profils de postes s'y afférant ; cette liste doit également comprendre les postes qui vont devoir être créés dans le proche avenir.
- Établissez les paramètres de sélection (par exemple, pour qu'une personne puisse être sélectionnée comme successeur immédiat possible pour un poste, il faut que les compétences qu'elle démontre aujourd'hui soient à 95-100 % des compétences requises par le poste ; pour qu'une personne puisse être sélectionnée comme successeur potentiel à deux à trois ans pour un poste, l'adéquation actuelle doit être de 75 à 90 %).
- Sélectionnez l'un des postes, et recherchez la ou les personnes capables de devenir immédiatement titulaires du poste sélectionné (en cas de vacance inattendue), ou celles potentiellement capables de

© Groupe Eyrolles

prendre le poste d'ici deux à trois ans si une formation idoine est organisée entre-temps (planification classique).

- Assurez-vous que les managers et/ou le comité exécutif, ayant confirmé la sélection des successeurs possibles sur la base des résultats de la recherche, puissent enregistrer ces personnes comme « successeurs » (immédiats ou à moyen terme) du poste concerné.
- Vérifiez que lorsqu'une personne est enregistrée comme « successeur » possible pour un poste, ce poste est automatiquement proposé comme futur poste possible pour la personne, mais soumettez d'abord cette proposition à l'accord de la personne et effacez-la en cas de désaccord.
- Produisez régulièrement des statistiques sur les successions assurées ou non, et donc sur les postes à risque.

Identifier la prochaine affectation qui convient à chaque employé

Personnes impliquées en interne : l'équipe RH, les employés, la direction.

- Vérifiez que vous avez accès à la liste de tous les employés ainsi qu'à leurs compétences démontrées.
- Établissez les paramètres de sélection (par exemple, pour qu'un poste puisse être sélectionné comme affectation immédiate possible pour une personne, il faut que les compétences démontrées aujourd'hui soient à 95-100 % des compétences requises ; pour qu'un poste puisse être sélectionné comme affectation potentielle à deux-trois ans pour une personne, l'adéquation actuelle doit être de 75-90 %).
- Sélectionnez l'une des personnes, et recherchez le ou les postes dans lesquels la personne pourrait être affectée immédiatement, ou d'ici deux-trois ans si une formation idoine est organisée entre-temps.
- Assurez-vous que l'équipe RH et l'employé, ayant confirmé la sélection des futurs postes possibles sur la base des résultats de la recherche et des aspirations personnelles de l'employé, puissent enregistrer ces postes comme « futurs postes possibles » (immédiats ou à moyen terme) de la personne concernée.
- Vérifiez que lorsqu'un poste est enregistré comme « futur poste possible » pour une personne, cette personne est automatiquement proposée comme successeur possible pour le poste, mais soumettez d'abord cette proposition à l'accord de la direction et effacez-la en cas de désaccord.

© Groupe Eyrolles

* Produisez régulièrement des statistiques sur les promotions planifiées ou non, et donc sur les employés sans claire perspective de
développement.

Les points de vigilance

Ce processus de planification double (en partant du poste d'une
part et de la personne d'autre part) s'avère généralement irréalisable
s'il est conduit manuellement. Il n'est vraiment envisageable que si
l'outil utilisé est intégré et facilement utilisable, avec un traitement
automatique très rapide des données. Cela n'est à son tour faisable
que si l'exercice est basé sur les compétences, dont l'utilisation présente l'autre avantage de produire des résultats aussi objectifs que
possibles, donc facilement acceptables par l'ensemble du personnel et
des managers.

N'oubliez pas d'enregistrer les transferts de personnel et de les
accompagner d'une remise à zéro automatique des processus de planification : le poste ayant un nouveau titulaire, quels en seraient les
meilleurs successeurs à venir ? Quant à la personne venant juste d'être
transférée, il convient de laisser passer un an avant de réfléchir à une
nouvelle affectation possible à horizon deux à trois ans...

Retour d'expérience

Afin d'assurer la crédibilité et la popularité de cette planification des successions et
des promotions, il est important d'y procéder en dehors de la hiérarchie, en se rappelant que les perspectives de développement d'un employé devraient s'élargir bien
au-delà du superviseur direct, voire du département dans lequel il travaille actuellement. C'est pourquoi il est recommandé que la sélection des futurs postes possibles
d'un employé soit faite par l'employé lui-même avec un professionnel RH soutenu par
l'outil de planification des promotions. Cet exercice ouvrira sans doute les horizons
des managers dans leur réflexion sur les successeurs possibles pour les postes qu'ils
analysent avec l'aide de l'outil de planification des successions, puisque les deux outils
sont intégrés avec un système d'approbations croisées.

© Groupe Eyrolles

Instrument 8
Formation

Qu'est-ce que c'est ?

L'instrument de formation consiste à inventorier les expériences d'apprentissage formel ou informel, institutionnel ou privé, en groupe ou individuel, face à face ou à distance, intensif ou extensif, avec ou sans instructeur, qui sont accessibles à l'entreprise pour la formation de ses employés, à identifier les besoins spécifiques de chaque employé dans chaque catégorie de formation, à sélectionner la ou les expériences d'apprentissage les mieux à même de satisfaire ces besoins, à les planifier et les budgéter pour mise en application en temps voulu.

Comment ça marche ?

Pour commencer, il vous faut :

- l'analyse d'intégration des valeurs de l'entreprise parmi les employés (voir l'instrument de façonnement de la culture d'entreprise p. 249) ;
- la liste de tous les employés de l'entreprise, ainsi que l'évaluation de leurs compétences démontrées (voir l'instrument d'évaluation des compétences p. 256) ;
- les résultats de performance de chaque employé.

Construire votre dictionnaire des expériences d'apprentissage

Personnes impliquées en interne : l'équipe RH.

- Établissez une liste de tous les types d'expériences (formation classique en classe, mais aussi cours particuliers, coaching, études personnelles, jeux éducatifs, *e-learning*, voire projets professionnels, affectations provisoires, etc.) qui sont susceptibles d'aider efficacement une personne à acquérir ou développer l'une ou plusieurs des compétences mentionnées dans votre dictionnaire des compétences.
- Décrivez ces expériences en détail (cible, résumé des contenus, but, compétences touchées, durée, emplacement, conditions, nature de l'instructeur si besoin est, etc.), et accompagnez-les d'un coût estimé par personne et de tests permettant l'évaluation des résultats.

© Groupe Eyrolles

Offrir des formations de rattrapage à ceux qui en ont besoin

Personnes impliquées en interne : l'équipe RH, les managers.

- Sélectionnez une personne, passez en revue ses résultats de performance et l'analyse d'écarts entre ses compétences et celles qui sont requises pour son poste et, si besoin est, identifiez les besoins du « rattrapage » qui devrait permettre à cette personne d'améliorer sensiblement sa performance.
- Sélectionnez dans le dictionnaire des expériences d'apprentissage des programmes intensifs de courte durée susceptibles de satisfaire ces besoins de « rattrapage ».
- Associez chaque programme sélectionné à une date ou période cible de façon que cette personne apparaisse comme participante à ce programme à la date indiquée dans le calendrier perpétuel de planification de la formation.

Aider vos employés à se préparer au changement

Personnes impliquées en interne : l'équipe RH, la direction générale.

- Passez en revue l'analyse d'intégration des valeurs de l'entreprise parmi les employés et identifiez les besoins de « changement des mentalités » parmi une partie ou l'ensemble du personnel.
- Sélectionnez dans le dictionnaire des expériences d'apprentissage des programmes de prise de conscience en plusieurs étapes susceptibles de satisfaire ces besoins.
- Associez chaque programme sélectionné à une ou plusieurs dates cibles et assignez-le à des individus ou des groupes dans l'entreprise, de façon que ces personnes apparaissent comme participantes à cette série de programmes aux dates indiquées dans le calendrier perpétuel de planification de la formation.

Actualiser les expertises utiles à votre entreprise

Personnes impliquées en interne : l'équipe RH.

- Identifiez les personnes qui possèdent une ou plusieurs compétences techniques utiles à votre entreprise et qui ont donc besoin d'actualiser leur expertise afin qu'elle reste utilisable.
- Sélectionnez dans le dictionnaire des expériences d'apprentissage les programmes d'actualisation correspondant à chaque niveau de chaque compétence concernée.
- Associez chaque programme sélectionné à une date cible et assignez-le au groupe de personnes concernées, de façon que ces personnes

© Groupe Eyrolles

apparaissent comme participantes à ce programme à la date indiquée dans le calendrier perpétuel de planification de la formation. Note : il devrait être possible d'automatiser ce processus ; une personne démontrant un niveau professionnel de compétence dans un domaine technique est alors automatiquement inscrite au programme d'actualisation annuel correspondant.

Intégrer la planification et la budgétisation de votre formation

Personnes impliquées en interne : l'équipe RH.

- Développez un calendrier perpétuel (visible à la semaine, au mois et/ou à l'année) intégrant la planification consolidée de toutes les expériences d'apprentissage sélectionnées dans toutes les catégories de formation, et montrant pour chaque période les programmes et les participants qui ont été ciblés.

- Gardez la possibilité d'effectuer des changements dans le calendrier afin d'assurer que l'organisation logistique des programmes soit réaliste.

- Lorsque le planning mensuel est confirmé, vérifiez qu'un e-mail d'invitation est automatiquement envoyé à chaque participant attendu avec copie à son superviseur direct.

- Assurez-vous que le calendrier perpétuel comporte aussi le calcul automatique des coûts représentés par la participation des personnes enregistrées aux programmes sélectionnés (des totaux devraient être disponibles par programme, par période, par personne sur un an, etc.).

- Produisez des statistiques régulières sur les formations passées, en cours et/ou planifiées dans l'avenir, par programme, par personne, par période ; produisez aussi un rapport établissant le budget formation sur un an, avec des degrés de détail variés mais pouvant aller jusqu'aux listes de participants par programme par mois.

Les points de vigilance

N'oubliez pas qu'une formation ciblée et efficace est la base de la pérennité de l'entreprise et de l'employabilité des employés. Ne vous contentez pas de l'administrer, il faut la gérer !

Il est important de se rappeler que, selon les catégories de formation, les besoins ne s'évaluent ni de la même façon ni au même moment : les besoins de « rattrapage » devraient être évalués par les managers et les RH à la suite de chaque évaluation de performance ; les besoins de « changement » de mentalité devraient être évalués par la direction

© Groupe Eyrolles

générale et les RH régulièrement et surtout en cas de changement des valeurs ; les programmes « d'actualisation » des expertises devraient être offerts automatiquement tous les ans. Quant aux besoins de « développement », ils devraient être évalués par les employés et les RH lors de l'établissement des plans de développement individuel quand les employés ont passé au moins un an dans un poste (voir l'instrument de planification du développement individuel ci-dessous).

Retour d'expérience

En général, l'administration de la formation (à différencier de l'instrument de gestion décrit ici) se fait en utilisant la base de données « employés » et/ou le logiciel d'administration du personnel lorsqu'il contient un module « formation ». Ces logiciels contiennent éventuellement des fonctionnalités permettant d'enregistrer les évaluations des résultats de la formation. Il est fortement recommandé de relier ces logiciels à l'outil de gestion de la formation (ou d'inclure directement dans celui-ci un module d'administration de la formation) car cela permettra de comparer les coûts réels avec les coûts budgétés, d'intégrer l'évaluation des personnes formées et donc de calculer le retour sur investissement de la formation.

© Groupe Eyrolles

Instrument 9
Planification du développement individuel

Qu'est-ce que c'est ?

La **planification du développement individuel** consiste à définir et séquencer un ensemble cohérent de formations visant à aider une personne à se préparer pour une nouvelle affectation à moyen terme (un-trois ans). Il s'agit d'assurer qu'au moment du transfert la personne sera confortablement opérationnelle dans son nouveau poste.

Comment ça marche ?

Pour commencer, il vous faut :

- la liste de tous les employés de l'entreprise, ainsi que leurs compétences démontrées (voir l'instrument d'évaluation des compétences p. 256) ;
- la liste des postes futurs possibles pour chaque employé et la date estimée de leur promotion (voir l'instrument de planification des promotions p. 270) ;
- le dictionnaire des expériences d'apprentissage (voir l'instrument de formation p. 273).

Établir un plan de formation sur deux-trois ans

Personnes impliquées en interne : l'équipe RH, les employés.

- Sélectionnez l'un des employés, passez en revue avec lui ses compétences démontrées, comparez-les avec les compétences requises par son ou ses futurs postes possibles, et marquez les compétences à développer sur le temps restant avant la date estimée de promotion.
- Accédez au dictionnaire des expériences d'apprentissage pour y puiser les expériences les mieux à même d'aider la personne sélectionnée à développer les compétences identifiées sur la période concernée.
- Rangez les expériences d'apprentissage choisies dans un ordre chronologique raisonnable, établissez les conditions de validation et d'activation pour chaque expérience et enregistrez les niveaux requis aux tests d'évaluation qui vont constituer ces conditions.

© Groupe Eyrolles

Mettre le plan en application

Personnes impliquées en interne : l'équipe RH, les employés, les coaches.

* Vérifiez que le coach (interne ou externe) désigné pour suivre les progrès du plan de développement d'une personne donnée, ainsi que la personne en question, peuvent à tout moment accéder au plan de développement individuel qui les concerne, y noter les progrès et commentaires variés et éventuellement (avec approbation de la personne responsable des plans) le faire évoluer pour tenir compte de changements de circonstances.
* Produisez un rapport détaillé sur le plan et les résultats obtenus et faites-le parvenir aux personnes décisionnaires sur la promotion de la personne, puisque ces informations devraient contribuer à leur décision.
* Vérifiez que le plan est fermé au moment du transfert de la personne (ou à un autre moment sur décision spécifique) et qu'il est alors archivé dans le dossier « employé » de la personne afin de contribuer à son historique de carrière.
* Produisez régulièrement des statistiques sur les plans en cours, les plans complétés au cours des douze mois précédents et les employés sans plan de développement depuis plus d'un an.

Les points de vigilance

N'oubliez pas de mettre en place un nouveau plan de développement dès qu'une personne travaille depuis plus d'un an dans son poste actuel et démontre qu'elle en a maîtrisé les exigences.

Retour d'expérience

Le principal intérêt du plan de développement individuel par rapport aux autres catégories de formation est sa portée dans le temps (travail à moyen terme). Il est donc fortement recommandé de concevoir ce plan sur plusieurs années plutôt que de le subordonner à une période budgétaire d'un an, tout en gardant la possibilité de faire évoluer ce plan, voire de l'arrêter en fonction de l'évolution des circonstances. Pour optimiser son efficacité, il vaut mieux le détacher de la hiérarchie et confier son suivi à un coach si possible externe (et donc neutre).

Lorsque employabilité et pérennité se rejoignent

En termes de gestion d'entreprise, les pressions diverses qui s'exercent dans le domaine des ressources humaines finissent, directement ou indirectement, par se rencontrer sur la problématique des talents. Il s'agit d'identifier, d'attirer, d'intégrer, de motiver, d'utiliser, de fidéliser et de développer ces talents pour assurer la **pérennité** de l'organisation et sa compétitivité durable.

Côté gestion de carrière individuelle, les défis divers qui se posent à une personne donnée se résument en fait à trouver un emploi stable, intéressant et enrichissant à tous niveaux. Cet emploi doit offrir des opportunités de développement capables de permettre la réalisation de soi au travail tout en assurant la maintenance, voire l'amélioration de son **employabilité** à terme, au sein et au-delà de l'entreprise.

Nous nous sommes attachés à démontrer tout au long de cet ouvrage que ces aspirations sont non seulement compatibles mais en fait indissociables et complémentaires. La soi-disant opposition des intérêts entre « patrons » et « employés » n'est souvent que le résultat d'une gestion des ressources humaines inefficace et à courte vue, aussi dommageable à long terme pour l'employeur que pour son personnel.

Pérennité et employabilité ne souffrent pas de faux-semblants, pas plus que de demi-mesures. Sélectionner une petite minorité du personnel en lui apposant l'étiquette de « talent », et concentrer sur elle tous les privilèges qui nous passent par la tête, ne peut en aucun cas garantir la disponibilité des compétences dont nous avons tant besoin pour rester compétitifs à terme.

Il est aujourd'hui bien souvent difficile – même pour des initiés – d'expliquer pourquoi telle entreprise fleurit alors que sa concurrente

© Groupe Eyrolles

se fait racheter ou déclare faillite. Pour que la pérennité ne soit plus un effet du hasard, la direction générale doit déplacer son attention vers demain. Il s'agit non seulement de survivre à la crise, mais aussi et surtout de conserver la capacité de rebondir dès que la crise s'essouffle. Nous avons parlé de leaders « éclairés », c'est-à-dire visionnaires et surtout **gestionnaires de l'avenir.**

C'est lorsque la direction générale d'une entreprise commence à gérer son avenir que la GPEC ou **gestion prévisionnelle des emplois et des compétences** prend tout son sens. Elle devient même l'outil fondamental d'une DRH partenaire *business* stratégique. Dans cette nouvelle perspective, les autres instruments de gestion des ressources humaines s'articulent et s'intègrent aisément autour et avec la GPEC. Ils forment un tout duquel ressort une notion de talent claire et cohérente avec la culture, la stratégie et les priorités de l'entreprise.

La GPEC n'est pas un accord social négocié sous la pression législative et sur fond de malentendus et d'intérêts divergents à peine voilés. Elle n'est pas destinée à une communication publique sans lien avec la réalité quotidienne de l'organisation. Dans une entreprise qui pratique – vraiment – la GPEC, l'ensemble des politiques, programmes et activités de gestion des ressources humaines est au service des talents porteurs de l'avenir de l'organisation. La GPEC elle-même forme le terreau fertile sur lequel pérennité de l'entreprise et employabilité de l'individu s'épanouissent en **symbiose.**

Une entreprise ne devient pas pratiquante de la GPEC du jour au lendemain. Nous avons vu que celle-ci repose sur une variété d'instruments. Certains sont nouveaux pour la plupart des organisations aujourd'hui. D'autres existent sous une forme inadaptée, quelquefois inutilisable et doivent donc être refondus avant de pouvoir soutenir la gestion prévisionnelle RH. Aux lecteurs qui se demanderaient quand ils devraient commencer à mettre en place les instruments décrits dans cet ouvrage, la réponse est « aujourd'hui » !

Voici les réponses à leurs autres questions les plus courantes :

Cela coûte-t-il cher de mettre en place la GPEC et les instruments associés ?
Les coûts, sans être négligeables, sont raisonnables.

Les montants ne sont pas négligeables, à la fois en coûts directs (consultants, développement ou acquisition de logiciels) et indirects (temps passé par l'équipe RH, les managers, le comité exécutif lui-

© Groupe Eyrolles

même). Ils sont toutefois très raisonnables au regard de ce que les entreprises dépensent aujourd'hui en simples banques de données administratives, ou même en formation générique non ciblée…

L'investissement nécessaire est-il le même quelle que soit l'entreprise ?
Non. Il dépend de la culture de l'entreprise, de sa taille et des instruments de gestion RH dont elle dispose déjà.

Il est fondamental d'assurer l'alignement de la GRH avec la culture et les priorités de l'organisation. Nous avons vu que, dans certains cas, il serait contre-productif de se lancer, par exemple, dans une gestion sophistiquée des talents (si la compétitivité de l'entreprise repose moins sur les compétences des personnes que sur un procédé, une technologie, des capitaux…).

En ce qui concerne la taille et le degré de préparation, la mise en place de la totalité des instruments de GPEC peut ne demander que quelques semaines et une mise financière faible dans une PME. Elle peut également être rapide et peu onéreuse dans le cas d'une grande entreprise qui dispose déjà d'une batterie d'outils de GRH flexibles utilisant des technologies légères et facilement intégrables. Elle peut aussi être optimisée dans un grand groupe par l'adoption d'une approche progressive partant d'une filiale (utilisée comme laboratoire) puis répliquant un modèle bien accepté à travers le groupe jusqu'à l'intégration globale.

Cela vaut-il la peine de se lancer dans ces investissements ?
Oui. Le retour sur investissement est vite atteint.

Pour s'en convaincre, il suffit de procéder au petit calcul suivant : tout d'abord, estimer le coût d'introduction des outils décrits dans les fiches techniques fournies dans cet ouvrage, calculer l'amortissement de ces investissements sur cinq ans et y ajouter une estimation du coût de leur maintenance pour obtenir un coût total annuel. Ensuite, obtenir la liste des démissions non désirées sur les douze derniers mois, prendre le dernier salaire de chacune des personnes concernées et le multiplier par 18 (voir p. 152), puis additionner le tout pour obtenir le coût total de ces démissions (et de leurs remplacements) sur un an. La comparaison des deux totaux sera déjà peut-être convaincante à elle seule. Si cela n'est pas suffisant, ajouter le coût des mauvaises performances individuelles, le coût des licenciements, le coût des éventuels troubles sociaux, etc.

© Groupe Eyrolles

Par où faut-il commencer ?
L'introduction – ou la refonte – du système d'évaluation des compétences est souvent la priorité.

Idéalement, il conviendrait de repenser la fonction RH et de la restructurer. La totalité des responsabilités décrites dans cet ouvrage (chapitres 18 et 19) devrait être allouée à des postes clairement définis. Il s'agirait d'assurer que le titulaire de chaque poste RH est compétent. Cette équipe remise à neuf aurait pour tâche de mettre en place, avec l'assistance de consultants experts, les instruments de GPEC tout en adaptant les instruments de GRH existants, sans oublier de s'équiper d'outils informatiques idoines.

Il est toutefois possible que le réalisme interdise cette approche. On peut alors considérer la mise en place des trois instruments fondateurs de la GPEC (culture d'entreprise, cartographie du management et évaluation des compétences). Elle devrait stimuler naturellement la remise en question qui conduira à la restructuration de la fonction RH et à la révision de ses politiques et pratiques de GRH. Dans le même temps, elle devrait créer l'appel d'air qui conduira aux instruments de gestion prévisionnelle et gestion du développement.

Si même cette approche semble trop ambitieuse, il convient sans doute de faire porter la priorité sur l'introduction (ou la refonte) du système d'évaluation des compétences. Si elle fait moins peur que le concept de gestion prévisionnelle, la notion de compétence constitue en effet indéniablement la véritable révolution qui secoue la GRH aujourd'hui. En commençant à gérer ses compétences de façon systématique, l'entreprise invitera insidieusement à la sédition contre les pratiques subjectives et bientôt la gestion prévisionnelle ne sera plus considérée comme une activité d'intellectuels désœuvrés, mais bien comme un besoin exprimé à haute voix par employés et managers.

Comment convaincre une direction générale et/ou une équipe de management sceptique (et trop occupée pour lire cet ouvrage dans son entier) ?
En utilisant les tests rapides conçus à cet effet.

Cet ouvrage contient 38 tests et jeux rapides et amusants, mais porteurs de messages essentiels. Certains sont accompagnés de suggestions sur la façon dont ils peuvent être utilisés pour soutenir une réflexion sérieuse, voire des séances de travail avec l'équipe de management ou même le comité exécutif. Ces tests et jeux ont été conçus pour stimuler une prise de conscience qui pourrait/devrait se traduire par une réflexion en interne, l'invitation d'un expert pour but de

© Groupe Eyrolles

diagnostic et de recommandations concrètes, et – espérons-le – le lancement d'un projet GPEC.

Ces instruments de GPEC forment-ils l'arsenal que requiert la législation française ?
La question ne se pose pas ainsi.

Une entreprise qui met en place les instruments proposés dans cet ouvrage sera évidemment en mesure de répondre aux exigences de la loi GPEC, mais sa véritable motivation est d'ordre économique (survie et succès sur la durée). Les entreprises du monde entier sont touchées par cette évolution et les variations de l'une à l'autre sont moins liées à leur législation nationale qu'à leurs valeurs et priorités propres. Ainsi, par extension et contrairement à ce que l'on observe dans l'application de la loi française actuelle, une entreprise internationale ou multinationale d'obédience française qui se lance « pour de vrai » dans la GPEC aura tout intérêt à le faire globalement en y intégrant son organisation entière – voire à commencer par ses filiales.

Il ne vous reste donc plus qu'à passer du rôle de lecteur à celui d'acteur ou, mieux encore, à celui de champion de la GPEC au sein de votre organisation. Cela vous permettra de contribuer à la pérennité de votre entreprise, dont vous vous montrerez ainsi véritablement partenaire. Dans le même temps, vous donnerez toutes ses chances à votre propre employabilité et optimiserez donc vos perspectives d'avenir dans et au-delà de votre emploi actuel.

© Groupe Eyrolles

Table des tests

© Groupe Eyrolles

© Groupe Eyrolles

Index

© Groupe Eyrolles

© Groupe Eyrolles

© Groupe Eyrolles

www.ingramcontent.com/pod-product-compliance
Lightning Source LLC
Chambersburg PA
CBHW052107230326
41599CB00054B/4281